기독교,
그 언저리에서 길을 묻다

기독교,
그 언저리에서 길을 묻다

초판 인쇄 2016년 7월 29일
초판 발행 2016년 8월 10일

지은이 한승진
발행인 윤석현
발행처 박문사
등 록 제2009-11호

주소 서울시 도봉구 우이천로 353 성주빌딩 3F
전화 (02) 992-3253 (대)
전송 (02) 991-1285
전자우편 bakmunsa@daum.net
홈페이지 http://jnc.jncbms.co.kr

책임편집 최고은

ⓒ 한승진, 2016. Printed in KOREA.

ISBN 979-11-87425-10-6 03230   정가 20,000원

기독교,
그 언저리에서 길을 묻다

한승진 지음

박문사

"삼가 이 책을 드립니다."

　하나님은 제게 사랑으로 다가오시는 분이시지만 때로는 정의로 다가
오시기도 하십니다. 전혀 다른 두 가지가 절묘하게 사귐으로 전해지는
신비로움에 그저 감탄할 수밖에 없습니다. 황등교회 백정순 전도사님은
하나님의 성품을 떠올려보게 하는 분이십니다. 전도사님은 약한 듯 강하
시고, 강하신 듯 약하신 분이십니다. 때로는 엄한 사람으로, 때로는 자상
한 사람으로 말입니다. 이 두 가지가 공존함은 이중적인 인격이나 혼란
한 삶의 자세가 아닙니다. 부드러움 속에 강인함으로, 다른 듯 같은 모습
으로 시의 적절하게 살아가시는 모습입니다. 오랜 세월 그렇게 살아오셨
습니다.

　전도사님은 늘 한결같은 모습이십니다. 정신없이 살아가는 세상살이
와 급변하는 풍토에도 늘 고운 마음씀으로 고운 삶을 보여주심도 제게는
귀한 가르침입니다. 꾸준함… 변질 되지 않는 삶… 이것이야말로 우리
가 지향할 삶의 모습입니다.

　전도사님은 늘 넉넉한 사랑으로 저희 가정을 지켜봐주시고 음으로 양
으로 챙겨주시는 사랑 또한 깊습니다. 전도사님을 기억하면서 삼가 이
책을 드립니다.

책을 펼치며

•

　제가 교회 목사가 아니다보니 아무래도 교회에서만이 아닌 일반사회에서 기독교신앙인들과 비기독교인들을 만나는 기회가 많습니다. 이들에게 비친 기독교는 흠모의 대상은커녕 천덕꾸러기로 비치곤 합니다. 이럴 때마다 저는 도매급으로 죄인이 되곤 합니다. '도덕 불감증', 부끄럽지만 오늘날 한국 교회의 현실입니다. 잊을 만하면 한국 교회의 온갖 치부가 교회 안과 밖으로 적나라하게 드러나곤 하니 기독교인의 한사람으로서, 그것도 목사로서 안타깝습니다. 제가 어쩌다보니 조금은 무거운 주제인 기독교사회윤리학, 윤리교육을 전공하다보니 아무래도 윤리적인 시각에서 바라보곤 합니다. 개인의 도덕윤리로는 저를 비롯한 개인의 도덕성을 살펴봅니다만 저는 여기서 한 걸음 더 나아가서 사회윤리적인 시각을 견지합니다. 이는 개인이 독립된 존재가 아니라 사회 속의 개인임을 염주에 두고 개인을 둘러싼 사회와 체계를 염두에 둔 논의입니다.

　이런 점에서 이 책은 제가 전공한 기독교사회윤리학적인 시각에서 한국 교회를 바라보고 고민해볼 거리들을 살펴봤습니다. 이런 논의가 때로는 기독교계의 치부를 거론하는 부담으로, 저는 이런 문제에 떳떳한가하는 부담으로 그래서 이를 어떻게 해결하자는 것인가 하는 대안모색의 빈약貧弱을 감내하는 부담으로 주저하게 하곤 했습니다. 그럼에도 굳이 이 책을 내놓게 됨은 제가 속한 공동체를 향한 애정 어린 관심과 잘 되기를 바람으로, 하나의 예언자(선지자)적인 자세랄까, 반성을 통한 변혁이랄까, 지속적인 개혁을 위한 갈망이랄까 하는 마음을 담아보고 싶었기 때문입니다.

얼마 전 인천 소녀 학대 사건이나 냉동 상태의 훼손된 시신으로 발견된 경기도 부천 초등생 엽기 사건은 무관심 사회가 만들어 낸 것입니다. 4년간 학교와 교육청, 주민 센터가 모두 이들의 소재를 모른 채 방치하였던 것으로 확인되었습니다. 이것은 우리 사회의 무관심과 방관이 어느 정도인지 분명하게 보여준 사건입니다. 그러나 이러한 사건을 통해 장기 결석 학생에 대한 관심이 높아졌고, 특히 인천 소녀 학대 사건에 대해 전 국민적 관심과 함께 실제적인 도움의 손길들이 쏟아졌고 입양을 자원하는 사람들이 나타난 것은 우리 민족의 동질성과 공동체성의 저력을 보여주는 것입니다. 교회 역시 이러한 일에 앞장서서 이들을 돌아 볼 뿐만 아니라 개별 교회가 미치지 못하는 부분은 연합기관이나 단체나 학회가 앞장서서 이 일을 해야 할 것입니다. 교회 비전은 '공동체성의 회복'입니다. 무엇보다 우리 사회를 나눔과 배려의 사회로 만들어야 하고 교회가 이 일에 모델이 되어야 합니다.

이 책은 지난 2015년부터 지금까지 월간 ≪기독교교육≫, 주간 ≪크리스챤신문≫, 주간≪전북기독신문≫에 연재한 글들과 대전극동방송 익산본부에서 진행한 청소년바른지도법(청바지)로 매주 목요일 11시 50분~12시에 방송한 칼럼을 보완해서 엮은 것입니다. 어쩌다보니 여기저기 글을 쓰고 방송을 하다 보니 글의 분량이 모아졌고, 이를 다듬어 내놓는 것도 의미 있겠다 싶었습니다. 이렇게 여기저기 쓴 글을 하나로 묶어 작업을 여러 차례 해왔고 앞으로도 할 것입니다. 이것이 제 취미요, 특기입니다.

저는 내향적인 성품으로 사람들과 어울리기를 즐기는 편이 아니고, 나돌아 다니기를 즐겨하지도 않습니다. 그저 조용히 독서하고, 사색하는 것을 즐깁니다. 그런데 제가 하는 일이 목사요, 선생이다 보니 무대에서야만 합니다. 제 성격으로 이는 참 난감한 상황입니다. 더욱이 '나는 그렇게 사는가'를 되뇌어야만 하는 설교는 정말 고역苦役입니다. 거기다가 무대공포도 있어 사람들 앞에서 말을 한다는 것이 알게 모르게 큰 부담입니다. 그러다보니 주뼛거리게 되고, 말을 더듬게 되고, 말의 강약과 길이를 조절하지 못하고, 제스처도 어색하기 이를 데 없습니다. 그러니 준비한 것을 제대로 전달하지 못합니다.

이런 성격은 치명적인 약점입니다. 그러니 이를 고쳐보려고 설교하기나 특강 강사 등으로 직면해보기도 하지만 쉽지 않습니다. 약점을 극복하려고 애를 쓰고는 있지만 지금까지도 극복이 되질 않고 그럴수록 전전긍긍하면서 우울해지곤 합니다. 그러던 어느 날 준비한 원고를 제대로 전달 못한 아쉬움을 글로 공개하기 시작했습니다. 그것이 하나 둘 신문에 연재가 되고 방송이 되면서 책으로 엮어 출판도 되고 보니 말을 잘 못하는 제 성격이, 약점이 오히려 글을 쓰게 되고 작가가 되는 장점이요, 강점이 되었습니다. 만일 제가 외향적인 성격으로, 임기응변에 강하고, 무대 체질로 말하기를 즐겨한다면 지금처럼 글쓰기를 즐겨하지 않았을 것입니다. 그러니 전화위복轉禍爲福이랄까요, 제게는 부족함이 부유함으로 승화된 성과가 바로 글입니다. 이 글들이 모아져서 하나의 책으로 나왔습니다.

수많은 책들이 수를 헤아리기 어려울 정도로 쏟아져 나오는 이 시대에, 이 책을 하나 더 추가함이 무슨 의미일까 싶기도 하지만 그래도 작은 의미라도, 독자에게 작은 울림이라도 전해진다면 이 책을 만들어가기 위해 거친 힘든 과정도 능히 감내할만한 가치로 여겨질 것이라 믿습니다. 좋은 책은 좋은 독자가 만든다고 합니다. 부족한 저자의 역량을, 부실한 책의 내용을 독자의 생각과 공유로 채워지기를 소망해봅니다.

삼가 바람은 이 책의 내용은 어디까지나 한 개인의 생각 펼침일 뿐이니 여기에 지나치게 마음쏠림이나 거부감을 갖지 마시기 바랍니다. 그저 작은 농촌기독교사립중학교 목사요 선생이 바라본 기독교의 현실과 애정을 담아낸 바람으로 여겨주시기 바랍니다. 또한 이 책은 기독교신앙인만이 아니라, 비기독교인들도 기독교를 이해하는 작은 방법 중의 하나로 여겨주시고 봐주셨으면 합니다. 이런 생각으로 기독교전문 출판사가 아닌 우리나라 인문사회교양전문출판사에서 출판했습니다. 이 책의 독자를 기독교신앙인만이 아니라 비기독교인까지 아우르다보니 인용하는 성경구절을 읽기 쉽고 이해하기 쉬운'『우리말성경』을 중심으로 했고, 하나님은 부득이 존칭으로 하였으나 예수님은 예수로 해서 존칭을 하지 않았음을 밝히오니 이점 널리 양해바랍니다.

이번에도 감사한 분들의 사랑에 힘입어 책을 내게 되었습니다. 어눌한 책에 추천사를 써주신 성산효대학원대학교 효신학과 박철호교수님께 감사드립니다. 교수님은 우리나라 기독교효학의 대가이십니다. 교수님은 서울대학교 대학원 윤리교육학과에서 석사와 박사를 하신 분이신데, 장로회신학대학교 대학원 신학과 기독교윤리학으로 신학석사와 신학박사를 하신 보기 드문 학구파이십니다. 현재는 기독교효학회 회장으로 기독교효학의 발전을 위해 힘쓰시기도 하신 분으로 열정과 겸손이 제게 늘 교훈이 되시는 분이십니다.

늘 넉넉한 웃음으로 격려해주시면서 엉성한 글을 교정해주신 황등교회 김순자 권사님과 꼼꼼하게 교정으로 애써주신 이경희 집사님에게도 감사의 마음을 전합니다. 이 지면을 빌어 어려운 교육여건에서도 그 사명을 감당하느라 노고를 아끼지 않으시는 제 삶의 터전이요, 글의 샘터인 황등중학교 김완섭 교장 선생님 이하 교직원들 그리고 같은 재단 성일고등학교 김성중 교장 선생님과 교직원들에게도 감사의 말씀을 전하고, 학교법인 황등기독학원 재단이사회 조춘식 이사장님과 이사님들과 황등교회 정동운 담임목사님과 교인들에게도 감사의 말씀을 전합니다. 책을 낼 수 있도록 노고를 아끼지 않으신 도서출판 박문사 윤석현 대표님을 비롯한 여러분의 노고에 감사드립니다. 이 책을 만드는 과정에서 노고를 감당해 주신 노동의 일꾼들께도 진심으로 감사드립니다.

끝으로 매달 연재 글을 쓰고, 단행본으로 엮어내는 작업을 하는 동안 남편으로, 아빠로서 정성을 다하지 못함을 이해하고 용납해 주는 아내(이희순)와 아이들(한사랑, 한겨레, 한가람, 한벼리)에게도 고마운 마음을 담아 사랑을 전합니다. 가족은 제게 늘 큰 힘이 되고 삶의 원천이랍니다.

문득 밤하늘의 별을 보면서 자신을 돌아보는

한 승 진

한승진 목사님의 책 『기독교, 그 언저리에서 길을 묻다』는 기독교윤리학자로서, 기독교교육자로서 그리고 목사로서 그 동안 삶을 통해 깊이 깨달은 삶의 무늬를 풀어쓴 책이다. 저자 한승진 목사님의 평소의 삶의 모습을 그대로 보여주는 귀한 책임을 부인할 수 없다. 추천자 역시 목회 현장에 있는 사람으로서 한승진 목사님의 내면의 목소리를 이 책을 통해 들으면서 나 자신의 깨우침과 함께 이를 다른 분과 나누고자 하는 마음으로 설교의 좋은 재료로 삼고 있다.

이 책에 담긴 글들을 읽으면 한 목사님이 사회현상을 보는 기독교적 안목이 예사롭지 않음을 알 수 있다. 깊은 사회분석력이 그의 기독교적 역사관과 사회관을 통해 글에 잘 드러나고 있다. 한 목사님이 비록 학교에 근무하시지만 교육뿐만 아니라 다양한 사회 문제를 책을 통해 논하는 것을 보면, 얼마나 이 사회와 민족에 대한 관심과 열정이 깊은지를 알 수 있다.

많은 사람들이 틈틈이 이 책을 읽어가게 되면 이 땅에서 기독교인으로 또는 일반 국민으로서 살아가는 삶의 지혜를 갖게 되리라 믿어 의심치 않는다. 이런 의미에서 이 책을 감히 추천하는 바이다.

성산효대학원대학교 효신학과 교수/한국기독교효(HYO)학회 회장

박 철 호

차례

2
청소년을 위한 교회교육

3
시급히 요청되는 한국교회 윤리회복

4
참되고 바른 삶의 목표와 자세

1

기독교세계관 교육

시대변화에 민감하게
대처하는 교회교육

─────────────────────── 오늘 우리의 현실은 무한경
쟁시대에 따른 교육의 정점에 와있습니다. 아이들을 극한의 고통으로
내몰고 있는 경쟁교육 기조를 바꾸고 무너진 공교육의 새로운 표준을
정립하지 못하면 국가적 위기가 이내 다가올 것입니다.

우리나라는 국제학업성취도평가에서 세계 최정상급 수준을 보이지
만, 정작 청소년들의 행복감과 자존감은 4년 연속 최하위입니다. 특히
우리나라 학생들의 자기주도성, 지적흥미도, 사회성, 협동성 등의 점수
는 바닥 수준입니다. 그러니 당연히 수업 참여도도 세계 42개국 가운데
가장 낮습니다. 오늘날 한국사회는 교육의 방향을 근본적으로 재진단해
야 될 지경에 이르렀습니다. 학교 폭력과 관련해서도 다양한 대안과 실
적을 내놓지만, 정작 가해자 학생들의 반응은 장난과 범죄를 구분하지
못하는 현실입니다.

지식, 정보화 시대에 사회적 변동의 연관을 이해하려면 인간의 인식
과 지각의 인프라를 구성하는 미디어 체계를 이해하는 것이 매우 중요합
니다. 특히 인터넷을 기반으로 하는 사회적 연결 서비스를 통칭하는 SNS

의 세례를 받은 젊은 세대들은 성인세대와는 전혀 다른 새로운 세상을 살고 있음을 분명히 알아야합니다. 이들의 심장 박동은 와이파이에 반응하고, 머릿속에서는 컴퓨터의 두뇌처럼 CPU가 작동합니다. 이런 신인류들의 눈에 비치는 한국교회는 어떤 모습일까요?

한국교회는 젊은 세대들과 공감하지 못한지 오래이며, 교회가 자신의 삶에 도움이 되지 못한다고 느낀 젊은이들의 조용한 탈출이 급격하게 증가하고 있습니다. 그만큼 한국교회의 미래는 점점 어두워져 가고 있습니다.

이런 현실에 교회 구성원들의 반응은 다음과 같습니다. 어쩔 수 없다고 개탄하거나 '어떻게 되겠지'하고 모른 체하거나 누군가는 해결하겠지 하거나 이와 관련된 이들의 책임이라고 치부하면서 비난과 평가를 퍼붓는 경우가 많습니다. 이런 반응은 자신은 쏙 빠진 관람이나 평가의 자세로, 자신은 빠지고 문제를 해결해나갈 구체적이고 적극적이고 책임적인 자세에서 벗어난 것으로 바람직하지 않습니다. 이를 극복해가기 위해서는 영성교육을 인성교육에 접목시킬 수 있도록 청소년 교육 네트워크 강화에 역량과 자원을 쏟아 부어야합니다. 청소년들이 교회교육을 통해 참된 자아의 형성과 발달, 인간관계와 생명의 존엄성을 깨닫게 할 수 있는 전인교육 프로그램의 계발이야말로 이 사회와 교회의 미래를 위해 시급한 과제입니다.

학교에선 폭력이 일상화돼 있지만, 근본 원인에 대한 지속적 연구와 논의는 빠져 있습니다. OECD 회원국 중 지난 10년간 자살자 수가 급증한 나라는 우리나라가 유일하고, 통계청 자료에 따르면 청소년 사망 원인 1위가 자살임에도 정작 우리사회는 죽음에 대한 경각심을 찾아보기 어렵습니다. 이러한 현실에서 청소년교육이 지향해야 할 생명, 생태, 학습 교육에 대한 전망을 세우고 실천하는 것은 매우 시급한 과제입니다.

"아빠 아무도 안 된데!"

방과 후 학교를 마치고 온 1학년 꼬맹이 아들이 입이 쑥 나왔습니다. 주말이라 제 딴에 여유가 생겨 놀이터에 나가 놀고 싶었는데 함께 놀 파트너를 찾지 못했기 때문입니다. 제 아들은 몇 명의 친구에게 전화를 해봤으나 하나같이 거절당하고 말았습니다. 녀석의 전화를 옆에서 듣고 있자니 답답한 생각에 마음이 무거웠습니다.

"○○야! 나 겨레인데 너 지금 놀 수 있어?"

"잠깐만! 엄마 나 지금 겨레랑 놀아도 돼? ……. 안 된데"

이런 식이었습니다. 아이들은 대부분 학원스케줄이나 과외스케줄 혹은 가족 여행 계획 등으로 놀 수 없다고 했을 것입니다. 간혹 친구들의 전화를 받고 겨레가 비슷한 이유로 거절하는 것을 봐왔던 터였습니다. 아내가 안타까웠는지 겨레를 데리고 나가면서 한마디 던졌습니다.

"우리 때는 '○○야 놀자!' 하면서 집 앞에서 부르기만 하면 됐는데."

제가 거들었습니다.

"나는 그냥 골목에 나가면 항상 아이들이 놀고 있었어. 놀기 위해 누구 집에 찾아갈 이유가 없었어."

정말로 제가 어렸을 적에는 골목에서 마주치면 그냥 놀면 그만이지 놀 친구를 별도로 찾아야 할 필요가 없었습니다. 학교에 갔다 오면 가방을 마루에 던져 놓고 그 때부터 산으로, 들로 쏘다니며 저녁때가 될 때까지 놀았습니다. 그 과정에서 서로 다투기도 하고, 공동의 관심사를 해결하기도 했습니다. 놀이를 통해 자연스럽게 타인을 인정하고 뭔가를 함께하는 이른바 '사회화'가 되는 것이었습니다.

영국 속담에 '놀지 않고 공부만 하면 우둔한 사람이 되기 쉽고 보기에도 지루하다All work and no play makes Jack a dull boy'는 말이 있습니다. 아이들에게 놀이란 그만큼 중요하다는 얘기입니다. 그런데 우리의 아이들이 점점 노는 법을 잊어가고 있는 것이 아닌가 싶습니다. 놀기 위해서는 어른들의 눈치를 봐야 합니다. 어른들의 등쌀에 놀 기회마저 주어지지 않은 채 '사육'되는 게 아닌가 싶어 답답해집니다. 그나마 컴퓨터와 게임기가 없으면 어떻게 놀아야 하는지 조차 모릅니다.

제가 어릴 적에는 컴퓨터가 없어도, 게임기가 없어도 흙속에서 뒹굴며 수십 가지 놀이법을 알고 있었습니다. 막대 하나를 꺾으면 칼싸움이요, 조그만 공터만 있어도 땅에다 금을 그어 놓고 할 수 있는 별의 별 놀이들이 있었습니다. 놀이는 곧 창의력의 기본입니다. 특히 어릴 때는 다양한 환경에서 마음껏 뛰어 놀아야 합니다. 노는 방법까지 과외로 해결한다는 강남 아주머니들의 얘기가 사실일지도 모릅니다.

'술래잡기, 고무줄놀이, 말뚝박기, 망까기, 말타기～ 놀다보면 하루는 너무나 짧아～ ♪♫' 제가 자란 시대만 해도 아이들이 학교에서, 또 마을 앞 공터나 교회 앞마당에서 친구들과 함께 하던 놀이들입니다. 그 때는 뭘 해도 재미있었지만, 그 중 최고의 놀이는 상대편 친구들의 몸무게를 온전히 허리로만 버텨야 했던 말뚝박기였습니다. 저는 지금도 눈에 선하게 그 때, 그 시절의 추억을 먹고 삽니다. 모두가 가난하고 모두가 힘든 삶이었지만 힘들게 느껴지지 않는 정이 있었고, 친구들과의 놀이가 있었습니다. 그리고 그 때는 교회는 동네 아이들의 놀이터였고 지역문화센터였고 사랑방이었습니다. 교회오빠, 교회누나를 흠모하던 애틋한 시절이 그립곤 합니다.

그런데 지금 아이들에게는 이런 놀이가 없습니다. 아니 노는 법조차 잊어버린 듯합니다. 그러다보니 놀이는 이제 특별활동 수업이나 방과 후 교육 시간에 짧게 '배우는' 시대가 됐습니다. 이 아이들에게 놀이를 앗아간 건 20~30년 전 친구들과 술래잡기, 말뚝박기하며 밤늦도록 뛰어놀던 그 때의 아이들, 지금 저와 같은 어른들입니다. 문득 앞으로 딱 그만큼의 시간이 더 흘러 지금 우리 아이들이 어른이 되면 무엇을 추억으로 간직하며 옛 이야기를 나눌까 하는 생각을 해봅니다. 부모들이여! 아이들을 놀립시다. 저희 세대가 친근하게 여겼던 교회당을 우리 아이들이 그렇게 여길까 싶기도 합니다.

요즘 청소년들에게 교회에 나오지 않는 이유를 물으면 "재미가 없어서"란 답을 자주 듣게 됩니다. 물론 교회가 꼭 재미만 추구해야하는가에 대해서는 동의할 수는 없습니다만 그래도 청소년들에게 의미를 더하기 이전에 교회로 오게 하기 위해서는 의미를 담아낼 재미적인 요소도 있어야합니다. 그런데 청소년들이 교회가 재미없다고 말하는 것은 청소년들에게 교회보다 더 재미있고 흥미로운 것이 많다는 말로 이해할 수 있습니다. 효과적인 학습에 대한 실질적인 대책 방안을 내놓지 않는 한, 어떤 대책이나 지원을 내세워도 교회 안으로 학생들을 끌어들일 수 없습니다.

지금까지 교회는 놀이나 여가에 대해 부정적인 시각을 지녀왔지만 최근엔 놀이야 말로 하나님의 형상으로 창조된 인간 존재의 본질적인 부분이며, 좋은 것이라는 성찰이 싹트기 시작했습니다. 이것이 이른바 '놀이 교육학'입니다. 뇌의 발달이라고 하면 지식의 축적, 수업만을 떠올리기 쉽지만 놀이야 말로 뇌를 발달시키는 가장 중요한 경험입니다.

교회 교육과정은 학생들이 주5일제에 따라 생긴 '놀토'에 신나게 놀 수 있도록 다양한 교육과정을 개발해야 합니다. 강제나 강요가 아닌 흥미로운 놀이를 통해 교회가 즐겁게 뛰노는 장소요, 가고 싶어 안달하는 장소가 되어야 합니다.

자연의 가치를 체험하는 캠프교육은 다른 사람과 생태계에 대한 배려심을 키우게 하는 좋은 교육입니다. 성경을 보면 하나님은 대자연을 통해 자신을 백성들에게 드러내시고 이를 통해 교제하셨습니다. 청소년 시절은 감동의 시절입니다. 교회는 아이들을 콘크리트 정글 속에서 온갖 파괴적 게임으로 가득한 컴퓨터로부터 푸른 하늘과 맑은 공기 그리고 신선한 감동이 있는 대자연으로 불러내야 합니다.

　교회는 청소년들에게 생명의 존엄성과 그 가치를 고양시키는 죽음담론과 죽음교육을 활성화 시킬 필요도 있습니다. 수명이 과거에 비해 늘어난 현대에 죽음을 목격할 기회가 거의 없던 청소년들은 죽음을 자신과는 상관없는 일, 일어나서는 안 될 불상사쯤으로 치부합니다. 죽음에 대한 인식의 변화는 오히려 생명에 대한 경외감을 불러일으켜 삶의 내용, 삶의 질이 달라지게 만듭니다. 죽음교육으로 진지한 삶의 자세를 일깨워주고 참된 삶의 가치와 의미를 일깨워줘야 합니다.

　우리는 분명히 학업성적을 중시할 수밖에 없는 현실에 직면해 있습니다. 이를 한 개인이 교회가 거부한다고 될 일도 아닙니다. 물론 이를 비판적인 숙고를 통해 문제를 지적해서 바람직한 방향으로 개선해나가도록 노력해야 하지만 현실사회 속에서 직면한 사회구성의 중요한 시스템을 거부하거나 외면할 수는 없습니다. 이를 마지못해 끌려가거나 수동적인 자세로 대처하기보단 오히려 이를 적극적으로 이해하고 대응해나가는 노력이 중요합니다. 이는 해도 되고 안 해도 되는 선택이 아니라 교회의 생명력과 역량강화를 위한 필수입니다.

　교회는 분명 진공상태에 존재하는 탈세속적 공동체가 아닌 사회 속에서 공존하는, 사회와 상생하며 상호보완적인 공동체입니다. 사회는 학습코칭에 대한 관심과 수요가 급증하고 있습니다. 교회도 학습코칭팀을 개발하고 적극 활용하는 것도 방안입니다.

　교회보다 학원으로 빠져나가는 학생들을 교회로 돌아오게 하기 위해서 유명 학원 강사를 초빙해 교육을 시도해보는 것도 하나의 방법입니다. 교회에서 운영하는 학원도 보습기능을 충분히 담당할 수 있다는 인식을 교인들에게 심어 준다면 교인들의 학생들, 나아가 인근 비교인 학생들도 유입할 수 있는 귀한 선교의 계기도 만들어 나갈 수 있습니다.

우리 사회는 전공에 관계없이 영어실력을 요구합니다. 영어를 유창하게 구사하려면 자주 영어를 접하는 것이 중요합니다. 이를 위한 방안으로 우리사회에 유입되어 우리와 함께하는 영어권 결혼이주여성들과 함께하는 프로그램도 좋습니다. 이를 통해 영어도 익숙해지고 다문화이해와 이웃과 함께하는 봉사의 마음도 길러 줄 수 있습니다. 여기에 영어권 전공대학생들이나 영어전공 교인들과 함께하는 시스템을 도입하는 것도 유익할 것입니다.

오늘날 많은 대학들이 입시전형에서 입학사정관제를 도입했습니다. 이 제도는 그저 학업성적만이 아니라, 자신의 꿈과 끼를 창의적으로 발산할 줄 알고 더불어 살 줄 아는 협동심과 나눔과 섬김을 통한 인간관계를 펼칠 줄 아는 인재를 뽑기 위한 것입니다. 이에 따라 학생들은 자신의 다양한 활동을 펼쳐나가는 경험이 중요해졌고, 이를 증빙할 자료를 체계화하는 것이 중요해졌습니다. 이를 교회가 관심 갖고 효율적인 프로그램을 진행하고, 지원해주는 것도 방안입니다.

2016년부터는 전국 모든 중학교가 6학기 중 한 학기를 자유학기제로 운영하게 됩니다. 자유학기는 학업중심에서 벗어나 다양한 체험프로그램을 중시합니다. 진로교육도 활동과 체험중심으로 진행합니다. 이처럼 새로운 교육제도에 민감하게 반응하는 교회로서 교회의 시설과 재정과 인력을 활용해서 대응해나갈 수 있습니다. 또한 지난 2015년 7월 21일부터 시행된 인성교육진흥법에 따른 인성교육에도 교회가 관심 갖고 대응해나갈 수 있습니다. 이를 통해 바른 인성을 갖춘 인재양성에 이바지할 수 있습니다. 여기엔 각 교단간 연합이나 지역교회 연합이나 기독교선교단체나 시민단체나 복지기관 연계도 좋습니다. 더욱이 기독교사립학교들과의 연계는 더욱 유익할 것입니다.

요즘처럼 열린교육의 장이 다양화되고 있는 시점에서 교회도 실제적인 대안형 학습프로그램을 진행해 나간다면 시행착오와 함께 많은 것을 배우는 계기가 될 것입니다. 이를 위해 교회 목사들과 교인들은 변화된 세상의 흐름을 민감하게 이해하고 이를 어떻게 교회에서 대응해나갈지를 깊이 고민해야합니다. 이를 위해 목사들과 교회 중직자들은 평생교육 시대에 맞게, 지식과 정보의 시대에 맞게, 평생학습자의 자세를 갖춰나가야 할 것입니다. 요즘은 한국방송대학교나 사이버대학교나 열린사이버강좌도 많고 지자체나 시민단체가 펼치는 평생학습 프로그램도 많습니다. 교회에서 교회교육만이 아닌 다양한 시민사회강좌를 개설하는 것도 유익한 일일 것입니다. 이런 노력을 위해 교회가 지역 기독교계학교와 기독교시민단체와의 연계도 유익할 것입니다.

기독교학교
설립정신과 교육목표

─────────────── 구한말 조선 정부는 현지인
을 상대로 직접 선교를 금지했습니다. 그러나 주한 외국인들의 종교 활
동은 허가했습니다. 아펜젤러는 그의 선교 초기였던 1885년 8월~1887
년 1월, 미국인 연합교회와 일본인 구락부를 중심으로 예배와 설교, 전
도 등 목회 활동을 활발히 수행했습니다. 미국 북감리교 선교부의 1886
년 연례보고서를 보면 서두에서 시작되는 통계를 통해 아펜젤러와 당시
선교사들의 노력을 간접적으로 살펴 볼 수 있습니다.

"교육과 의료 선교, 어느 것 하나 중요하지 않은 것이 없습니다. 1명의
예비 신자, 100명의 신자, 12명의 주일학교 교사, 30여 명의 배재학당
학생들, 환자들이 넘쳐나는 병원 모두는 복음의 놀라운 승리의 시작이
될 것입니다."

주한 외국인을 상대로 한 그의 목회 활동은 우리나라 최초의 기독교
사립학교인 배재학당 설립(1885년 8월 3일)과 운영에서 분명하게 드러
났습니다. 1885년 5월 22일 시작된 스크랜튼의 의료 선교는 배재학당의
학생을 모집하는 결실로 이어졌고, 아펜젤러의 교육 선교는 배재학당을

발전시켜 교회 설립이라는 선교의 결실로 태동하게 되었습니다. 배재학당의 근대 교육이 복음 전파로 이어졌던 이유는 아펜젤러의 교육 이념에 있었습니다. 조선 정부가 기독교 선교를 금지시키고 있는 상황 가운데, 배재학당의 학생 몇 명은 교과서에 나타났던 기독교적 가치관을 거부하고 반발하였습니다. 하지만 아펜젤러는 이러한 상황에 굴하지 않았습니다. 그는 근대교육뿐 아니라 기독교 정신을 가르치기 위해 항상 갈등했습니다. 미국 드루에 있는 친구 비벤에게 보낸 아펜젤러의 서한들을 보면 고민이 잘 드러납니다.

"서구의 문명을 가르칠 때 기독교는 배제 될 수 없네. 나는 가장 쉬운 단어 몇 개로 기독교를 가르치기 위해 노력하고 있다네."(1887년 6월 9일 편지의 일부)

"우리는 주님께서 이 학생들을 변화시킬 수 있음을 믿는다네. 변화된 학생들은 주의 권능을 부여 받아 백성에게 선한 것을 베풀게 될 것이네. 교육은 세속적인 사역이지만 우리는 그 안에 복음이 있어야 된다고 생각한다네. 교육은 선교 사역의 통로가 되기 때문이네. 우리가 이 사역에 충성을 다하면 엄청난 좋은 결과를 가져다 줄 것이네."(1887년 7월 25일 편지의 일부)

아펜젤러의 노력은 조선 정부가 선교를 금지하고 있는 상황임에도 학생들 일부가 기독교 신앙을 받아들이는 결과를 가져왔습니다. 이뿐 아니라 1887년 2월 21일, 고종이 하사하였던 배재학당의 현판이 한국 학생들에게 시사示唆했던 영향력은 컸습니다. '배재학당培材學堂'이라는 현판이 걸리고 난 후에 학생들은 왕이 선교사들의 교육과 의료선교를 승인하였고 예배 참여를 허락한 것으로 생각하였기 때문입니다.

'이화학당梨花學堂' 현판이 미치는 현상도 마찬가지였습니다. 현판이 하사된 후 일주일이 지나자 한국인들은 서울의 외국인 연합교회의 예배에 참석했습니다. 아펜젤러에 의하면 배재학당, 이화학당에서 30명이 넘는 한국인이 몰려왔다고 합니다.

우리나라 최초의 기독교학교인 배재학당은 "진리가 너희를 자유케 하리라."라는 요한복음 8장 32절 말씀을 따라 '참된 자유인'을 양성하는 것을 교육의 목표로 삼았습니다. 설립자인 감리교 선교사 아펜젤러는 배재학당이 예수가 보여준 섬김의 정신을 토대로 하여 기독교신앙을 기반으로 하는 교양교육을 실시하여 사회에 모범이 되는 자유인을 양성하는 학교가 되기를 원했습니다. 그는 당시 학생들이 학교에 오는 주된 목적이 영어를 잘해서 영어 통역으로 직업을 가지려고 하는 것을 알고는 이것도 중요하지만 그 전에 조선시대의 신분제, 남녀차별과 같은 구시대적 악습에서 벗어나 세계시민으로서 지성과 교양을 갖춘 자유 시민으로 육성할 것을 분명히 하였습니다.

배재학당 이듬해 설립된 최초의 여학교인 이화학당은 교육목표를 기독교정신에 토대한 인간교육에 두었습니다. 즉, 학교교육을 통하여 "건전한 한국사회 건설에 이바지할 수 있는 한국적인 여성을 육성"하고자 한 것입니다. 설립자인 스크랜턴 여사는 이화학당의 교육목적을 이렇게 밝혔습니다.

"우리는 다만 한국인을 보다 나은 한국인으로 되게 하는 것으로 만족합니다. 우리는 한국이 한국적인 것에 대하여 긍지를 갖기 바라며 나아가서는 예수와 그의 교훈을 통하여 완전한 한국인이 될 것을 바랍니다."

장로교 선교사인 언더우드에 의해 설립된 경신학교는 학교의 교육목표를 "자기 동족들에게 진리를 간증하게 할 전도사와 교사를 양성한다."라고 정하여 기독교 전도인 배출을 중요한 목표로 삼으면서 학생들의 나태함을 깨우치고 적극적인 자세로 일하는 일꾼을 양성할 것을 분명히 하였습니다. 이 정신은 기독교신앙을 바탕으로 사회에 이바지하는 인재를 양성하려는 정신이었습니다.

이처럼 선교사들이 설립한 학교가 기독교 신앙과 정신을 우선으로 하면서 나라의 근대화를 이끌 인재를 양성하는 것임과 달리 우리나라의 선각자들이 세운 기독교학교는 근본적인 목적에서는 차이를 보여주었습니다. 남강 이승훈에 의해 설립된 오산학교는 민족정신의 고양을 교육목표로 하는 학교였습니다. 그가 1910년 기독교인이 된 이후 이 오산학교는 기독교신앙을 토대로 민족교육을 시키는 학교로 전환되었습니다. 오산학교는 세 가지 건학이념이 조화를 이룬 형태였습니다. 첫째, 교육입국이었습니다. 교육을 통해 나라의 힘을 길러 나라의 주권을 회복하는 일을 학교의 목적으로 삼았습니다. 둘째, '밝고 덕스럽고 힘 있는 사람'을 길러내는 것이었습니다. 셋째, 전인교육이었습니다. 오산학교의 교훈은 사랑愛, 정성誠, 존경敬의 성품을 지닌 전인全人을 양성하는 것을 목표로 삼았습니다. 그러므로 기독교학교인 오산학교는 기독교학교의 정신도 중요하지만 그에 못지않게 민족교육과 인성교육을 중요하게 여겼습니다.

이상과 같이 초기 기독교학교들은 선교사가 설립한 학교와 선각자가 설립한 학교가 '기독교정신과 사회에 필요한 인재양성이 어느 것에 좀 더 초점을 맞춘 것이냐'하는 차이점은 보이나 두 가지를 교육목표로 삼은 것은 동일하였습니다. 이러한 교육목표가 예배나 기도와 같은 종교적 영역에서 뿐만 아니라 모든 교과에서 이루어지도록 노력하였습니다. 이들 학교에서는 신앙을 폭넓게 이해하여 신앙교육이 성경과목 시간이나 예배시간 뿐만 아니라 역사, 음악, 체육 등의 교과수업시간에도 이루어졌고, 학생 동아리나 학생회 활동과 같은 교과 이외 활동을 통해서도 이루어졌습니다. 그리고 무엇보다 신앙심이 투철한 교사들과 학생들의 만남을 통해 신앙과 민족정신이 학생들에게 전승되었습니다. 당시 사람들은 기독교와 민족을 분리해서 생각하지 않았고 기독교학교의 이해 또한 그러했습니다. 하나님에 대한 믿음과 민족과 사회에 대한 봉사를 통합한 신앙교육의 추구는 당시 기독교학교의 정체성의 핵심이었습니다. 이에 따라 당시 사람들은 기독교학교에 대해 높이 평가하였고, 기독교학교의 사회적 영향력이 컸습니다. 1919년 기독교인은 20만 여명으로 당시 인구의 1.3% 정도에 해당하는 극소수였습니다. 그러나 일제 초창기 민족운동을 이끌었던 신민회를 결성한 대다수 사람들과 105인 사건으로 일제에 의해 고초를 당했던 사람들 대다수가 기독교인이었고, 독립협회의 지도층 인사들도 상당수가 기독교인이었습니다. 그리고 잘 알려진 대로 3·1운동을 주도했던 대표 33인 가운데 기독교인이 16명이었습니다.

이러한 기독교학교의 정신이 오늘날에도 이어져오고 있는지를 한 번 생각해볼 일입니다. 오늘날은 사립학교의 가장 많은 수가 기독교학교일 정도입니다만 초기 기독교학교들이 보여준 사회적 공신력을 기대하기는 어렵습니다. 왜 이렇게 된 것일까요? 오늘날의 기독교학교들의 교육목표를 살펴보면 대체로 '하나님 사랑, 이웃 사랑' 혹은 '기독교정신으로 봉사하는 인재 육성' 등으로 초기 기독교학교의 교육목표와 큰 차이를 보이지는 않습니다. 오늘날 기독교학교의 정체성을 측정하는 바로미터로 예배의 숫자나 종교적인 활동 등에서 찾는 경우가 많습니다. 이런 생각은 기독교학교에서 기독교성을 강조한 개념일 것입니다. 이는 마치 선교사들과 선각자들이 기독교 신앙을 바탕으로 하는 것임과 같습니다. 그러나 이것에서 주의해서 볼 것은 이들은 눈에 보이는 수치로 종교생활로서 기독교학교의 정체성과 사명을 생각하지 않았다는 사실입니다. 이들은 신앙과 생활, 종교교육과 일반교육이 분리된 것이 아니라 하나로 가야함을 전제로 하였습니다. 그러므로 예배나 종교행사만으로 기독교학교의 모습을 평가하는 것은 바람직하지 않습니다. 외형적으로는 기독교학교의 모습을 띠지만 학교행정이나 교육과정 전반에 기독교정신이 담겨있지 않다면 진정한 의미에서 기독교학교라고 말할 수 없습니다. 그러면서 수월성 중시 교육, 영재교육, 명문대학 합격자 강조, 반강제 야간자율학습 등을 학교소식에 강조하는 것은 기독교학교답지 않은 사례들일 것입니다. 예배와 종교행사의 숫자나 모양도 중요하지만 이런 보여주기식 수치적 종교가 아닌 기독교 정신이 학교 전반에 스며 있어야 합니다.

　기독교학교의 정체성의 본질을 충실히 수행하면 기독교학교는 결과적으로 사회의 발전에 공헌하는 사회적 책무성을 감당해야합니다. 오늘날 많은 학교들이 배움의 의미상실, 공동체성의 결핍 등 교육적 기능을 온전하게 수행하지 못하는 것처럼 사회적 책무성도 제대로 완수하지 못하고 있습니다. 오히려 집단따돌림현상, 학교폭력, 사교육비 증대, 사회 양극화 조장 등과 같이 사회적 부담을 가중시키고 있는 것이 오늘날 학교의 현실입니다. 기독교학교는 사회적 약자에 대한 특별한 관심을 기울여 사회정의의 실현에 기여할 수 있어야 합니다. 사회정의는 기독교교육의 핵심적 가르침일 뿐 아니라 우리나라의 학교가 사회양극화를 심화시킨다는 비판을 받는 현실을 고려할 때 사회정의는 기독교학교가 특히 관심을 기울여야하는 중요한 사명입니다. 학생의 가정배경이 학업성취도에 중요하게 작용하고 있고, 대학 간의 서열이 졸업생들의 사회경제적 차이를 가져오는 현실에서 경제적으로 어려운 가정의 학생들은 차별을 겪을 가능성이 매우 높습니다. 더구나 학교가 성적이 우수한 학생들을 우대하는 정책을 공공연히 시행하는 학교현실을 생각할 때 어렵고 약한 학생들의 자리는 더욱 힘들어집니다. 그러므로 기독교학교는 사회적 약자에 속하는 학생들을 받아들여 그들을 바르게 교육시켜 자아실현을 할 수 있도록 도와야합니다. 제가 참 좋아하는 시입니다.

　풀꽃
　　　　　나태주

　자세히 보아야
　예쁘다.

　오래 보아야
　사랑스럽다.

　너도 그렇다.

　진정으로 기독교학교는 한 사람 한사람을 소중히 여기는 예수의 마음이어야 합니다. 때로는 좀 부족하고, 어눌하고 연약해도 참아주고 기회를 주고 용기를 북돋아주고 힘이 되어주는 그 사랑의 마음이 교육 전반에 드러나야 합니다. 기독교학교는 자살, 폭력, 따돌림의 세 가지가 없는 3무三無가 실현되고 믿음직한 인재(믿음), 미래를 꿈꾸는 인재(소망), 사랑을 실천하는 인재(사랑)가 풍성한 3다三多가 이루어져야 합니다. 말로만이 아니라 실제로 기독교학교다운 모범적인 모습을 보여줄 때 기독교학교는 그 옛날 기독교학교 초기처럼 지역과 사회에서 사랑받고 존경받을 것입니다. 일반적으로 사람들은 종교학교에 대해 기대하는 것이 있습니다. 이것은 명문상급학교 진학률이나 건물의 규모나 재정이 아닙니다. 예배와 종교행사도 아닙니다. 우리 사회가 가장 절실하게 생각하는 바른 인성을 갖춘 인재양성일 것입니다. 건전한 기독교정신에 따른 예배와 종교행사와 교육 프로그램들이 원활하게 이루어진다면 기독교신앙인은 물론 비기독교인이나 이웃(타)종교인들도 기독교학교에 지원할 것입니다. 저는 기독교학교하면 이런 모습이 떠오릅니다. 쉬는 시간, 교실을 나온 아이들이 누군가를 발견하고 힘껏 달려가 안깁니다. 뛰어오는 아이들을 보고 마치 한 가족처럼 팔을 한껏 벌려 꼭 안아주는 그 누군가가 있는 학교입니다. 이런 사람이 교목(학교 목사)만이 아니라 모든 교직원이어야 합니다.

기독교학교교육의
어려움과 우리의 과제

구한말의 혼돈과 국운이 위태롭던 그 시절, 이 땅에 경신과 배재학당이 세워지면서 우리나라의 근대 학교교육이 시작되었습니다. 그 후 하나님의 은혜 가운데 세워진 수많은 기독교학교들은 학교교육을 통한 하나님의 선교와 기독교교육의 사명을 오늘날까지 감당해 오고 있습니다. 그동안 기독교학교들은 일제강점기, 한국전쟁 그리고 1960년대의 혹독한 보릿고개로 대표되는 가난과 계속되는 군사정권의 비민주체제의 어려움 속에서 올곧게 그 자리를 지켜 왔고, 열악한 교육의 현실 속에서도 기독교정신에 따른 인재양성과 기독교학교 선교의 사명을 감당하기 위해 각고의 노력을 해왔습니다.

그러나 오늘날 기독교 학교들은 구한말 선교 초기와 일제치하 때에 비해 여러 면에서 위기에 봉착해 있고 쇠락의 기미를 보이고 있습니다. 이 현상에 대해서는 1970년대 이후 꾸준히 문제가 제기되어 왔으며 이에 대해 최근 빈번하게 심도 있는 논의가 되고 있지만, 공적 사회의 기독교교육의 역할을 기대하기는 매우 어려워 보입니다. 또 예년에 비해 점점 줄어가는 기독교 학교와 입시교육과 지식교육에 연연하는 퇴색된 기독교 학교 교육이 문제입니다. 교회의 무관심과 더불어 국가 주도적 통제정책에 많은 기독교 학교들의 본래 역할이 심각하게 퇴색되고 있습니다. 또한 기독교학교들은 1945년 광복 이후 찾은 정권교체에 따른 교육정책의 개편과 입시교육 그리고 오늘날까지 7차례에 걸친 교육과정과 2009 개정 교육과정 등으로 대표되는 교육과정의 변화라는 소용돌이 속에서 변화를 강요당하는 고통과 정체성의 혼란 속에서 오늘날까지 이어져오고 있습니다.

지난 2000년부터 중·고등학교에 실시된 제7차 교육과정에서는 종교과목을 통제하기 위한 강력한 기준이 주어져 기독교학교에서 종교과목을 임의로 운영할 수 없도록 여러 가지 제재조치의 규정이 마련되었습니다. 이러한 상황은 기독교학교교육을 실천함에 있어 많은 어려움을 가져왔습니다. 이에 따라 기독교학교교육을 원하지 않는 학생들이 기독교학교에 배정되는가 하면, 종교교육을 단일 과목으로 선택할 수 없고 다른 교과목과 동시에 개설해야한다는 규정에 따라 다른 과목과 선택을 경쟁해야하는 열악한 상황에까지 놓이게 되었습니다. 또한 종교교육에 따라 기독교와 함께 타종교도 동일하게 가르쳐야만 하는 현실입니다. 급기야 수년 전부터는 몇몇 학교에서 예배와 종교(기독교) 수업을 거부하는 학생들의 목소리가 표출되면서 이것이 종교의 자유라는 헌법 정신과 인권의 문제로까지 거론되어 현행법과 기독교 학교선교를 표방하는 기독교 학교교육의 정체성이 충돌하는 어려운 현실에 이르렀습니다. 실제로 오늘날 기독교학교교육의 현실은 그동안 공공연하게 예배와 종교 수업과 종교행사를 강제하면서 참가 거부가 사실상 불가능한 분위기를 조성해 왔습니다. 이에는 기독교 신앙인이나 필요성을 덜 느끼는 학생은 물론 타(이웃)종교인이거나 비종교인을 아랑곳하지 않고 참가여부를 묻지도 않고 강요해왔습니다. 그러나 이제는 학생들의 선택권을 보장하지 않는 것은 현행 교육과정과 서울, 경기, 전북 등의 교육청에서 제정한 학생인권조례에 위배되고, 대법원에서도 명백히 위법한 행위라고 규정하고 있습니다. 이것이 현행법이니 이를 위반하는 것은 범법, 위법, 탈법이 되는 지경이니 이른바 '학원선교'라고 강조해온 기독교학교교육의 정체성은 심각하게 뒤흔들리는 상황입니다.

기독교학교의 종교교육의 어려움은 지난 2010년 서울 대광고에서 벌어진 강의석 사태가 대표적일 것입니다. 지난 2010년 대법원 2010.4.22. 선고 2008다38288 판결인 사례에서 제2심인 서울고등법원과 최종심인 대법원은 대광고가 비기독교 학생들이 선택할 수 있는 대체과목을 편성하지 않은 채 사실상 기독교 교육을 강요한 것이 위법한 처사인가에 대해 다음과 같이 엇갈린 판결을 하였습니다. 먼저 고등법원의 판결 내용입니다.

> 대광고의 설립목적은 기독교 정신에 입각한 교육에 있고, 사립학교에서는 국공립학교와 달리 특정 종교교육이 폭넓게 허용되어야 한다. 강의석은 입학 당시 기독교 교육과 함께 모든 교과교육을 충실히 받겠다고 선서하였고, 문제의 교내방송을 하기 전까지는 학교의 종교의식과 종교교육에 대하여 명시적으로 거부의 의사를 표시하지 않고 적극적으로 참여해 왔다.

이를 종합하면, 강의석이 기독교 의식으로 치러진 각종 행사와 경건회 시간, 수요예배, 생활관교육, 부활절예배 및 심령수양회 등에 참가한 것을 두고 그의 의사에 반하여 강제로 이루어진 것이라고 단정하기 어렵습니다. 비록 신앙의 자유가 인격적 가치를 지닌 상위의 기본권이고 그 과정에서 학생인 강의석의 자발적, 자주적 의사가 충분히 존중되지 못했다고 할지라도, 이러한 행사나 의식 및 수업이 실시된 동기 내지 목적, 대광고의 기독교학교로서의 전통 등에 비추어 볼 때, 그것이 강의석의 행복추구권, 신앙의 자유 내지 학습권을 침해하는 행위로서 합리적인 이유 없이 사회적인 허용한도를 초과한 위법한 행위로 평가할 수는 없습니다. 다음으로 대법원 판결의 내용입니다

비록 종립학교가 국공립학교와는 달리 종교교육을 할 자유를 가진다고 하더라도, 그 종립학교가 공교육 체계에 편입되어 있는 이상 원칙적으로 학생의 종교의 자유, 교육을 받을 권리를 고려한 대책을 마련하는 조치를 취하는 속에서 그러한 자유를 누린다. 종립학교가 고등학교 평준화정책에 따라 학생 자신의 종교와 무관하게 입학하게 된 학생들을 상대로 학교의 설립이념이 된 특정의 종교교리를 전파하는 종교교육을 실시하는 경우에는 그 종교교육의 구체적인 내용과 정도, 종교교육이 일시적인 것인지 아니면 계속적인 것인지 여부, 학생들에게 그러한 종교교육에 관하여 사전에 충분한 설명을 하고 동의를 구하였는지 여부, 종교교육에 대한 대체과목 선택이나 종교교육에 참여를 거부할 수 있었는지 여부 등의 구체적인 사정을 종합적으로 고려하여 사회공동체의 건전한 상식과 법 감정에 비추어 볼 때 용인될 수 있는 한계를 초과한 종교교육이라고 보이는 경우에는 위법성을 인정할 수 있다.

종립학교가 고등학교 평준화정책에 따라 강제 배정된 학생들을 상대로 특정 종교의 교리를 전파하는 종파적인 종교행사와 종교과목 수업을 실시하면서 참가 거부가 사실상 불가능한 분위기를 조성하고 대체과목을 개설하지 않는 등 신앙을 갖지 않거나 학교와 다른 신앙을 가진 학생의 기본권을 고려하지 않은 것은, 우리 사회의 건전한 상식과 법 감정에 비추어 용인될 수 있는 한계를 벗어나 학생의 종교에 관한 인격적 법익을

침해하는 위법한 행위이고, 그로 인하여 인격적 법익을 침해받는 학생이 있을 것임이 충분히 예견가능하고 그 침해가 회피 가능하므로 과실 역시 인정된다.

이 사례는 강제배정제도 하에서 종교학교의 종교교육 자유와 학생의 종교 자유가 충돌하는 대표적인 경우로서 기독교계뿐 아니라 법조계, 학계, 정계의 비상한 관심을 모은 바 있습니다. 때문에 법원에서도 제1심은 강의석의 손을 들어주었으나 제2심은 이를 뒤집는 판결을 하였고, 대법원에서는 다시 제2심을 번복하는 등 엎치락 뒤치락하였습니다. 또 대법원 판결에 참가한 많은 대법관들이 반대견해를 밝힘으로써 대광고의 불법행위책임을 인정하는 최종판결이 내려지기 까지 많은 진통이 있었습니다. 나아가 이 사례는 일부 공직자들의 종교편향적 태도로 불거진 반기독교 정서에 불을 지피는 계기가 되었고, 소송을 제기한 강의석은 종교의 자유를 억압하는 기독교에 대한 인권 승리의 아이콘으로 미화되기도 하였습니다.

이 사례의 핵심은 현행 고교평준화정책 하에서 종립학교가 종교대체 과목을 마련하지 않고 종교수업을 강제한 것이 학생들의 종교의 자유를 침해하는 불법행위로 볼 것인가 입니다. 기독교계 사립학교가 고교평준화라는 공익상의 이유로 강제로 학생을 배정받게 되는 경우, 그 학생들은 학교선택의 자유를 보장받지 못한 채 입학하게 된 것이므로 그 학교로서는 당초의 설립목적인 종교적 대안교육의 실시와 공교육에서 요구되는 종교적 중립성이 조화를 이루도록 배려할 의무가 있습니다. 특히 기독교 신앙은 인간 내면의 영혼이 절대자인 하나님을 향하는 귀의로서 그 성질상 절대자의 은혜를 통하여 자발적 자주적으로 이루어지는 것이지 결코 강제적인 방법으로는 향유될 수 없습니다. 그러므로 종교과목을 운영함에 있어서 교리나 종교적 진리를 객관적으로 소개하는 정도는 상관없지만 예배와 같이 종교의식을 강제하는 것은, 신앙의 본질상 합당하지 않을 뿐 아니라 오히려 자연스러운 영적 개안開眼이나 종교적 인격성숙을 방해하는 올바른 수업방법은 아닙니다. 입장을 바꿔서 기독교 신앙을 가진 학생이 불교나 다른 종교학교에 배정받은 경우를 생각해보면 학교의 종교교육 강제의 문제가 단순하지 않음을 쉽게 이해할 수 있습니다.

문제는 고교평준화 정책입니다. 헌법재판소는 고교평준화정책이 위헌이 아니라고 여기지만, 상당 정도의 자기결정능력을 갖춘 단계에서 취학하게 되는 고등학교 입학에 있어서 학생과 학부모의 학교선택권은 학생의 자유로운 인격 발현을 위해 결코 양보할 수 없는 필수적 권리라는 측면에서 위헌입니다. 나아가 사립학교의 자유가 종교적 대안교육의 가능성을 보장하는 데에 본질적 의미가 있는데, 이 판결에서 보는 바와 같이 종교교육 자체를 불법으로 판단한다면 고교평준화정책은 사립학교의 종교교육의 자유를 침해하는 위헌적 제도라고 말할 수 있습니다. 특히 지난 2014년 6·4 지방선거에서 평준화를 강조하는 진보교육감이 대거 당선된 현실을 감안하면 종교계학교의 종교교육자유가 침해될 가능성이 한층 높아졌습니다.

이처럼 위헌적 소지가 있는 학교 구조를 만들어 놓고 그것에 대한 개선이나 비판이 없이 그저 위헌적 요소가 있다고 종교학교의 종교교육을 막고자하는 것은 자칫 종교학교들의 설립근거와 정체성을 흔드는 불필요한 갈등을 야기할 요인이 될 수 있습니다. 기독교학교들을 학생인권을 짓밟는 범법집단으로 몰아가게 되는 교육구조에 대한 깊이 있는 논의가 요구되는 시점입니다. 또한 주어진 현실에서 어떻게 종교교육을 해나갈 지에 대한 심각한 고민과 방안의 모색도 필요합니다. 이에 대한 논의로 최근 제기된 것은 '회피와 전학제도의 도입'입니다. 회피란 국가 차원에서 종교계 사학의 종교교육 자유를 보장하는 동시에 학생들에게도 자유를 줄 수 있는 제도입니다. 학생들의 신앙의 자유는 물론이고 종립학교가 종교교육을 할 수 있는 자유가 충돌하는 것을 피하기 위해서는 학생들이 원치 않는 종립학교에 배정됐을 경우 이를 회피할 수 있도록 해야합니다. 이 같은 회피와 전학 제도를 통해 종립학교는 설립 정체성을 유지할 수 있고, 학생들도 종교적 자유를 누릴 수 있게 된다는 말입니다.

학교 교육의 종교 중립 요구 또한 교육당국과 갈등을 겪고 있는 부분입니다. 우리의 삶에서 '종교'를 분리하는 것은 불가능하기 때문에 학교 교육에서 종교적인 면을 삭제하는 것은 '무종교의 종교'를 가르치는 것입니다. 진정한 신앙인에게 있어 '교육'은 매우 신앙적인 것이고, 학생의 종교적 인권은 매우 중요한 가치이기 때문에 학교의 교육권도 동일하게 존중되어야 하는데 종교 중립 요구는 미션스쿨, 기독교 대안학교를 위기로 몰고 있습니다. 때문에 정책 방향에 있어 학생과 학교의 권리가 모두 윈윈win-win 할 수 있도록 방안을 모색해 나가야 합니다. 진보 교육감 시대의 도래는 교육에 있어 향후 많은 변화를 예견합니다. 이러한 변화는 기독교 학교는 물론 기독교 교육에 적지 않은 영향을 미칩니다. 기독교적 가치 자체가 진보적 성격과 보수적 성격을 모두 포함하고 있기 때문에, 진보와 보수 중 어느 하나를 기독교적 가치와 동일시할 수는 없습니다. 기독교 교육이 교육의 영역에서 하나님 나라를 구현하는 길은, 특정 이념에 매이거나 진영 논리에 빠져서 갈등의 한쪽 축을 형성하는 것이 아니라 사안별로 현실을 직시하고 기독교적 비판을 통해 건강한 대안을 모색하고 이를 실천하는 것입니다.

교육구조의 어려움에 더하여 문제는 오늘날 한국교회와 기독교는 사회로부터 많은 지탄과 비난의 대상으로 전락해 버린 지 오래라는 사실입니다. 뿐만 아니라 사립학교의 대부분인 기독교학교는 이미 설립 초기의 취지와는 달리 세속화 되면서 기독교학교의 정체성이 모호해지거나 무늬만 기독교인 곳들이 많고, 이른바 가족이기주의에 따른 세습과 비민주적이고 비효율적이고 폐쇄적인 운영으로 사회적 지탄을 받기도 합니다. 심지어 재정과 인사의 파행과 비리로 얼룩지기도 합니다. 그러다보니 기독교학교가 교육계에 영향력이나 신뢰를 주지 못하고 있는 것이 사실입니다. 이런 한국교회와 기독교학교교육의 위기 앞에 우리는 어떻게 해야 하는 것일까요?

기독교학교에서 종교교육이 어려운 것이 현실이니, 이제 우리는 예배와 종교수업과 종교행사를 법과 규정에 따라 포기해야 만하는 것일까요? 그럴 수 없습니다. 그러기에는 학교는 너무도 중요하고 그에 따른 기독교학교의 가치와 사명은 아무리 강조해도 지나치지 않습니다. 흔한 말로 위기는 새로운 기회이고 변화의 시기입니다. 기독교의 의미로 볼 때, 새로운 시대에 따른 새로운 다짐이 요구되는 새로운 실천적 시기입니다. 누가복음 5장 36-39절입니다.

> 예수께서는 그들에게 이런 비유를 들려주셨습니다. "낡은 옷을 기우려고 새 옷을 자르는 사람은 없다. 그렇게 하면 새 옷이 찢어져 못 쓰게 되고 새 옷의 조각도 낡은 옷에 어울리지 않기 때문이다. 또 새 포도주를 낡은 가죽부대에 넣는 사람도 없다. 그렇게 하면 새 포도주가 그 부대를 터뜨려서 포도주는 쏟아지고 부대도 못 쓰게 될 것이다. 새 포도주는 새 부대에 담아야 한다. 묵은 포도주를 마시고 나서 새 포도주를 원하는 사람은 없다. '묵은 것이 좋다'고 여기기 때문이다."

예수의 말처럼 이제 우리는 변화의 소용돌이 속에서 새로운 각오로 새로운 교육으로 올곧은 우리의 정체성을 지켜나가려는 몸부림과 자기성찰이 절실히 필요한 때를 살아가고 있습니다. 여기에는 기독교학교 관계자만이 아니라 한국교회 전체와 기독교 신자 모두의 관심과 기도와 협력과 비판적 관여가 절실히 요청됩니다.

오늘날 여기저기서 학교의 위기를 거론합니다. 청소년 자살률은 OECD 가맹국가 중에서 1~2위라고 합니다. 학교폭력과 청소년 우울의 문제 또한 심각합니다. 언제나 지적되어온 학교의 비인간화교육과 교직원들의 갈등과 교사와 학생, 교사와 학부모의 갈등도 심각한 수준입니다. 연이어서 학교교육의 일그러진 모습들이 보도되고 있고, 여전히 삶의 생기와 희망을 갖지 못한 채 고통스럽게 학교를 오가는 학생들을 날마다 접하고 있습니다. 이는 마치 창세기 1장 2절 상반절을 연상시킵니다.

> 그 땅은 형태가 없고 비어 있었으며 어둠이 깊은 물 위에 있었고

이 말씀처럼 교육은 형태도 모호하고 공허하고 깊은 어둠으로 가득차 있습니다. 교육에 대한 신음소리와 탄식소리가 사방에서 들려오고 있습니다. 이러한 학교의 위기는 기독교학교도 예외가 아닙니다. 그저 무늬만 기독교학교로서, 비기독교학교와 구별되지 않는 모습입니다.

기독교학교가 일반학교와 구별될 수 있는 것은 학교의 기초를 사회적인 인식이나 사람들의 판단 기준에 두는 것이 아니라 하나님의 말씀인 성경에 두는 것입니다. 하나님은 이러한 왜곡되고 뒤틀린 교육이 다시금 회복되기를 원하십니다. 오늘 우리에게는 참다운 기독교세계관Christian Worldview에 따른 기독교학교교육이 절실히 요청되고 있습니다. 기독교세계관 교육은 참다운 기독교정신의 구현을 말합니다. 모든 진리는 하나님의 섭리에 따라 '창조→타락→구속→재창조(회복)'을 축으로 하는 성

경적이고 하나님 중심적인 세계관을 분명히 합니다. 이에 따라 일그러진 교육(타락)의 모습인 비민주적이고 비인간적인 시장경제의 논리로 경쟁을 당연시하는 지식과 교과내용을 기독교적으로 비판하여, 사람은 그 어떤 가치로도 대체 불가능한 존재인 그 어떤 가치보다 사람이 먼저이고, 존귀함을 회복하는 교육을 펼쳐야합니다. 이를 통해 청소년 자살률을 줄이고 이웃과 자연을 사랑하는 공동체교육, 생명존중문화교육이 실현되어야합니다.

이웃사랑의 명령 또는 사회적 책임 그리고 자연 사랑은 좁게는 이웃에 대한 봉사로부터 넓게는 구조적 문제의 원인을 해결하는 사회적 개혁을 포함합니다. 사랑의 하나님은 동시에 정의의 하나님이시기도 하십니다. 기독교학교는 사랑의 공동체일 뿐만 아니라 정의의 공동체가 되어야 합니다. 우선 기독교교육자에게 가장 중요한 이웃은 학생이므로 이 명령은 학생에 대한 사랑으로 이해할 수 있습니다. 기독교학교 교사에게 학생 상담과 학생 지도는 예수가 보여준 사랑을 실천하는 것을 의미합니다.

성경에 나오는 예수는 제자들을 돈벌이의 수단으로 여기지 않고 함께 생활하면서 말로만 가르친 것으로 끝내지 않고 몸소 실천해 보여주었습니다. 예수는 제자들을 찾아갔고, 어리석은 질문에도 언제나 답을 해주었고, 이들의 발을 씻겨주기까지 하였습니다. 밤늦게 찾아온 니고데모의 방문에도 응해주셨습니다. 또한 자신을 적대시하던 바리새인과 서기관과 율법학자들의 질문에 성실히 답을 주었습니다. 병들고 소외된 이웃들을 찾아가서 만나주었습니다.

이처럼 교사들은 수업에서의 말을 넘어서는 몸으로 모범을 보이는 교육을 실천해야합니다. 또한 학교에서의 만남을 넘어서는 생활지도와 상담 그리고 졸업 후에도 교육서비스를 이어가는 추수지도까지 해야 합니다.

기독교학교교육은 전인교육을 목표로 합니다. 기독교육은 좁은 의미의 신앙생활 또는 교회생활만을 의미하지 않습니다. 모든 삶의 영역에서 하나님이 '주인되심Lordship'을 인정하는 것을 의미하고, 교회생활이나 주일만이 아닌 전인whole person적 개념으로 모든 생활의 매일을 교육대상으로 합니다. 누가복음 2장 52절 말씀입니다. "그리고 예수는 지혜와 키가 점점 더 자라 가며 하나님과 사람들로부터 사랑을 받았습니다."는 말씀은 기독교교육이 영적인 차원만이 아니라 지적 차원, 정서적 차원, 관계적 차원 등을 포함하는 통전적인 차원을 의미합니다. 이는 엄밀한 의미에서 좀 더 명료하게 이해해야할 의미입니다. 영적인 차원은 다른 차원으로부터 분리될 수 있는 것이 아니라, 서로에게 스며들어 있습니다.

기독교교육학자인 그린Albert E. Greene은 기독교 세계관을 가르치는 의미를 분명히 일깨워주었습니다. 그는 영적인 의미와 세속이 통합되어야한다는 말에 결함이 있음을 지적하였습니다. 왜냐하면 처음부터 영적인 세계와 세속적인 세계는 분리될 수 없는 것이기 때문입니다. 사회과학에서 일반화된 개념처럼 가치중립적인 지식은 없습니다. 지식은 일정부분 그것을 담아내는 가치체계와 사회구성체의 입장에 따라 가치를 담아내고 있습니다. 이렇게 볼 때, 그린이 말한 것처럼 영적인 세계 또한 별개의 것이 아닙니다. 성경이나 종교과목만이 영적인 세계를 다루는 것이거나 전문 목회자나 교회교육만이 영적인 교육을 하는 것이 아닙니다. 기독교정신에 따른 세계관에 근거하지 않은 지식은 없습니다. 기독교정신은 자라나는 세대들이 학습하는 도덕, 국어, 영어, 수학, 사회, 과학, 예술, 기술·가정 등 모든 교과목과 관련한 교육 전반과 학교의 모든 활동을 비롯한 학교생활 전체와 관련된 것입니다. 이것이 바로 전인적 기독교학교교육입니다.

최근 연약한 사람을 죽음으로 몰아가는 무자비한 폭행 사건이 끊이지 않고 있습니다. 2014년 군대에서 윤 일병 구타 사망 사건을 비롯해, 경남 김해에선 여중생이 친구를 감금 폭행하고 죽음에 이르자 시신을 유기한 사건까지 발생했습니다. 폭력과 죽음 앞에서도 '죄의식'을 느끼지 못하는 사람들이 많아지고 있는 가운데 우리나라의 교육을 근본적으로 고민해야 한다는 주장이 나오고 있습니다.

윤 일병 사건의 경우, 군대 내 폭력 문화에 대한 문제도 있지만 사회 주요 구성원으로 자리해야 할 20대가 폭력에 대한 죄책감을 느끼지 못하는 것은 입시 위주의 교육에 지나친 나머지 인성을 바로 세우는 교육을 하지 못했기 때문이라는 분석입니다. 또 중학교 시절 학업 성적에 따라 이미 사회 열등생으로 추락하는 상황에서 이들이 미래를 꿈꿀 기회조차 놓치고 있는 것이 현실입니다. 그들이 원하지 않아도 우리 사회가 청소년들을 폭력의 길로 몰아넣고 있는 것은 아닌지 재점검이 시급한 상황입니다. 가정과 교회, 나아가 학교로 이어지는 '인성교육'의 강화가 절실한 시점입니다.

최근 교육부가 한국교육개발원에 위탁해 개발한 전국 1천184개 학교, 4만여 명의 초중고생들의 인성 수준을 조사한 결과에 따르면 초등학생이 인성 수준이 가장 높고, 중학생이 가장 낮은 것으로 나타났습니다.

초중고생의 인성 덕목 중에서는 '예의'가 가장 높았으며, 그 다음으로 '정의'와 '책임', '자기 존중'이 뒤를 이었습니다. '자기 조절'은 가장 낮은 수치를 기록했습니다. 한국교육개발원은 "유교사상에 뿌리를 둔 문화적 배경 때문에 예의 점수가 높게 나온 것으로 보인다"며 "반면 자기 조절이 낮은 것은 삶에 대해 주체적으로 결정하거나 스스로 계획하는 능력이 부족하기 때문"이라고 분석했습니다.

자기 조절은 자신의 감정을 통제하고 관리하는 능력입니다. 타인과 함께 살아가는 사회에서는 반드시 필요한 요소입니다. 다시 말해서 자기

조절 능력이 약하다는 것은 감정을 절제하지 못한 채 여러 문제를 일으킬 수 있다는 뜻으로도 풀이할 수 있습니다.

윤 일병 사건이나 김해 여중생 살해 사건을 비롯해 이미 20대의 패륜이나 중고생들의 폭력사건은 사회 이슈가 되어 왔습니다. 문제가 터질 때마다 우리 사회는 "성적과 스펙 등을 따지는 사회에서 타인을 배려하는 능력을 상실하고 무조건 자신의 경쟁력만 올리면 된다는 왜곡된 사고가 폭력에 대한 죄의식을 둔화시킨다"는 지적을 하곤 했습니다.

하지만 달라진 것은 없습니다. 입시 위주의 교육도 여전하고 교회 역시 입시의 그늘에서 벗어나지 못하고 있습니다. 기독교계에서 입시와 사교육을 거부하는 운동이 일어나고 있지만 소수의 목소리에 불과하고 오히려 교회가 입시 제도를 위해 일반 교육을 강화하는 변칙을 사용하면서 교회학교 부흥에 힘을 쏟는 것이 현실입니다. 여기에는 기독교학교들도 마찬가지입니다. 입시경쟁에 학생들을 내몰고 이른바 명문학교 진학을 위한 학교 운영과 종교행사까지 이어가고 있습니다. 국민들의 정신을 개조하고 진정한 행복에 이르는 길을 가르쳐야할 기독교학교가 비인간적인 잘못된 교육에 끌려 다니면서 세상의 가치만을 가르치고 있는 형국입니다. 기독교학교교육의 변화가 시급한 이유는 참다운 기독교교육의 '변질'에 대한 경계에 있습니다.

인성교육의 중요성은 두 말할 필요가 없습니다. 인성人性은 말 그대로 '사람의 성품'입니다. 인성이 바른 사람은 공동체 사회 속에서 바르게 적응하고 새롭고 가치 있는 것을 만들어내는 역량을 갖추고 있습니다. 소외된 이웃과 남을 생각하는 마음도 가집니다. 한마디로 더불어 사는 사회에 적합한 인재입니다. 인성교육이 강화되고 인성을 갖춘 인재들이 많이 양성된다면 윤 일병 사건이나 김해 여중생 사건과 같은 끔찍한 일들은 막을 수 있었을 것이라는 뒤늦은 후회도 나오고 있습니다. 이를 보면서 우리 사회는 직책 유무를 떠나, 남을 존중하고 배려하는 바른 인성교육의 필요성을 뼛속 깊이 절감하고 있습니다.

최근 나타나는 부정적인 모든 현상들이 자기중심적 이기주의에 기인하고 있습니다. 더불어 살아가야할 인간에게 가장 필요한 덕목인 배려가 부족함으로 일어나는 일들이 많습니다. 배려는 나를 소중히 여김과 동시에 타인도 소중하다는 깨달음을 얻는 것입니다. 나의 진정한 가치는 타인과 더불어 서로 배려하며 발전하는 것입니다.

우리 사회 전반에 인성교육이 강화되기 위해서는 가정과 교회 등 전 영역에서 인성의 중요성을 알려야 합니다. 사회적으로 폭력 사건이 이슈가 될 때마다 등장하는 인성교육에 대해 학부모, 학교, 교사 등 교육의 실체들이 교육의 미래를 생각하여 '인성교육'을 중시하는 한 가지 목표를 지향해 나가야 합니다. 인성교육은 한 인격체를 길러내는 과정입니다. 기독교 학교는 다른 학교보다 모범적이고 폭력이 없는 학교로 '노 바이런스 스쿨 존No Violence School Zone'을 만들어 시범을 보여야합니다. 성경을 기반으로 하는 인성교육이야말로 가장 참된 교육입니다. 인성은 성경말씀을 떠나서는 논할 수 없습니다. 그 근거를 성경에서 찾아야 합니다. 사람은 하나님의 형상대로 지음을 받았기 때문에 하나님의 형상대로 살아가야 합니다.

오늘날 많은 교회들의 중고등부와 청년부들이 약화되고 있는 상황입니다. 출산율 저하 등으로 학생들의 수가 줄어든 것도 원인이긴 하지만, 그보다 한층 더 교회학교 학생 수가 격감하고 있습니다. 한국교회는 지난 기간 동안 기독교 정신에 기초를 둔 중고등학교와 대학을 설립함으로 예수의 복음을 널리 전하는 일에 활력을 준 바 있습니다. 아울러 대학 캠퍼스 내의 대학 선교단체들의 역할도 작지 않았습니다. 그러나 최근에 이르러 학교 내에서의 선교활동에 많은 제약이 주어짐에 따라 이런 캠퍼스 내에서의 선교들이 위축되고 있는 중입니다.

특히 종교계 학교들에 대한 정부의 규제가 많아 기독교학교 내에서의 기독교 정신에 입각한 교육이 제대로 구현되지 못하는 상황입니다. 학생들이 무작위로 각 학교에 배치되는 현실에서 이런 입장은 탄력을 받을 수밖에 없을 것이므로, 기독교계 학교들은 어떤 다른 해법을 찾아야 할 것입니다.

여러 어려움들이 있지만 아직도 우리에게는 청소년 선교의 많은 가능성들이 남아있습니다. 학생들이 교회에 올 것을 기다리지 말고 적극적으로 청소년 선교에 임한다면 다음 세대들로 하여금 교회를 더 활기차게 이어나갈 수 있게 할 수 있을 것입니다. 이러한 적극적인 선교의 일환으로 우리는 기독교학교 선교를 강화해나갈 필요가 있습니다. 보다 조직적인 체계를 마련하여 기독교학교 선교를 해나간다면 우리의 청소년 선교의 미래가 밝을 것입니다.

기독교학교 선교를 위해 우리가 해야 할 일들은 적지 않습니다. 이를 위해 개별 교회들이 지원을 아끼지 않는 것도 중요합니다. 중고등학교 내에서 기독교 복음의 내용을 가르치기 위한 보다 좋은 교육 콘텐츠들의 개발도 필요합니다. 우리보다 앞서 기독교적 학교교육을 시작한, 서구 기독교학교들이 개발한 교재들을 참고하여 기독교적 세계관에 입각한 교과서들을 만드는 일도 중요할 것입니다.

교회와 학교, 노회 및 신학대학들과 연계하여 지역의 기독교학교들이 함께 노력한다면 보다 양질의 종교교육과 인성교육을 할 수 있을 것입니다. 학교의 교목 시스템을 강화하고 보다 전문화하여 공공 학교 교육에 기독교교육을 무리하지 않고 잘 접목시킨다면 보다 앞선 학교교육의 차원을 전개해나갈 수 있습니다.

우리는 지금 법과 규정에 따라 건학이념의 구현을 포기해야하는 것인지 아니면 법과 규정을 위반하면서 떠안을 불이익을 감수하고서라도 순교자적 자세로 강행해야할 것인지를 결정해야한 시점에 와 있습니다. 아니면 이 둘의 긴장 속에서 운영의 묘를 살려나가는 지혜를 발휘해야합니다. 마치 예수가 로마제국의 식민지 치하에서 로마법과 오랜 세월 강력하게 규정되어온 모세의 율법 준수의 어려운 현실 속에서도 지혜롭게 하나님의 나라를 이루어가는 일을 한 것처럼 우리에게도 우리의 신앙은 비둘기같이 순결하나 뱀같이 지혜로워야 합니다. 이는 단위학교 교목 (학교목사)이나 교장으로서는 불가능합니다. 재단과 기독교계 모두가 함께 지혜를 모아가야 합니다. 여기엔 너와 내가 따로 없이 합력하여 선을 이루어가야 합니다.

따지고 보면 종교교육의 어려움은 외부에 있지 않습니다. 겉으로 드러나기는 외부적 압력과 법과 제도이지만 더 큰 어려움은 내부의 구성원들입니다. 내부 고발자와 비협조자가 없도록 종교행사와 종교 수업시간 운영에 교직원 및 학생과 학부모의 이해를 구해야 합니다. 가급적 종교행사를 위한 재정을 학교 교육비로 하기보다는 선교비를 확충하여 이 비용으로 하여 '특정종교행사에, 학교교육비 지출'에 대한 논란을 차단해야합니다. 이를 위해 단위학교장과 교목과 재단과 지역교회는 이 기금을 유치하는데 힘써야합니다. 예를 들어 지역교회와의 교류와 협력, 지역 기독실업인들과의 유대 등을 모색해야합니다. 지역교회와 학교의 결연이나 지역교회와 학급별 결연을 통한 일종의 자매결연이나 명예 교목과 명예담임 연계 프로그램을 만들어가는 것도 하나의 방안일 것입니다. 이 외에도 학교의 특기적성강사 등에 지역교회 목회자나 청년 등의 교육기부, 재능기부도 가능합니다.

서울의 새문안교회는 4명의 교목을 같은 교단 소속의 기독교학교에 파송합니다. 이들 교목은 평일엔 학교 사역을 하고 주일엔 교회의 교육

파트 목사를 합니다. 전주중부교회도 그렇습니다. 석좌 교목 4인을 신흥중고와 기전여중고에 파송합니다. 이는 교목이 교사를 겸하다보니 교사와 목사의 두 가지 일에 소홀하게 됨을 방지하고 학교와 지역교회가 함께 기독교학교 선교를 해나가는 시스템입니다.

　기독교학교가 일반학교보다 좋은 장점을 적극 홍보하는 것도 방안일 것입니다. 기독교는 서구 근대화를 이끌어온 정신문화적 토대입니다. 신분제와 남녀차별을 당연시 여기던 봉건사회를 평등과 자유로 이끈 것이 기독교입니다. 또한 기독교는 모든 사람이 하나님 앞에서 존엄함을 강조합니다. 그러므로 기독교학교는 학생을 존중하고 차별하지 않습니다. 그리고 생명존중과 한 사람 한 사람을 소중히 여깁니다. 그러므로 자살예방과 환경교육에 유익합니다. 기독교는 근면과 성실을 강조합니다. 막스 베버가 지은 『프로텐스탄트와 자본주의정신』에서 말한 것처럼 기독교 신앙인들은 모든 직업이 하나님이 주신 거룩한 것으로 여겨 성실히 직업에 임합니다. 그러다보니 기독교 국가들이 선진국이 되는 경우가 많습니다. 그리고 십계명의 5계명처럼 부모공경을 강조합니다. 요즘 강조되는 봉사와 섬김도 기독교적입니다. 이렇듯 기독교적인 교육은 유익한 점들이 많습니다.

　국가주도적 통제 문제에 대해서는 기독교학교 자체의 자율권을 신장하는 방향으로 정책을 전환하도록 유도할 필요가 있습니다. 하지만 이는 현 평준화 정책과 맞물려 있는 문제로 어떤 범위와 방식으로 접근할 것인지에 대해서는 폭넓은 논의가 필요합니다. 위기 타결 방안으로 제도적 개선책 뿐 아니라 현 체제 하에서도 가능한 길을 모색할 필요도 있습니다. 이를테면 현 평준화 제도 아래에서는 종교교육을 개성적으로 만들어낼 수 없다고 할 수 있겠지만 접근하기에 따라 다른 해법도 가능합니다. 초기 기독교 학교들은 종교 교과뿐 아니라 학교의 전 교육활동에서 신앙을 체험하도록 했으며 교사들의 인격적 감화도 중요한 역할을 했음을 현 시점에서 충분히 되새겨볼 가치가 있습니다. 종래와는 다른 시각에서 교육과정의 다변화를 모색해 볼 수도 있습니다.

각 교과목이 함축하는 종교적 모습을 찾아내 다루어보는 것입니다. 이 경우 해당 교과목 범위 안에서 할 수도 있겠지만 다른 교과와의 연계 구조 속에서 접근해 볼 수 있습니다. '융·복합교육과정'* 혹은 '통섭적 교육과정'** 등이 바로 여기에 해당합니다. 종교와 역사, 종교와 문화, 종교와 예술, 종교와 음악을 연계해 종합적으로 가르치도록 하는 교육과정 방식이 바로 그것입니다. 교육과정뿐만 아니라 교수법 개선을 위한 노력도 중요합니다. 교회신앙전통을 배우기 위한 성경공부나 교리문답 교육도 필수적이긴 하지만 현 시대정신에 비추어 볼 때 학생들의 자유나 체험세계에 기초한 다양한 교수법 개발과 변화된 시대에 따른 새로운 교수법 개발이 시급합니다.

다음세대는 삼포세대의 위기라고도합니다. 삼포세대는 연애, 결혼, 출산을 포기하고 사는 세대를 말합니다. 한 결혼정보 회사가 최근에 결혼적령기 세대를 조사했습니다. 내년 결혼 가능성에 대해 물었습니다. '결혼 가능하지만 포기한다'가 남성의 경우 무려 41% 가량 되었습니다. '출산 역시 가능하지만 포기한다'가 남성 39.1% 여성 47.4%였다. 이유는 경제적 요건 때문이었습니다. 오늘날 교회학교도 삼포시대의 어두운 그림자가 드리워지고 있습니다. 청년부 포기에서 중고등부 포기, 나아가서 유초등부까지 나타나고 있습니다. 어떤 교단의 노회의 경우, 50% 이상의 교회가 교회학교가 없다고 합니다. 쇠퇴일로의 영국교회 모습이 아른

* 융·복합교육과정은 세부교과나 전공별로 나누어 교육하기보다 이를 묶어서 교육해 나가는 것으로 문과와 이과와 예술 등을 종합적으로 이해시키려는 것이다.
** 통섭적 교육과정은 한 우물을 파기보다는 담을 넘어서는 다양한 분야를 경험하면서 종합적 지식을 습득하게 하려는 교육의 과정이다.

거립니다. 거기에도 다음세대의 삼포가 있었다고 합니다. 교회가 다음세대에 대한 신앙 교육을 포기했습니다. 정부에 넘겨 버렸습니다. 이후 정부는 기독교 교육의 교육을 포기했습니다. 결과적으로 기독교 국가인 영국이 다음세대에 대해 성경교육을 포기하고 말았습니다. 영국 성서공회에서 조사를 했습니다. 8세에서 15세 사이 800명을 대상으로 했다. 대다수가 잘 모른다고 했습니다.

아담과 하와는 물론, 노아의 방주, 예수의 탄생이 성경에 뿌리를 두고 있다는 것도 잘 모른다는 것입니다. 우리나라도 다음세대를 미전도 종족으로까지 부를 정도입니다. 청소년들의 기독교신앙인 비율이 3~5% 정도라고 합니다. 대학생 선교단체들이 비상이 걸렸습니다. 침체가 장기화 되고 있습니다. 자신도 모르는 포기의 매너리즘에 잡혀버릴 수 있습니다.

이런 현실에 생각을 바꿔 위기를 기회로 생각해보는 것이 종교교육의 과제입니다. 예수의 대위임령은 선교명령입니다. 선교명령은 위기 상황으로 뛰어들라하신 것입니다. 위기를 기회로 만들기 위해서는 뱀같이 지혜로워야합니다. 그래서 전략이 필요합니다.

세대통합의 풀Pull과 푸시Push 상황화 전략입니다. 푸시전략은 목적중심으로 추진하는 전략입니다. 세대통합이라는 목적과 방법은 현시대 문화와 다소 역행하는 것입니다. 헬레니즘에 뿌리를 둔 현대 문화는 끊임없이 계층을 분화시킵니다. 마케팅은 계속 고객을 창출하려고 합니다. 세대 간의 갈등과 심화는 시대정신이 낳은 부작용입니다. 이것을 부추기는 것이 오늘날 시장논리입니다. 정보화 사회로 진입하면서 가속화되고 있습니다. 이에 세대통합은 성경적 세계관에 근거한 푸시전략입니다. 사제동행 어울림과 같은 방식의 상담, 둘레길 걷기, 2인 3각 경기 등의 유대강화 프로그램을 모색해볼 수 있습니다.

진화론과 인본주의적인 학교의 틀을 벗어나는 것입니다. 창조론의 세계관에 기초하여 대안학교를 세우는 방안입니다. 기독교 대안학교는 120~140여 개교에 이릅니다. 기독교 대안학교는 신앙 중심의 학교입니다. 비록 기독교학교로 설립 했을지라도 기독교학교 선교에 대해 정부의 제동이 큽니다. 정부·학부모·학생들의 전방위적 압력이 문제입니다. 이럴 때 기독교 신앙의 전수와 기독 학생들의 정체성을 세우는 일은 너무나 중요합니다. 더 나아가 대안학교는 기독교세계관에 근거한 창조적 교육을 실현할 수 있습니다. 왜곡된 공교육을 극복한 참교육의 실현, 글로벌 인재를 양성할 수 있는 리더십 함양의 학교, 다문화 사회의 다음세대를 양육할 수 있는 국제학교, 문제 학생을 회복시키는 치유 중심의 학교 등이 있습니다. 획일적 공교육을 벗어나 하나님의 형상을 회복시키는데 주력할 수 있습니다. 교육선교적 필요로 접근할 때 그 영역은 무궁무진합니다.

교목 및 기독동아리, 교회학교, 가정의 트로이카 전략입니다. 교회는 다음세대를 삼두마차 즉 트로이카에 태워야 폭풍의 언덕을 건널 수 있습니다. 교목은 학교직원으로서의 교사, 교회파송 교사 등으로 구성됩니다. 이들은 학원선교의 황금어장 그 중심에 있는 사명자들입니다. 군목을 지원하듯이 지원을 해야 합니다. 교목이 있는 학교는 제한적이지만 기독 동아리 활동은 계속 확장해 나갈 수 있습니다.

성경교육, 스토리텔링을 통한 계속진행형(ing)의 공유전략입니다. 현대인들에게 스토리텔링은 매우 중요합니다. 이는 『헤리포터』를 보면 쉽게 이해가 됩니다. 스토리텔링을 하되 아날로그 스토리텔링이 아니라 디지털시대의 스토리텔링을 해야 합니다. 그것이 ing의 공유입니다. 즉 성경의 말씀이 살아있고, 오늘 우리의 삶도 살아있는 현장으로서 공유함이 필요합니다. 다음세대 성경공부는 ing의 공유전략으로 발전해야합니다.

기회는 희생적 헌신이 있는 사람이나 조직에 주어집니다. 한국 교회가 일반 사회의 신뢰를 잃으면서 부정적인 이미지가 확산되고 있습니다. 사회는 한국 교회 기독교인들에게 묻습니다. 왜 기독교인들은 말하는 것과 행동하는 것이 다르냐고. '신행불일치'의 모습이 오늘 한국 교회 추락의 가장 큰 원인으로 손꼽히고 있습니다. 우리는 청소년들에게 성경을 가르치지만, 그 신앙을 실천하라고 가르치지 않습니다. 지금은 학교에서 열심히 공부하고 나중에 훌륭한 어른이 되라고 합니다. 청소년기에 총체적복음을 배우지 못했는데, 어른이 되어 진정한 기독교인이 될 수 있을까요? 올바른 기독교인이 되기 위해서는 어렸을 때부터 복음의 능력을 체험하는 것이 중요합니다.

청소년들 역시 기독교인으로서 그들의 삶의 현장에서 복음을 실천해야 합니다. 중·고등학생에게 삶의 현장은 바로 학교입니다. 그 학교에서 기독 학생들이 예수를 따르는 기독교인으로서 살아가도록 가르쳐야 합니다. 학생들이 학교에서 기독교인으로서 살아갈 때 어떤 변화가 나타날까요? 현재 학교는 복음을 갖고 들어가기가 가장 힘든 곳입니다. 일단 학교에 들어가 직접 복음을 전할 수 없는 것은 물론, 공교육이 무너졌고 교사의 권위가 추락했습니다. 어느 학교 어느 학년이나 모두 집단 따돌림이 있습니다. 아이들에게 이런 학교의 문제들에 대해 책임감을 가져야 한다고 가르쳐야합니다. 소외된 이웃에게 하나님의 사랑을 전하는 것은 어른이 된 후에 할 일이 아니라, 지금 학생들의 삶의 현장인 학교에서 실천하도록 가르쳐야합니다. 그 가르침을 듣고 청소년들이 집단따돌림의 피해학생에게 다가가서 친구가 되어 주어야 합니다. 다문화가정에서 태어나 얼굴과 피부가 다른 아이들과 함께 밥을 먹어야합니다. 이것이 복음을 실천하는 것입니다.

입시위주 교육이 강화되면 기독교 학교 교육은 설 자리를 잃습니다.

나와 내 자녀가 뒤쳐질까 두려워하는 심리가 경쟁적인 교육을 만들어 학생들의 신앙을 돕는 모든 교육 활동은 축소되고, 심지어 신앙조차 입시 성적을 위한 도구가 되기 때문입니다. 입시교육에 대한 고민은 우리 교육의 당면 과제일 것입니다.

교육은
자연스러워야 합니다

돌담에 속삭이는 햇발같이

김영랑

돌담에 속삭이는 햇발같이
풀 아래 웃음짓는 샘물같이
내 마음 고요히
고운 봄길 위에
오늘 하루
하늘을 우러르고 싶다.

새악시 볼에
떠오는 부끄럼같이
시詩의 가슴에
살포시 젖는 물결같이

보드레한

에메랄드 얇게 흐르는

실비단 하늘을 바라보고 싶다.

　위의 시는 제가 가르치는 중학교 국어 교과서에서 쉽게 접할 수 있습니다. 이 시는 제가 중학교 다니던 30여 년 전, 국어 교과서에 실린 것인데 지금 제가 학생들 앞에서 가르치게 되니 감회가 새롭게 이 시의 위대함을 느낍니다. 일제강점기의 암울한 시절에 이처럼 자연을 아름답게 바라보는 시선이 참으로 아름답습니다. 자연의 아름다움을 그리워하는 인간의 동경은 시대를 초월하여 이어져 내려왔습니다. 동양의 산수화에서 보듯 사람이 자연과 함께 조화롭게 어울리는 모습은 보기만 해도 우리의 마음을 평화스럽게 만듭니다.

　현대인들의 주거공간이 자연과 유리되면서 가장 큰 피해를 보는 연령층이 바로 아이들입니다. 시멘트로 된 사각형의 공간 속에서 살아가는 아이들은 아토피 같은 각종 육체적 질병뿐만 아니라 우울증, 비만, 주의력 결핍 및 과잉행동장애ADHD, 스마트폰 중독 등 정신과적 문제도 많이 일으키고 있습니다. 자연으로부터 소외된 자연결핍장애는 아이들에게 깊은 상처를 남깁니다. 몸을 움직이는 스포츠 활동은 건강증진을 위해서도 좋지만 사고력이나 지적 활동을 활성화시켜주고 각종 스트레스를 해소시켜주며 우울증이나 기타 심리적 불안증에도 탁월한 치유효과를 갖고 있습니다. 어린이들에게 놀이란 자연스러운 생활의 일부분입니다. 놀이를 통해 협력과 사회생활과 대인관계를 배우고 상상력을 현실화시켜 창의력을 키웁니다. 야외에서 동물과 식물을 보살피고 자연을 체험하게 하는 교육은 타인과 생태계에 대한 배려심을 키우게 하는 최고의 교육입니다.

일본의 마츠나가 노후부미는 어렸을 때 충분히 놀아본 아이일수록 공부도 잘한다고 주장하였습니다. 특히 남자 아이들은 잠시도 가만있지 못하고 엉뚱한 짓을 잘하며 머릿속으로 궁리한 일은 행동으로 옮겨야 직성이 풀리는 특성을 갖고 있습니다. 남자아이들에게 놀이가 중요한 것은 그 때문입니다. 남자는 몸으로 체험하면서 다양한 것을 배우는 동물입니다. 그렇기 때문에 남자아이가 성장하려면 다양한 체험을 빼놓을 수 없습니다.

우리는 사랑하는 자녀들이 자랑스러운 사회 지도자가 되기를 바랍니다. 그러나 좋은 지도자란 단순히 사회적 지위를 누리고 부와 권력과 명예를 만끽하는 것을 말하지 않습니다. 평소에 기본생활 질서를 지키며 주변 사람들에게 인사 잘하고, 의리 있고, 남의 사정을 잘 헤아리며 때로는 손해도 볼 줄 아는 그런 사람을 가리킵니다. 사람들은 냉정하고 이기적인 인간보다는 순수하고 감정이 풍부한 이른바 인성이 좋다는 사람을 좋아합니다. 인간의 사회적 역량은 지능지수IQ에서 오는 것이 아니라 감성 지수EQ에 달려 있습니다. 창의력의 원천인 감성 지수는 회색빛 콘크리트 정글 속이나 컴퓨터 게임에서는 자라지 않습니다. 자연은 아이들의 오감五感을 자극하는 풍경, 소리, 향기로 가득 차 있습니다. 찬란한 햇빛과 청량한 공기를 마시며 오감을 자극하는 흙을 만질 수 있다는 것은 그것 자체가 아이들에게는 치유요 위로가 되고 탐구심, 모험심, 창의력을 자극시키는 가장 좋은 기제들입니다.

우리는 학교의 우등생이 사회에서 우등생으로 직결되지 않는다는 것을 잘 알고 있습니다. 아무리 공부를 잘해도 대인관계가 나쁘면 결코 성공할 수 없습니다. 그런데 우리나라 청소년들은 주변 친구들과 조화롭게 살아가는 능력이 매우 낮다는 연구결과가 있습니다. 한국청소년정책연구원이 국제교육협의회의 2009 '국제 시민의식 교육연구ICCS'를 바탕으로 36개국 청소년의 '사회적 상호역량' 지표를 계산한 결과 우리나라는 36개국 중 35위를 차지했습니다. 특히 '관계지향성'과 '사회적 협력' 부문의 점수가 최하위라는 충격적인 결과가 나왔습니다.

오늘의 교육을 고민해보면서 어떤 교육이 타당한 지에 대해 생각해보곤 합니다. 우리의 교육이 지나칠 정도로 주입식 학습을 강조하고, 지식 위주는 아니었나 싶어서입니다. 우리는 더 많이 더 깊이 가르쳐야만 한다는 강박에 휩싸여 있는 것 같습니다. 뭔가 더 많이, 더 깊이 가르치려고 애를 써 왔습니다. 그 결과 머리는 크고 가슴은 작은 기형적인 교육이 되어 왔습니다. 머리 좋은 사람보다는 마음 좋은 사람이 더 낫고, 혼자보다는 여럿이 함께하는 사람이 좋고, 사람만 생각하는 사람보다는 자연과 함께하는 사람이 좋습니다. 이런 점에서 루소의 자연주의 교육철학은 그 의미를 더하는 것 같습니다.

루소가 그린 가장 이상적인 인간은 '자연인'입니다. 그가 말하는 자연인은 도심생활에서 타락해 버린 '사회인'과 대립하는 사람입니다. 그는 자연인이 가장 자연스러운 방법으로 길러져야 한다고 생각했습니다. 그가 말하는 자연스러운 방법이란 인위적이지 않은, 즉 자연의 순리나 이법에 따라 이루어지는 방법을 말합니다. 즉, 이상적인 교육은 적극적인 방법 혹은 인위적인 방법이 아닌 소극적인 방법으로 이루어져야 한다는 것입니다. 무엇인가를 억지로 가르치기보다는 자연스런 본성을 해치는 위해 요소들을 먼저 제거해 주는 것이 무엇보다 중요하다는 것입니다. 이러한 생각은 오늘날 교육적 성과와 효율성만을 높이기 위해 너무 성급하고 무리하게 교육계획을 수립하고 추진하는 일이 얼마나 부자연스럽고 비교육적인지를 반추反芻해보게 합니다. 참다운 교육은 인위적인 조장이어서는 안 되기 때문입니다.

루소는 아이들에게 너무 많은 것을 가르치는 것은 교육적이지 못하다고 생각하였습니다. 그는 어린 시절에 너무 많은 지식과 정보를 배운 아이는 그러한 과업에 지쳐 나중에는 아예 탐구하는 것을 외면해 버리는 불행한 결과를 가져올 수 있다는 것을 상기시켜 주었습니다. 불행하게도 우리 사회에서는 여전히 교사나 부모들이 아이들에게 지나치게 많은 것을 가르치고 있습니다. 왜냐하면 그들은 그것이 성적향상에 도움이 될 뿐만 아니라, 대학 진학에 도움이 된다고 판단하기 때문입니다. 교사와 부모의 과도한 욕심이 아이들의 지적인 호기심을 죽이고 있는 실정입니다. 우리 사회에서 대학에 진학한 학생들이 학문연구에 정열을 쏟지 못하는 이유가 바로 여기에 있습니다. 어린 시절에 너무 많은 것을 가르치는 것이 자연스럽지 못할 뿐만 아니라 교육적이지도 않다는 루소의 통찰은 오늘날에도 여전히 유효합니다.

4월의 비빔밥

박남수

햇살 한 줌 주세요
새순도 몇 잎 넣어주세요
바람 잔잔한 오후 한 큰 술에
산목련 향을 두 방울만
새들의 합창을 실은
아기병아리 걸음은
열 걸음이 좋겠어요.
수줍은 아랫마을
순이 생각을 듬뿍 넣을래요.
그리고

마지막으로

내 마음을 고명으로 얹어주세요.

　제가 어릴 적에는 꽃피는 봄이 오면 햇살과 바람과 봄 향기까지 양념으로 버무린 도시락을 싸 들고 산과 들로 소풍을 떠날 생각에, 겨울이 끝나고 봄이 오면 마냥 즐겁고 들뜨기만 했었습니다. 그 때 그 시절의 감성이 그립습니다. 우리 아이들이 삶의 여유를 갖고 산뜻하게 4월의 자연을 노래할 수 있으면 좋겠습니다.

　이른바 '놀토'로 표현되는 주5일 수업제는 인성교육뿐 아니라 어린이들의 정서적 교육이나 전인 교육의 발전을 위해서도 그 역할과 비중이 막대합니다. 세계에서 가장 긴 학습시간에 진절머리가 난 아이들에게 종교학교마저 또다시 외우고 기억해야 하는 주입식 일변도의 교육이라면 아이들은 도망갈 수밖에 없습니다. 종교학교에 가면 재미있는 놀이와 친구, 맛있는 음식이 있기 때문에 주말을 손꼽아 기다리는 그런 종교를 만들 수는 없을까요? 살다가 보면 때로는 방황하고 신앙에서 멀어질 수도 있지만 어린 시절 교회에서 보냈던 행복했던 추억들이 이후 종교로 되돌아오게 하는 매개체임을 깊이 생각해봐야 합니다.

변화된 세상과
기독교교육

사회 안의 우리 아이들은 어떤 사람들일까요? 지난 1월 15일 조선일보 5면에 〈"미생으로 사느니 차라리 내 아이디어로……." 20대 창업 늘었다〉라는 기사를 봤습니다. 작년 후반기에 한국사회에는 "미생" 열풍이 대단했습니다. 대학생들에게 요즘 무슨 드라마를 보느냐 물으면, "미생"만 본다고 할 정도였습니다. 이유는 "자기들의 이야기 같아서"라고 대답했습니다. 최근 젊은이들의 취업난, 비정규직의 고용 안정의 불안감, 정규직에 들어가도 금방 질리고 등의 이유로 새로운 아이디어로 무장한 젊은 창업 열풍이 불고 있습니다.

중고등학생은 어떠한가요? 한 연구보고에 의하면 이른바 "중2병"이라는 인성파괴현상과 더불어 청소년들은 매 75초마다 욕을 하는 언어폭력과 학교폭력이 중고등학교의 중요한 문제가 되고 있습니다. 반면, 취업과 입시에 유리하다고 현실적으로 판단한 고등학생들은 2010년 이후 이과선택이 증가하다가, 최근의 조사에 의하면 강남소재 한 고등학교의 전공편성이 15반 중 12반이 이과반으로 조성되었다고 합니다.

그렇다면, 더 내려가서 초등학생들은 어떠한가요? 그들은 인터넷의 융합 환경에서 태어나고, 소셜네트워크, 인공지능 시스템교육의 일환인 디지털교과서나 클래스팅에서 수업자료를 보거나, 일대일 멘토링을 통하여 꿈을 키우고, 교사와 사이버 상담을 할 수 있는 세대입니다. 지난 1월 15일 매일경제 1면 헤드라인에 〈12세 소녀의 손 편지… 임자도에 기적을 선물하다〉는 기사가 떴습니다. 양질의 교육의 기회가 전혀 없을 것 같은 오지의 섬에서 최상의 교육을 받을 수 있는 환경이 조성되어, 온라인을 통한 원어민 교사에 의한 외국어교육, 서울에 거주하는 외국인 유학생 20명과 연결하여 일대일 온라인 멘토링 교육을 하며, 글로벌 인재가 되는 꿈을 이룰 준비를 하고 있었습니다.

이처럼 우리 아이들은 급변하는 환경에서 긴장하며, 도전하면서 미래를 준비하고 있는데, 교회의 상황은 어떠한가요? 현재 우리나라에서 가장 규모가 큰 대한예수교장로회 합동교단의 12,000개의 교회 중 50%에 해당하는 교회는 교회학교 자체가 없다고 합니다. 교회학교 출석의 어린이와 젊은이의 감소추세는 우리나라 출생률 하락의 3배에 이른다고 합니다. 더욱이 큰 문제는 개신교의 양적 숫자와 사회적 인식도는 계속 급격히 하락하고 있다는 사실입니다.

우리나라 기독교의 위기는 우리 아이들의 교육위기와 맞물려있습니다. 무엇보다도 급격히 감소하는 교회학교 학생 수, 턱 없이 부족한 준비된 교사 수, 그리고 교사들의 의욕상실과 탈진증세, 교육 자료와 교육시설 등 교육여건의 낙후 그러나 교회의 무관심과 방치 그리고 적절한 대안의 부재라는 문제점들이 교회교육의 암울한 상황을 대변하고 있습니다.

현재 우리나라 기독교계를 둘러싸고 있는 환경과 구조는 근본적인 기독교계의 개혁을 요구하고 있습니다. 현재 기독교계는 복잡도가 상상할 수 없을 정도로 높은 상황 속에서 정확한 환경의 변화를 파악하고 대처할 수 있는 능력을 보여주고 있지 못하고 있습니다. 내부적으로는 교회 분쟁사태가 증가하고 있으며, 이미 사회적으로는 최첨단의 정보체계가 가동되고 있는 상황에서 제대로 적응하지 못하고 있습니다. 이미 시작된 항구적인 문화전쟁의 아무런 준비를 갖추고 있지 못하며, 급격한 위축과 감소에 대해 생산적인 대안을 제시하지 못하고, 종교지형 자체의 근본적인 변화에 대해 속수무책인 상황입니다. 이와 같이 기독교계를 둘러싼 복잡한 환경의 변화는 거대한 '쓰나미'가 되어 대재앙을 몰고 올 수 있는 잠재력을 갖고 있습니다.

한마디로 한국개신교는 한국사회가 겪고 있는 근본적인 환경변화에 대한 공동의 대응체계가 부재합니다. 교회쇠퇴의 외부요인으로는 반기독교 문화전쟁, 반기독교 입법투쟁의 무대응으로 인한 기독교공동체의 붕괴, 내부요인으로는 개교회 중심의 교회이기주의와 공개념의 부재가 결국 교회학교를 더욱 쇠퇴하게 하고 있습니다. 우리에게 기독교 복음과 신학을 전해준 서유럽국가의 많은 교회가 카페, 식당, 여행센터 또는 경매에 나오고 있는 엄중하고도 냉혹한 상황을 봐야합니다.

구체적으로 어떻게 해야 이러한 교육환경의 위기를 극복해 나갈 수 있을까요? 첫째, 한국교회는 한국사회의 다차원적 환경변화에 공동체적으로 대응할 수 있는 역량을 기르도록 노력해야 합니다. 둘째, 복합적인 사회문제 방향설정을 할 수 있는 기독교 전문연구인력을 양성해서 기독교 세계관에 따른 사회이해와 사회변혁의 실천적 해결 방안을 제시해야 합니다. 셋째, 기독교에 대해 추락하고 있는 사회적 신뢰를 회복하도록 교회가 화목과 일치의 공동체적 문제해결 역량을 발휘해야합니다.

지난 2008년 1월에 태안반도 기름유출사건 발생 시 개신교의 여러 교단이 합력하여 한국교회봉사단을 발족하고 100 만 명 이상이 추운겨울 바람 속에서 적극적으로 봉사하고 성금을 전달해서 한국사회의 희망의 복음을 전달하며 삶-기독교bio-Christianity를 실천했을 때 많은 젊은이들이 교회에 호감을 가졌습니다. 이런 일들이 더 많아졌으면 좋겠습니다.

다음세대 교육은 가정과 교회에서 책임을 완수해야 할뿐만 아니라 아이들이 대부분의 시간을 보내는 학교와의 연계 속에서 이루어져야 합니다. 신명기 6장, 시편 78편은 이스라엘 백성을 집합적으로 부르고 있습니다. 다음세대 교육 책임은 지금, "우리"에게 있습니다. 성경 시대의 '학교교육'은 확대된 가족 안에서 또는 회당 안에서 이루어졌습니다. 신명기 6장과 시편 78편이 오늘날의 다원화된 사회에서 차별성 있는 기독교 학교교육의 당위성에 대해 시사示唆해 주고 있습니다. 가정과 교회만으로는 세속적 가치가 만연하고 있는 사회에 맞서, 대부분의 시간을 학교에서 보내는 우리 아이들을 신앙적으로 올바르게 양육하지 못합니다.

가정과 교회와 학교는 하나님 말씀의 기초 위에 굳게 서 있는 교육의 삼각 축three axis을 구성해야합니다. 만약 삼각 축 중 '학교 축'이 다른 기반 위에 서 있다면, 우리 아이들은 기독교신앙인으로서 그들 주변의 세속 세계에 반응하는데 균형을 잡기 어렵습니다. 기독교적인 '교육의 삼각 축'이 조화를 이룰 때 우리 아이들은 기독교적 세계관을 갖고 이 세상에서 사랑의 실천자들이 될 것입니다. 이를 위한 방안들입니다.

첫째, 교회는 가정과 유기적으로 통합하여 기독교교육을 활성화합니다. 2013년 한미준 연구보고서에 의하면, 한국기독교의 청년 84.5%가 중학교 이전에 65.1%와 중학교 이후에 19.4%로 부모로부터 신앙이 전승된 이른바 "가정종교" 출신입니다. 이런 사실은 한국기독교가 여전히 가정을 중심으로 신앙이 전수되고 있다는 장점과 동시에 비신앙 청년들의 전도가 미비함을 알려주는 지표입니다. 이런 상황에서 교회는 부모교육을 강화해서 부모에게 교사의 역량을 키워주어 세대통합과 소통을 통해 신앙이 전승되도록 도와주어야 합니다. 가정이 해체되었을 때 서구 교회가 문들 닫기 시작하였음을 잊지 말고, 가정이 신앙전수의 기초가 될 수 있도록 교회는 가정에게 시간을 배려해야합니다. 세대 간 교육 프로그램을 활성화하여 가정과 교회가 협업체계를 구축하여 무너져가는 교회학교를 바로 세워 신앙을 전승할 때 교회학교를 통한 한국교회는 다시금 부흥의 전기를 맞이하게 될 것입니다.

둘째, 가정과 교회, 그리고 학교를 통합할 수 있는 융합적 교육시스템을 구축합니다. 오늘날 한국사회는 기독문화적 생태계가 파괴됨으로써 오는 복합적이고 사회적인 문제가 곳곳에서 동시다발적으로 폭발하고 있습니다. 우리 아이들의 언어폭력, 학교폭력, 군대폭력, 청년실업문제, 저출산문제, 가정해체, 국사 교과서의 이념논쟁, 학생조례논쟁, 자사고 존폐논쟁, 미디어의 극단적 세속화를 포함한 사회 모든 부분의 공동체 해체에 따른 가치기반 구조의 붕괴, 종교 환경의 격변, 디지털의 일상화, 통일의 불확실성 등 다양한 문제를 중첩적으로 안고 있는 상황입니다. 이러한 격변 상황은 역설적으로 기독교공동체(교회, 가정, 학교)가 강한 세속적 힘을 넘어서는 거룩한 인재를 양성해야 하는 필연적인 환경으로 대두되고 있습니다. 과거 어느 때보다도 좋은 신앙을 확보할 수 있는 필요성이 절실히 요구되는 상황이 되었고, 어느 때보다도 교회와 가정의 신앙교육 그리고 기독교세계관에 기초한 학교교육 설립이 중요한 보편적인 시대적 표준으로 설정될 수밖에 없습니다. 우리 아이들의 올바른 신앙교육이 개인의 성장이나 교회와 사회 및 국가의 성장에 최고의 가치입니다.

한발 더 나아가서 우리 아이들이 신앙과 교육의 탁월성을 향해 부단히 노력해야합니다. 기독교교육이 '기독교적인 것'과 '학문적인 것'의 조화뿐만 아니라 탁월성에 있어서도 신뢰를 쌓아야 합니다. 신앙적 탁월성에 있어서는 기독교 신앙을 경건의 모양만이 아니라 경건의 능력이 기독교적 세계관 실천, 통합된 교육과정 전개, 교육행정과 운영, 교사와 학생의 인격적인 관계에서 드러나야 합니다. 학문적인 탁월성은 교회가 어떠한 교육기관들보다도 좋은 교육 환경과 시설, 우수한 헌신된 교사들을 확보할 수 있고, 그 졸업생들이 우리나라의 훌륭한 지도자로 헌신할 때 인정될 것입니다. 교육에 힘쓰는 한국교회는 진리를 지켜 나가는 거룩한 인재양성을 위한 기독교지성과 영성의 보루가 될 것입니다.

일주일에 단 하루 주일(일요일) 단 몇 시간 동안 이루어지는 교회교육이 과연 디지털환경에서 나고 자란 세대들의 신앙교육에 얼마나 영향력을 미칠까요? 신학적으로 건전하고 교육할 가치가 있는 기독교 빅데이터와 네트워킹을 활용한 교육시스템 구축으로 기독교가치를 극대화하는 작업을 해야 합니다. 인공지능 기독교 시스템교육을 가동하면, 교회학교의 위치나 사이즈에 관계없이 젊은 세대와 소통하며 시공간을 뛰어넘어 교사와 긴밀하게 상호작용하며 일주일 내내 기독교교육을 할 수 있습니다.

예컨대, 현재 공교육에서 실시하고 있는 클라우드 기반의 스마트교육과 초등학교에서 실행하고 있는 클래스팅classting을 활용한 교육을 실시할 수 있습니다. 클래스팅을 통해 사이버 공간에서 아이들과 소통하고 공유하며, 비밀보장 상담 및 알림장 기능이 있어서 학부모에게 까지 문자로 전송되기 때문에 학부모가 자연적으로 교회에 관심을 갖고 교회와 가정이 함께 교육할 수 있습니다. 스마트폰의 SNS를 활용한 클래스팅은 학부모들, 학생들, 교사들의 소통공간을 넓혀줄 것입니다.

기술 중심에서 인간중심으로 회귀된 스마트 교육환경은 교사와 학습자들이 주중에도 삶의 많은 부분을 나누고 서로를 격려하는 과정 속에서 기독교인의 삶과 행동을 더욱 강화할 수 있는 교육 환경이 될 수 있으며 교육적으로 잘 활용하면 지속적인 변화를 가져올 수 있는 은혜의 공간이 될 수 있습니다. 빅데이터, 소셜미디어를 잘 활용함으로써 개인과 교회, 그리고 사회에도 새로운 변화를 선제적으로 활용할 수 있습니다. 우리 아이들을 위한 교회교육 또한 스마트 환경의 가속화로 선택이 아니라

여기에 발맞추어 교회현장, 교회교육자, 교사들 또한 스마트한 환경 속의 아이들과 만나려면, 지금의 현실의 요구에 적절하게 대응해야 할 필요성과 노력이 필요합니다. 현재 진행되고 있는 융합문화의 스마트교육환경 속에서 교사의 역량을 증진하려면, 실질적인 스마트 교사교육을 계획하고 재정지원을 하는 기독교공동체 전체의 교육적 지원이 절실하게 요청됩니다. 기독교교육의 위기가 더 심화되기 전에 교회전체가 힘을 합쳐 미래 교회교육의 전반적이고 복합적인 대담한 환경설계를 하지 않으면 교회학교와 교사의 붕괴현상은 가속화될 것입니다.

결론적으로, 한국 교회와 세계 교회, 그리고 자라나는 아이들, 모두가 그동안 한국 교회가 직면했던 갈등과 긴장이 오히려 전환점이 되어, 더욱 단단한 미래 교회의 모형이 될 것입니다. 우리 사회 안의 아이들을 건강하게 교육하려면, 열과 성을 다하고 지혜를 모아 한국교회가 일치와 화목의 건강한 기독교교육환경을 형성해야합니다. 우리 아이들 교육은 의도적인 교육과정이나 교육시스템도 중요하지만, 보이지 않는 교육환경의 경건성 회복이 매우 중요합니다. 가정과 교회, 그리고 학교를 통한 신앙교육이 한국교회와 나아가서 한국사회의 갈등과 긴장을 넉넉히 이기며 우리 아이들을 "거룩한 인재"로 육성할 때 한국교회는 더욱 건강한 교회가 될 것입니다.

"거룩한 인재"는 신앙자본으로 무장한 창조적 인간입니다. 창조적 인

간은 개인의 존재가치가 극대화되는 삼위일체-융합형 인간입니다. 21세기의 거대 시대적 변화는 신앙, 과학기술, 인문예술의 삼위일체 융합을 요구하고 있습니다. 이에 따라 영성, 지성, 감성의 삼위일체가 융합된 인간형을 요구하고 있습니다. 이제, 한국교회는 사회 안의 우리 아이들을 "신앙자본으로 무장한 거룩한 창조적인 인재"로 양성해서, 한국교회의 위기가 건강한 아이들 교육을 통하여 회복해야 하는 골든타임에 들어서 있습니다.

기독교인문학의
요청 시대

인문학Studia Humanitatis을 짧게 정의하기는 매우 어렵습니다만 그래도 굳이 정의한다면 인문학은 사람에 대한 탐구를 목적으로 하는 학문이라고 말할 수 있습니다. 많은 사람들이 인문학에서 삶의 목적과 의미를 찾고자 합니다. 인문학은 문학, 역사, 철학 그리고 예술과 같은 분야들을 통해 인간의 삶의 본질을 찾고 있습니다. 그런데 자신들을 만드신 창조주의 의지와 상관없이 삶의 의미와 목적을 찾을 수 있을까요?

1980년도에 〈부시맨〉이라는 영화가 개봉되었습니다. 이 영화의 내용은 지금도 거론될 정도로 사회적으로 큰 파장을 불러 일으켰습니다. 이 영화의 한 장면입니다. 어느 날 아프리카의 칼라하리 사막에서 원시생활을 하던 부시맨 부족의 부락 위를 날던 비행기 조종사가 항공기 밖으로 빈 콜라 병을 던졌습니다. 우연히 길을 지나가던 추장 자이xi는 하늘에서 떨어진 콜라 병을 보았습니다. 그것은 생전 처음 보는 물건이었습니다. 마을 사람들 역시 난생 처음 보는 콜라 병을 들고 신기해하면서 '왜 신이 우리에게 이것을 보냈을까' 궁금해 하기 시작했습니다. 시간이 지나가면서 사람들은 그 콜라 병을 가지고 전병을 빗기도 하고, 염료를 발라 옷에 무늬를 내고, 밀을 찧기도 하였습니다. 어떤 이들은 콜라 병을 불며 연주를 하기도 하고, 또 다른 이들은 가죽을 펴는데 활용하기도 하였습니다. 그들에게 콜라 병은 상당히 유용한 것이었습니다. 그런데 시간이 지나가면서 사람들 사이에 다툼이 일어났습니다. 추장 자이는 이 콜라 병이 자신이 부족에게 갈등을 가지고 왔다고 생각하고 하늘로 돌려보내려고 하지만 하늘 높이 던진 콜라 병은 이내 땅으로 다시 돌아오고 말았습니다. 우리는 어이없기도 하고 우습기도 한 상황이지만 이들에게는 진지한 일이었습니다. 이 영화는 콜라 병을 신에게 돌려주기 위해서 먼 길을 떠나면서 그가 겪는 일을 그리고 있습니다.

부시족들은 콜라 병이 무엇을 하는 물건인지 알지 못했습니다. 만약 그들이 콜라 병을 만든 사람으로부터 그것이 무엇인지를 들었다면 그렇게 먼 여행을 떠나지 않아도 되었을 것입니다. 저는 인문학적 소양이 없는 이들은 엄밀히 말하면 "참된 지식이 없다"고 말해도 지나친 말이 아니라고 봅니다. 제가 이렇게 말씀드리면 "인문학도 어렵게 느껴지는데 기독교인문학은 또 뭐야?"하고 말씀하실지 모르겠습니다만 정말 인문학이나 기독교인문학은 중요합니다. 저는 아무리 강조해도 지나치지 않다고 감히 말씀드리고 싶습니다. 인문학에 대해서는 제 이전 책에서 상세히 밝혔으니 이번에는 기독교인문학에 대해서 말씀드리고자 합니다.

'기독교 인문학'이 가능할까라고 생각하는 사람들이 많이 있습니다. 이러한 의문은 부분적으로는 인문학humanities과 인본주의humanism를 혼동한데서 온 것이라고 생각합니다. 모더니즘(근대사상)의 한 축을 담당하는 인본주의는 르네상스로부터 시작해서 계몽주의에 와서 확립된 하나의 사상 체계로서 인간의 자율성에 강조점을 둡니다. 물론 18세기 이후에 이탈리아 르네상스 인문주의자들의 전통을 따라 인본주의적인 인문학이 하나의 체계로 구축되었지만, 엄밀히 말하자면 그것은 계몽주의적인 휴머니즘이라고 보는 것이 더 타당할 것입니다.

여기서 우리가 주목해서 볼 것은 기독교개혁 이전에 개혁사상의 토대를 형성했던 사람들이 르네상스 운동에 영향을 받았던 인문주의자였다는 사실입니다. 저는 종교개혁이라는 말보다는 기독교개혁이라는 말이 맞다고 생각합니다. 제가 굳이 종교개혁을 기독교개혁이라고 표현한 이유는 1517년 독일의 비텐부르크 성당 정문에 당시 신학대학교 교수이자 신부였던 마르틴 루터가 로마 교황청에서 베드로 성당 건축기금을 마련하기 위해 면죄부 판매를 하였는데, 이는 성경의 가르침에 위배된다고 하여 교황청의 잘못을 비난하는 95개조의 반박문을 붙였습니다. 이것은 당시 르네상스라는 인문운동과 농민개혁운동과 맞물리면서 유럽 사회의 지각을 뒤흔드는 거대한 혁명으로 발전하게 되었습니다. 이를 흔히 종교라는 말을 붙여 종교개혁이라고 부릅니다. 그러나 이 단어는 본의 아닌 여러 가지 오해를 불러일으킵니다. 만약 불교에서 '종교개혁의 날'을 지정하여 선포하면 우리 기독교인들은 자연히 '아니 종교가 자기 종교 하나만 있는 줄 아나?' 하고 반발을 하게 될 것입니다.

마찬가지입니다. 우리 예수는 "남에게서 대접을 받고자 하는 대로 남을 대접하라" 하였으니, '종교개혁'이라는 말은 우리와 다른 종교인들과 비기독교인들을 배려하지 않은 말이 되기에 사용을 하지 않는 것이 옳은 것 같습니다. 서양에서는 the Reformation라 부르지 Religion이라는 단어를 붙이지 않습니다. 일본 학자들이 번역한 '종교개혁'이라는 단어를 무비판적으로 사용하면서 우리 안에서는 자연스러운 단어가 되었습니다만, 이는 타종교에 대한 모독일뿐더러 특히 우리 개신교의 모태가 되는 가톨릭을 이단으로 보는 자기 정당화의 단어로도 사용되고 있습니다.

개혁이라고 말할 때는 '자기 개혁'이 우선시되지만, 종교개혁이라고 말하면, 자기는 쏙 빠지고 종교 일반 특히 기독교 그중에서도 가톨릭에 대한 개혁으로 시선이 밖으로 향하게 됩니다. 오늘도 수많은 교회들이 종교개혁이라는 명칭을 사용하면서 마르틴 루터와 쟌 칼뱅을 거론하는데, 그 핵심은 가톨릭에 대한 비판입니다. 물론 교황무오설이나 성모마리아설 등 우리 개신교가 받아들이지 못할 교리는 분명 있습니다. 오늘날 일반 사람들은 개혁을 말할 때의 일차적 대상은 개신교회이지 가톨릭이 아니라고들 봅니다. 타락과 부패가 심각한 쪽은 개신교이지 가톨릭이 아니라고들 생각합니다. 그런 점에서 우리는 개혁을 통해 우리 스스로를 돌아보는 계기로 삼아야 합니다. 그러기에 루터시대보다 어쩌면 더 절실한 기독교개혁의 요구 앞에 우리는 서있는지 모릅니다. 루터가 '교리의 개혁'을 이뤘다면 우리는 '삶의 개혁'을 요청받고 있습니다.

다시 돌아와서 기독교개혁운동에 영향을 미쳤던 요소들 가운데 르네상스 인문주의를 빼놓을 수 없습니다. 오늘날 많은 사람들이 인문주의와 기독교개혁 사이의 상관관계에 대해서 잘못된 이해를 가지고 있습니다. 그러한 오해는 아마도 르네상스 운동이 두 갈래로 발전되었다는 사실을 깊이 바라보지 못했기 때문에 생긴 것이라고 말할 수 있습니다.

옥스퍼드 사전을 보면 '인문주의'라는 말은 "하나님God이나 어떤 초자연적인 존재보다는 인간에게 최고의 중요성을 부과하는 합리적인 체계"라고 정의되어 있습니다. 하나님과 어떤 연관성이 없이 인간의 존엄성을 강조하는 반종교적인 사상 혹은 운동으로 보는 것이 오늘날의 일반적인 견해입니다. 그러나 적어도 르네상스 운동이 일어났던 시기에 인문주의는 오늘날 우리가 이해하는 것과 다르게 인식되었다는 점을 주목해야 합니다.

사실 인문주의humanism라는 용어는 그리스와 라틴의 고전문학에 강조점을 둔 교육의 형태를 지칭하기 위해서 사용된 것으로 르네상스 시대엔 사용하지 않았습니다. 르네상스시기에 이탈리아에서 'umanista'라는 단어가 자주 사용되기는 하였지만, 이 말은 인문학studia humanitatis을 가르치는 대학의 교수를 지칭하는 것이었습니다. 알리스터 맥그라스Alister McGrath는 인문주의를 해석하는 두 개의 중요한 경향이 있음을 지적하였습니다.

하나는 인문주의를 고전학문과 언어학에 몰두한 운동으로 보는 견해이고 다른 하나는 르네상스의 새로운 철학으로 보는 견해라는 것입니다. 그는 이 양자의 견해가 심각한 결점을 가지고 있다고 지적하면서 오히려 라틴어 'ad fotes', 즉 "원래의 자료들로 돌아가자go back to the original sources"는 슬로건으로 요약될 수 있는 문학적 혹은 문화적 프로그램이었다고 주장하고 있습니다.

당시 중세시대가 직면한 패러다임을 해결하기 위해 '원전으로 돌아가자!'는 슬로건은 모더니즘을 형성했던 주체들이나 기독교개혁운동의 토대가 되었던 인문주의자들에게 핵심적인 요소였습니다. 그들은 중세의 패러다임으로는 중세가 직면한 한계들을 극복하지 못한다고 보고, 그것을 극복할 대안을 고전에서 찾기 시작하였습니다. 그것이 모더니즘의 주체들에게는 그리스-로마 문화였고, 기독교개혁의 토대가 되었던 북부 유럽의 인문주의자들은 성경을 의미하였습니다. 바로 이러한 이유 때문에 기독교개혁가들은 중세의 전통이나 교회의 해석이 아닌 '오직 성경'이라는 슬로건을 외친 것입니다.

이들에게 있어서 고전의 본문은 고대의 경험을 후세에 전달해 주는 기능을 담당하는데, 이것은 본문을 다루는 올바른 방식에 의해서 비로소 획득될 수 있는 것이었습니다. 이러한 이유 때문에 르네상스 사상가들에 의해서 발달된 언어학적, 문학적 방법들은 고대의 생명력을 포착할 수 있는 중요한 수단으로 받아들여졌습니다. 많은 사람들이 성경에 대한 연구를 통하여, 중세에 의해서 왜곡된 메마른 성경해석이 아닌, 살아 숨 쉬고 삶에 적용이 가능하고 사회변혁의 기폭제가 되는 성경의 메시지를 듣기 시작하였습니다.

인문학은 기본적으로 인간에 대한 탐구를 하는 학문입니다. 인간의 삶의 의미와 목적을 다룹니다. 인문학은 가치중립적인 용어입니다. 그 앞에 인본주의 혹은 세속주의를 붙이면 인본주의적인 인문학이나 세속적 인문학이 될 수 있고, 기독교를 붙이면 기독교 인문학이 될 수 있습니다.

기독교 인문학이란 신학자 반틸이 말한 바와 같이 성경에 기초한 기독교개혁주의적인 인생관과 세계관에 관한 것이라고 말할 수 있습니다. 기독교개혁가들이 그랬던 것처럼 성경을 통해 인간의 삶의 의미와 목적을 설명하는 것입니다. 세속적 인문학이 다루는 문학, 역사, 철학, 예술 그리고 종교와 같은 분야에 대한 분명한 통찰력을 가지고, 성경에 기초한 기독교 세계관을 토대로 그들이 찾고자 하는 문제들에 대답을 줄 수 있어야 합니다.

기독교세계관
교육

기독교세계관의 이해와 그에 따른 교육을 알아보기에 앞서 세계관世界觀이 무엇인지를 살펴보고자 합니다. 세계관의 사전적 의미는 세계 전체에 대한 견해, 즉 인간 행동의 규범에 대한 견해까지 포함해 자연, 사회 및 인간 전반에 대한 견해가 하나의 체계를 이루는 것을 가리키는 것입니다. 세계관은 세계를 바라보는 전체적·통일적인 입장이나 방향의 시각을 말합니다. 세계상世界像이 객관적이며 지적인 견해임에 대하여 세계관은 스스로가 생활하는 세계를 인식하고 그 의의를 어떻게 평가하며, 또한 그 평가를 바탕으로 어떠한 목적이나 이상을 세워 스스로의 생활을 주재하는가 하는 주관적인 의의를 포함하고 있습니다. 염세관, 낙천관은 그 전형입니다.

독일철학자로 해석학의 대가인 딜타이Wilhelm Dilthey는 자연주의, 자유의 관념론, 객관적 관념론의 세 가지 유형으로 구별하였습니다. 세계관은 한 개인이 다음과 같은 근본적 질문을 답하는 관점입니다.

1. 우주의 근본: 우주의 궁극적 실재는 무엇인가?

2. 인간과 삶에 대한 관점: 인간은 어디서 왔으며 존재와 삶의 의미는 무엇인가?
3. 역사와 세상: 역사와 문화, 그 안의 사회, 국가, 전통 등의 의미는 무엇인가?

1에 의하여 2와 3이 결정되며 그 안의 가치관이 결정됩니다. 결국 세계관은 세계와 자신에 대한 특별한 관점의 '해석'이며, 그 해석을 자신 삶에 적용하며 사는 것입니다.

결국 사람은 누구나 세계관을 가지고 있습니다. 누구든지 나름대로의 '세계관'을 가지고 있음을 피할 수 없습니다. 아무 입장이 없다는 '중립적 입장'이란 없습니다. 그것 자체도 하나의 입장이 됩니다. A의 입장을 취한다는 것은 곧 B의 입장을 배제함을 뜻합니다. 예를 들어 '신은 없다'는 입장과 '창조주가 우주를 지었다'는 두 세계관은 서로 배타적인 공존불가의, 양립 불가의 세계관입니다. 하나를 갖기 위해서 다른 것은 부정되어야 합니다. 세계관에 의해 결정되는 것들은 다음과 같습니다.

1. 한 개인의 인격, 사상, 가치관이 형성shape됩니다.
2. 한 개인의 미래가 결정 됩니다: 개인적 결정, 선택, 방향.
3. 한 개인의 가정, 직업, 인간관계의 환경과 조건이 바뀝니다.
4. 한 사회의 문화적 특징과 본질이 결정됩니다.

세계관의 네 영역은 다음과 같습니다. 먼저 창조신의 존재 문제입니다.

1. 창조신의 존재를 부정하는 세계관들: 무신론(유물론), 유교, 도교, 불교.

2. 창조신을 인정하는 세계관들: 기독교, 유대교, 이슬람교.

세상과 자연의 본질 문제Metaphysics에 대한 것입니다. 존재하는 것들being은 어디서 왔으며 그들의 본질은 무엇인가요? 그들은 신 없이 '우연'히 떠도는 것들인가요, 아니면 신의 피조물인가요? 창조했다면 그것들과 신의 관계는 무엇인가요? 자연과 세상은 신과 동등하게 영원한가요? 이러한 '존재의 출처'와 '존재의 본질'에 대한 질문에 대해 사람들은 매우 다른 세계관을 가지고 있습니다. 다음이 그 대표적 세계관들입니다.

1. 무신론: 세상과 자연은 어떤 창조주 신에 의하지 않고 자체적으로 '그저' 존재.
2. 범신론: 세상은 곧 신, 신은 곧 세상. 세상은 '신의 자기 성취'의 현상 그 자체.
3. 창조론: 세상과 자연은 창조신이 지은 피조물.(기독교, 이슬람, 유대교)

지식 인식의 문제Epistemology입니다. 우주의 기원, 창조주 신, 인간, 세상, 자연 등에 대한 '바른 지식', 즉 '진리'는 알 수 있는가? 아니면 알 수 없는가? 알 수 있다면 '어떻게' 알 수 있는 건가요? '진리'란 그저 각자의 의견에 달린 상대적relative인 것인가요, 아니면 모든 인간과 문화를 초월하여 적용되는 '절대적 진리absolute truth'가 있는 건가요? 이러한 '인식론적' 질문에 대해 다양한 대답들이 있습니다. 지식(진리)의 출처에 대한 다양한 세계관들입니다.

1. 합리주의Rationalism적 세계관 – 지식은 '인간의 이성'으로 가능, 희랍

철학.

2. 과학실증주의Scientific Positivism - 오직 '과학적 방법'으로 입증되는 것만이 지식이.

3. 세계 종교World Religions들의 세계관 - 지식은 '종교적 통찰'로 가능. 각 종교들.

4. 불가지론Agnosticism의 입장 - 지식은 가능하지 않기에 알 수 없다.

5. 기독교적 계시론Christian Revelation - 진리는 오직 하나님이 성경과 예수 그리스도를 통해 '계시reveal'해서 가능하다.

인간에 대한 문제Anthropology들입니다. 인간은 어디서 왔는가? 인간의 본질은 무엇인가? 인간 존재와 삶의 의미는 무엇인가? 인간은 몸인가 정신(영)인가, 아니면 그 둘의 합일체인가? 사후에는 어떻게 되는가? 이러한 '인간에 대한 문제'는 매우 대답하기 어려운 문제입니다. 다음은 질문에 대한 세계관들입니다.

1. 무신론적 자연주의Atheistic Naturalism: 인간은 그저 '우연히' 발생하여 진화한 생명체이다.

2. 범신론Pantheism: 인간은 '자연의 조화'의 산물이며, 바다의 물방울 같은 존재다.

3. 창조론: 인간은 창조주 신이 창조하여 존재한다.(기독교의 입장)

이상과 같이 세계관이라는 것은 복잡하고 다양한 사유체계를 지닌 말입니다. 세계관이란 어떤 사물이나 상황을 이해하고, 느끼고, 판단하도록 하는 일종의 전제presupposition, 틀frame, 패러다임paradigm이라고 할 수 있습니다. 이것을 나무에 비유하자면 세계관은 마음에 심겨지는 씨앗과 같은 것입니다. 그 씨앗이 자라 나무가 되고 열매를 맺는 것처럼 우리 마음을 형성하는 세계관은 우리의 행동양식을 낳고 꿈을 비롯한 인생 전체에 영향을 줍니다. 또한 세계관은 색안경에 비유되기도 합니다. 사람들이 세계관의 차이로 인해 동일한 사물을 보거나 혹은 동일한 상황 가운데서도 다르게 이해하고, 해석하고, 판단하고, 선택하기 때문입니다.

그렇다면 기독교세계관이라는 것은 무엇일까요? 단순하게 이해하면 기독교세계관은 '기독교'라는 단어와 '세계관'이라는 단어가 합쳐진 말입니다. 기독교세계관은 세계 전체를 '기독교'라는 관점에서 바라보고 이해하는 사고방식을 뜻합니다.

쟌 칼뱅John Calvin은 『기독교강요』에서 성경을 "자연인의 안목을 고치는 안경"이라고 했습니다. 즉, 성경은 인간의 그릇된 시각을 바르게 잡아주는 안경과 같은 역할을 하는 것입니다. 따라서 기독교세계관은 성경을 통해 이 세계 전체를 바라보려는 세계관입니다. 성경은 성경의 문자 속에 갇혀 있는 것이 아니라, 성경을 믿고 따르는 사람들을 통해 그 사람들이 속한 세상에서 '삶'으로 드러나야 합니다. 그것이 쟌 칼뱅이 주창한 개혁신앙의 근간입니다.

예수의 제자로서 교회에서도 세상에서도 거룩한 삶을 살아가는 것. 즉, 기독교세계관은 매순간 기독교인에게 하나님의 관점에서 삶을 바라보고 선택하고 행동할 것을 요구합니다. 마치 사람이 매순간 무의식적으로 숨을 쉬는 것처럼 하나님의 관점에서 생각하고 행동하는 것이 '습관'이 되어야 합니다. 그렇기에 기독교세계관은 어렵습니다. 따라서 기독교세계관에 대한 교육이 필요합니다.

기독교세계관 교육에 앞장서고 있는 사람들은 입을 모아 말합니다. 기독교세계관 교육은 '가치 있는 투자'라고 말합니다. 그만큼 중요하고 필요한 교육이지만, 단기간에 높은 성과를 이끌어낼 수 있는 교육은 아니기에 장기적인 안목이 필요합니다. 무엇보다 기독교세계관은 교육의 결과를 쉽게 확인하거나 측정할 수 없습니다. 왜냐하면 교육의 결과는 교회는 물론 세상에서의 삶 전반에서 나타난 변화를 통해서만 확인할 수 있기 때문입니다. 하지만 기독교세계관을 통해 세속적 가치관과 삶의 방식에 익숙해있던 사람들이 하나님의 관점으로 세상을 바라보고 살아가게 된다면, 교회는 물론 세상도 변화될 수 있습니다.

그러나 기독교세계관 교육은 생각처럼 만만치 않습니다. 우선 단기간에 교회를 양적으로 성장시키는 것을 목적으로 한다면, 기독교세계관 교육은 효율적인 프로그램이 아닙니다. 기독교세계관 교육은 교회와 교인의 '질적' 성숙을 위한 것이기 때문입니다. 그만큼 시간과 노력은 많이 들면서도, 효과는 금방 나타나지 않습니다. 따라서 기독교세계관 교육을 위해 가장 중요한 것은 바로 교장이나 교회 담임목사의 의지입니다. 이들 지도자가 기독교세계관을 이해하고 장기적인 안목에서 교육을 지원해야만 지속될 수 있습니다. 또한 지도자부터 기독교세계관에 따른 삶을 사는 모범이 되어야 합니다.

기독교세계관 교육이 잘 구현되기 위해서는 무엇보다 기독교세계관이 교육전반에서 일관성 있게 구성원들에게 전달되어야합니다. 기독교세계관 교육이 단순히 교육에 그치는 것이 아니라 삶에서 구체적인 방식으로 실천되어야합니다.

교육 현장에서 기독교세계관 교육을 위해서는 지도자가 기독교세계관에 대한 이해와 체질화와 열망이 있어야 하며, 궁극적으로는 리더 자신이 기독교세계관 교육에 앞장서야 합니다. 나아가 지도자는 가르친 내용이 단지 지식으로만 머무르지 않도록 하기 위해서 기독교세계관에 따라 살며 삶의 모범을 보여야 합니다.

지도자는 어린아이도 이해할 수 있도록 쉽게 기독교세계관을 전달할 수 있기 위해 늘 노력해야 하며, 상대를 이해하기 위해 항상 겸손해야 합니다. 아이들은 물론, 세속적 가치관이 체질화 된 청장년을 위해서도 기독교세계관 교육은 교육을 받는 사람의 입장에서 이해하기 쉬운 동시에 공감을 이끌어낼 수 있는 내용이어야 합니다.

기독교세계관에 따라 살기 위해서는 자신이 알지도 못하는 사이에 세상의 문화에서 흡입한 비기독교적 가치관을 찾아내어 고치도록 끊임없이 노력해야 합니다. 혼자만의 노력으로는 고되고 힘듭니다. 그러나 마음이 맞고 뜻이 통하는 신앙의 형제자매끼리 고민을 나누고 격려하고 기도해준다면 험한 길도 즐거운 법입니다.

그렇기에 기독교세계관 교육은 공통의 관심사와 비전을 가진 이들이 모인 곳에서 더 큰 효과를 발휘합니다. 하나님의 관점을 바탕으로 같은 목표를 향해 함께 고민하고 하나님이 주신 창의적인 능력으로 새로운 것을 창작하고 그 성과를 같이 누리면서 성장하는 것만큼 큰 성과도 없을 것입니다. 같은 비전을 가지고 있거나 같은 전공 및 직장에 속한 청년들이 서로 소통하고 교제할 때 기독교세계관을 삶에 적용하는데 큰 도움이 될 것이며 서로가 서로에게 삶의 멘토가 되어주는 자발적인 모임을 활성화하기 위해 고민해야합니다.

중세 가톨릭교회와 성직자의 타락으로 종교개혁이 일어났습니다. 거룩해야 할 교회와 성직자가 거룩한 삶을 살지 않았기 때문입니다. '오직 성경'으로 돌아가자는 종교개혁 정신은 이 시대 한국 교회와 목사, 그리고 교인들에게도 요구되고 있습니다. 기독교세계관 교육은 성경에 따라 세상을 바라보고 삶을 살아가기 위한 가장 기초적인 가르침입니다. 그것이 이 시대 기독교세계관 교육이 주목받는 이유일 것입니다.

성경의 이야기가 우리의 삶을 형성하지 못한다면 다른 이야기가 우리의 삶에 영향을 줄 것입니다. 기독교세계관이 우리 다음 세대들의 생각과 삶에 영향을 주지 못한다면 다른 세계관이 그들의 생각과 삶에 영향을 줄 것입니다. 그 결과 그들은 하나님 말씀이 아닌 다른 곳에서 자신의 정체성을 찾고, 기독교와는 전혀 다른 사고방식을 가지고 살아가며, 진리와 거리가 먼 곳에서 기쁨과 즐거움을 누리게 될 것입니다. 그러한 과정 속에서 그들의 신앙은 점점 개인적인 것이 되고 결국 그들의 삶 속에서 신앙의 영향력은 점점 감소하게 되고, 심지어 교회를 떠나게 되는 위기에 처해질지도 모릅니다.

기독교세계관이란 하나님의 말씀대로 세상과 상황을 해석하고 그대로 살아가도록 하는 기독교인들의 세계관입니다. 따라서 청소년을 위한 기독교세계관 교육이란 그들이 신앙생활뿐만 아니라 세상 속에서도 변함없이 그리스도인답게 생각하고 살아가도록 이끄는 것이라고 할 수 있습니다. 다시 말해 기독교세계관 교육은 세상 속에서 예수처럼 생각하고 살아가도록 교육하는 것입니다.

세계관은 인생을 살면서 겪는 수많은 경험이라는 벽돌들과 그 벽돌들을 연결시키는 이성의 합리화 작용에 의해 세워지는 건축물과 같은 것인데, 다음 세대의 세계관은 아직 완성된 건축물이 아닙니다. 따라서 이 시기에 어떤 세계관의 영향을 받는가에 따라 그것이 그들의 전 인생에 영향을 주는 세계관이 될 가능성이 큽니다. 또한 다음 세대는 논리적 사고와 철학적 사고가 발달하는 중요한 시기이다. 이러한 발달단계의 과정을 통해 인생의 의미와 목적을 고민하고, 자신들의 세계관을 형성해 감으로써 자신의 정체성을 정립해 가는 시기라고 할 수 있습니다. 따라서 다음 세대 시기는 기독교세계관 교육이 가장 적합하고 시급한 시기라고 할 수 있습니다.

그러나 다음 세대의 현실은 어떠한가요? 그들이 처해진 상황은 기독교세계관 교육을 하기에 적합한가요? 결론부터 말하자면 그렇지 못합니다. 대한민국을 사는 대부분의 다음 세대들에게 그리고 학부모들에게 대학 진학은 성공하는 인생인가 아닌가를 결정하는 전부인 것처럼 보입니다. 요즘은 초등학생들도 이 대세에 동참하고 있는 실정입니다. 청소년들은 대학을 목표로 매일매일 학교, 학원, 집을 오가면서 공부에 대한 부담감과 스트레스에 시달리고 있다. 한편 그들에게 잠시나마 위안이 되는 것은 핸드폰, TV, 컴퓨터 게임, 영화 등의 미디어 문화입니다. 그들에게 미디어란 하나의 놀이이자 쉼과 여가활동이지만 반대로 청소년들의 무분별한 미디어 사용으로 인한 중독의 문제는 점점 심각해져가고 있습니다. 한마디로 말해 오늘날 청소년의 삶에서 중요한 키워드를 뽑으라면 공부와 미디어라고 할 수 있을 것입니다.

이러한 상황 속에서 다음 세대들이 직면한 현실에 대해 걱정하는 목소리들이 곳곳에서 들립니다. 특히 공부와 미디어로 대표되는 환경이 기독교세계관을 형성하지 못하게 하고, 다른 세계관들이 가르쳐지는 통로 역할을 한다는 점에서 그러합니다. 더구나 신앙을 전수하고 기독교세계관을 심어줄 사명을 감당해야 할 마지막 보루와 같은 가정과 교회와 기독교학교가 그 역할을 온전히 감당하지 못하고 있음을 볼 때 더욱 그러합니다.

최근에 기독교적으로 양육하는 홈스쿨링 가정과 기독교학교가 증가하는 추세이지만 대부분의 기독교 청소년들은 공교육의 학교에 다닙니다. 세계관적 측면에서 바라 볼 때 학교교육은 결코 가치중립적이지 않습니다. 다시 말해 교육은 "교육목적이나 과정을 결정하는 사람들이 가진 신념, 혹은 세계관, 종교적 관점에 의해 결정된다는 것"입니다. 공교육학교에서 공개적으로 하나님을 믿지 말라고 하거나 예수를 믿는 학생들을 비판하는 일은 거의 없습니다. 그러나 공교육학교에서 가르쳐지는 지식은 하나님을 배제한 지식들입니다. 공교육학교가 종교적 중립을 표방하지만, 실제로 인간이 진리와 실체의 궁극적인 결정자라는 전제하에 교육구조와 교육과정을 세운다는 점에서 결코 가치중립적이지 않습니다.

이것은 교육과정에 나타나는 세계관을 분석한 결과를 통해서 더욱 명확하게 파악됩니다. 교육과정에는 한국인의 전통적 세계관이라고 할 수 있는 무교, 불교, 유교가 저변에 흐르고 있음은 물론, 현대 한국 사회의 세계관인 민족주의, 민주주의, 자본주의가 교육과정의 세계관을 주도하고 있습니다. 최근에는 후기 한국사회의 세계관인 신자유주의와 포스트모더니즘이 교육과정에 반영되고 있습니다.

요컨대 학교는 '사실fact'만 가르치는 곳이 아니라 사실이 이해되어지는 삶에 대한 접근과 태도, 즉 '세계관worldview'을 가르치는 곳입니다. 따라서 일반적으로 다음 세대들은 학교 현장에서 그들의 생각과 삶을 결정하는 기준이 하나님의 말씀이기보다 인간의 합리적인 사고에 달려 있음을 배우게 될 가능성이 큽니다. 이렇게 될 때 가정과 교회에서 배우는 세계관과 전혀 다른 세계관을 배우게 되는 셈입니다. 그 결과 그들은 신앙과 삶을 별개의 문제로 바라보게 될 것이며, 그들이 학교에서 배운 세계관의 영향력으로 인해 자신들이 가지고 있는 기독교세계관이 부적절하게 느껴질 수도 있으며, 심지어 대립되는 두 세계관 사이에서 결국 하나를 선택해야 하는 위기에 처해 질지도 모릅니다.

학교 교육과 마찬가지로 미디어 역시 가치중립적이지 않습니다. 텔레비전과 영화를 통해 쏟아지는 수많은 내용들이 기독교 신앙과 가치와는 거리가 멀거나 오히려 적대적인 경우가 많습니다. 또한 미디어의 특징상 너무나 많은 내용들이 쉴 새 없이 쏟아져 들어오기 때문에 그것을 이해하고 판단할 수 있는 사고력을 키우는 것은 물론이거니와 기독교적 사고를 훈련하는 것이 결코 쉽지 않습니다. 그러한 가운데 미디어에 나오는 이야기와 이미지가 그들의 세계관을 형성하는데 영향을 주고 있으며 미디어의 인물들은 그들의 역할 모델이 되고 있습니다. 한마디로 미디어가 아이들을 제자삼고 있다고 할 수 있습니다.

언론학자 퀸틴 슐츠는 기독교세계관에 도전하는 미디어 시대의 네 가지 우상을 다음과 같이 지적했습니다. 미디어는 인간의 탐욕을 부추겨 물질을 우상화하도록 하며(소비주의), 미디어는 우리의 이기적 욕망을 자극하여 개인의 즐거움과 자신만의 자유의 길을 가라고 호소합니다(개인주의). 또한 미디어들은 인간의 육체를 우리 시대의 우상으로 만들고 있으며(외모 지상주의), 하나님을 대적해서 인간이 죄를 범했다는 성경적인 죄의 개념과 인간의 죄성에 대한 언급은 전혀 없이 하나님과 무관한 선과 악의 개념만 제공할 뿐입니다(세속적 죄 개념).

이러한 미디어의 영향력은 포스트모더니즘이라는 시대적 세계관을 반영하는 통로라는 점에서 더욱 주목할 필요가 있습니다. 미디어는 수많은 이야기를 전달하고 있지만 그 이야기들은 서론, 본론, 결론이 있는 동시에 모든 사람에게 적용되는 메타 내러티브가 아닙니다. 그것은 오히려 "매우 단편적인 자기 충족적 내러티브 즉 연속된 이미지만을 전달"할 뿐입니다. 예를 들어 텔레비전 중에서도 MTV는 매혹적인 사운드와 더불어 수많은 매력적인 이미지의 나열을 거의 일방적으로 쏟아냅니다. 이러한 문화 현상은 이 시대의 정신이 절대적 진리를 인정하지 않음을 반영하는 것이라 할 수 있습니다.

이러한 세계관에 영향을 받은 다음 세대들은 하나님과 진리에 대해 관심이 없습니다. 단지 그들의 눈빛을 반짝이게 하는 것은 그들의 감성을 자극하고 욕망을 채우는 것들입니다. 미디어를 통해서 끊임없이 쏟아지는 "단편적인 자기 충족적 내러티브 즉 연속된 이미지"는 바로 그들이 모든 체제와 규범에서 벗어나 감성과 본능의 세계로 일탈하도록 이끕니다. 더 이상 일탈이라는 용어가 부정적인 의미가 아니라 그들을 속박하고 구속하는 것에서 벗어나려는 시도를 의미합니다. 이와 같이 일탈을 긍정적으로 보는 맥락 가운데서 다음 세대들은 다양한 것들에 대해 수용적이고 관용적인 자세를 취합니다. 예를 들어 하나님을 믿는다고 고백하면서 다른 종교의 관점이나 다른 세계관에서 비롯된 가치를 거리낌 없이 수용하기도 하며, 동성애에 대해 일반 청소년들과 별 차이가 없는 관점과 관용적인 자세를 취하기도 합니다.

그러므로 텔레비전을 비롯한 미디어를 단순한 오락거리 정도로 생각하는 것은 미디어의 영향력을 너무나 과소평가한 것입니다. 미디어는 다음 세대들의 세계관과 삶에 큰 영향을 준다는 점에서 공식적 교육수단은 아니지만 일종의 교육매체라고 할 수 있습니다. 어쩌면 실질적인 교육의 영향력을 행사하고 있다는 점에서 미디어는 부모, 목회자, 교사들의 권위조차 흔들고 있는 강력한 교육과정이라고 할 수 있을 것입니다.

그렇다면 교회와 가정으로 대표되는 신앙 공동체는 다음세대들의 세계관에 어떤 영향을 주고 있을까요? 교회는 학교와 더불어 계획적이고 체계적인 교육을 하는 기관입니다. 교회의 교육적 사명은 무엇보다 다음 세대들에게 하나님을 배우게 하는 것입니다. 이를 위해 다음 세대들은 교회에서 하나님께 예배드리고, 성경을 공부하고, 예수의 제자로서의 삶을 살아가도록 훈련받습니다. 하지만 최근 들어 교회 성장 둔화 현상, 심지어 감소현상이 일어나는 가운데 가장 우려하는 것은 교회학교의 침체 현상입니다. 이것은 머지않은 장래에 한국교회의 위기를 초래할 수 있는 심각한 문제입니다. 기독교교육학자들은 교회학교 침체를 두 가지 현상으로 구분하는데, 하나는 교회 학교 학생 수 감소라는 양적 현상이고, 다른 하나는 교회교육이 그 사명을 감당하지 못하고 무기력해져 있는 질적 현상입니다.

이러한 상황에서 위에서도 언급한 것처럼 공교육을 통해 배우는 지식과 교회에서 배우는 하나님에 대한 지식이 전혀 다른 것임에도, 학교에서 배우는 지식을 기독교적 관점에서 어떻게 바라보아야 하는지에 대해 조명해 주고 가이드해 주는 교회교육은 거의 찾아보기 힘듭니다. 그 결과 다음 세대들의 신앙이 종교생활을 넘어 일상의 삶 전체에 반영되도록 이끄는 기독교적 사고를 개발하는 것은 더욱 쉽지 않습니다. 더구나 교회 안에 들어 온 물질만능주의, 출세 지향주의, 개인적 기복 신앙 등의 세속적 가치들은 아이들이 기독교세계관을 형성하는데 있어 큰 걸림돌이 되고 있습니다.

교회와 학교가 후천적인 교육기관이라면 가정은 모든 사람이 태어나면서부터 회피할 수 없는 일차적인 교육 기관입니다. 하나님은 부모들이 자기 자녀들을 가르치고 훈련하길 바라십니다. 성경 신명기 4장 9-10절입니다.

> 오직 스스로 삼가 조심해 너희 자신을 잘 살펴서 너희 눈으로 본 것들을 잊지 말고 너희가 살아 있는 동안 너희 마음에서 떠나지 않게 하라. 그것들을 너희 자손들과 너희 자손의 자손들에게 가르치도록 하라. 너희가 호렙 산에서 너희 하나님 여호와 앞에 섰던 그날을 기억하라. 그때 그분이 내게 말씀하셨다. '내 앞에 백성들을 모아 내 말을 듣게 하여라. 그들이 그 땅에서 사는 동안 나를 경외하는 것을 배우고 그 자녀들에게도 가르치도록 말이다.'

인간은 가정을 통해 어려서부터 자아를 형성하고 관계를 맺습니다. 그 과정 가운데 인격을 훈련받고 생활에 필요한 교육을 받습니다. 이러한 가정교육의 특징은 이론적이기 보다 부모들의 삶을 통해서 배우는 모델적 교육이라는 것입니다. 따라서 부모의 삶은 자녀들의 세계관을 형성하는 데 있어 지대한 영향을 미칩니다.

하나님께서 자녀교육의 사명과 책임을 부모들에게 맡기셨음에도, 자녀의 신앙은 교회에서 그리고 자녀의 공부는 학교나 학원에 위탁하는 것으로 부모의 책임을 다하는 것이라고 생각하는 부모들이 의외로 많습니다. 물론 학교와 교회가 자녀들에게 필요한 교육기관인 것은 분명하지만 자녀들이 하나님을 알고, 하나님의 자녀다운 세계관을 가지고 인생을 살아가도록 하는 최종적인 책임이 부모에게 있다는 것은 변함이 없습니다.

따라서 자녀들에게 하나님의 말씀에 기초한 기독교세계관을 심어주는 부모의 사명을 감당하기 위해 가장 먼저 필요한 것은 부모 자신의 세계관을 점검해 보는 것입니다. 자신의 신앙이 종교생활에만 해당되고 부부관계, 재정관리, 드라마 보기, 자녀 양육과 같은 일상생활과는 전혀 영향을 미치지 못한다면, 그러한 '신앙 따로 삶 따로'의 모습은 자연스럽게 자녀들에게 답습될 것입니다. 자녀들의 학교생활에서 자녀의 성적에만 관심을 기울이고, 자녀들의 미디어 생활을 공부의 노고에서 벗어나도록 하는 위로나 재충전으로만 여긴다면, 학교와 미디어를 통해 전해지는 세계관에 그대로 노출되도록 방치하는 셈이 될 것입니다. 또한 자녀의 신앙문제를 교회에 맡기고 안주한 채 교회교육의 침체를 방관하고 있다면 자녀양육에 대한 부모로서의 사명을 온전히 감당하지 못하는 일이 될 것입니다.

정리해 보면 우리가 처해진 현실은 아이들에게 기독교세계관을 심어주기에는 너무나도 척박한 환경입니다. 더구나 신앙 공동체인 교회와 가정조차 그 역할을 온전히 감당하지 못하고 있는 실정입니다. 그럼에도 다음세대에게 하나님을 전하고, 기독교세계관으로 생각하고 살아가도록 하는 것은 부모와 교사로서의 변치 않는 사명이고 책임이며, 너무나도

시급한 일이 아닐 수 없습니다. 이러한 관점에서 낸시 피어시는 아이들이 다양한 세계관을 비판하고 비판하도록 준비함으로써 사상의 유혹에 대처하도록 기독교세계관을 훈련시키는 일은 선택사항이 아니라 생존에 필요한 필수 장비라고까지 말합니다. 그렇다면 기독교세계관을 아이들에게 어떻게 가르칠 수 있을 것인가요? 지금까지 정리한 것을 토대로 아이들이 기독교세계관 교육을 위해 준비해야 할 것들을 정리해 보고, 교회기독교세계관학교라는 구체적인 대안을 제시해 보고자 합니다.

첫째, 우선 가장 시급한 것은 아이들에게 기독교세계관을 가르치기 위한 교육 콘텐츠와 교사들을 준비하는 일입니다. "이 세상의 기원은 무엇이며 진리란 무엇인가? 이 세상의 고통과 문제는 무엇 때문인가? 그 문제는 어떻게 해결될 수 있는가" 이와 같은 인생의 주요 질문에 대해 어떻게 대답하고 살아가느냐에 따라 세계관이 달라지는데, 기독교 세계관 교육을 위한 기본 콘텐츠는 바로 이러한 인생 질문에 성경적인 대답을 제공하는 것이 될 것입니다. 아이들이 기독교세계관 교육을 통해 이 세상의 기원에 대한 질문에 창조주 하나님임을, 이 세상의 문제와 고통의 원인이 인간의 죄에서 비롯된 것임을, 그리고 그 문제의 해결책은 예수밖에 없음을 고백할 때 그것은 그들이 기독교세계관을 정립하는 기반이 될 것입니다. 더 나아가 기독교세계관이 공부, 진로, 친구 관계 등 아이들의 삶의 주요 문제를 이해하고 실천하는 원리가 되거나 다양한 문화 이슈와 타세계관을 분별하는 기준이 되도록 하는 것 또한 기독교세계관 교육의 중요한 콘텐츠를 이루는 것이라 할 수 있습니다. 이러한 콘텐츠를 토대로 아이들이 기독교세계관으로 자신의 정체성을 확립하고, 신앙과 삶을 연결하며, 시대 문화를 분별하고, 하나님의 부르심을 발견하고 응답하는 삶을 살도록 돕는 것이 바로 기독교세계관 교사의 역할인데 이러한 교사들의 양성은 기독교세계관 콘텐츠 개발 못지않게 중요한 일이라고 할 수 있습니다.

둘째, 기독교세계관 교육은 부모가 교사가 되어 이루어져야 할 것입니다. 기독교세계관을 이해하고 실천하도록 돕는 최고의 교사는 부모라고 할 수 있습니다. 왜냐하면 기독교세계관을 가르치는 가장 실질적인 방법은 모델링이라 할 수 있는데 부모가 먼저 기독교세계관으로 살아가는 모습을 볼 때 청소년들은 그것을 이론이 아니라 삶으로써 배울 수 있기 때문입니다. 또한 청소년들이 기독교세계관을 자신의 삶 속에서 실천하도록 하는데 있어 지속적인 격려와 관심이 필요한데 이것을 부모만큼 적절하게 도울 수 있는 교사는 없습니다. 부모가 자녀들의 세계관을 이해하기 위해 경청하고, 기독교세계관으로 생각하고 실천하도록 가이드하며, 삶의 이슈를 어떻게 기독교세계관으로 바라볼 수 있는지에 대해 서로 대화하거나 토론하는 일이 지속된다면 이 보다 좋은 교육은 아마 없을 것입니다. 따라서 부모가 먼저 기독교세계관 교육의 필요성을 공감하고 먼저 훈련받고, 자신의 삶 속에서 기독교세계관을 이해하고 적용하는 삶을 살아가는 것이 바로 아이들을 위한 기독교세계관 교육의 가장 실질적인 대안이라고 할 수 있을 것입니다.

셋째, 기독교세계관 교육은 교회가 적극 지원하는 교육이어야 할 것입니다. 기독교세계관 교육 콘텐츠를 개발하는 것과 교사를 양성하는 일, 부모가 지속적으로 자녀들에게 기독교세계관을 가르치는 일은 지속적인 지원 없이 개별적으로 이루어지기란 쉽지 않습니다. 따라서 목사와 교인들이 기독교세계관 교육의 필요성과 시급성에 공감하고 기도 후원과 교육장소 제공, 물질 후원 등 실질적인 지원을 아끼지 않아야 할 것입니다. 최근에 '주말교회기독교학교'에 대한 관심이 커져가고 있습니다. 주5일제가 전면 시행된 지금 이에 대한 관심은 더욱 커지리라고 봅니다. 주말교회기독교학교는 예배와 성경공부를 중심으로 하는 기존의 교회학교와 다르며, 그렇다고 단순히 학업을 보충시켜 주는 학원 행태의 학교도 아닙니다. 그것은 신앙과 삶을 분리하는 생각과 삶에서 벗어나 삶의 모든 영역에서 하나님의 말씀대로 생각하고 살아가는 하나님의 나라의 백성들을 양성하는 것을 목표로 제안된 학교입니다. 이러한 점에서 주말교회기독교학교는 교회의 지원을 받아 부모가 교사가 되어 기독교세계관 교육을 실시할 수 있는 가장 적합한 형태가 될 수 있을 것입니다.

넷째, 기독교세계관 교육은 아이들의 능동적인 참여를 통해 이루어져야 합니다. 왜냐하면 그 교육의 궁극적인 목적이 변화에 있기 때문입니다. 삶의 변화는 생각의 변화에서부터 시작됩니다. 청소년들이 흥미를 가지고 적극적으로 참여할수록 그것이 동기부여가 되어 생각과 삶의 변화를 일으킨 가능성이 커질 것입니다. 이를 위해서는 기독교세계관을 쉽게 전달할 수 있는 노력이 필요합니다. 따라서 기독교세계관의 의미는 전달하되 가능하면 그들에게 친숙한 이야기나 용어로 설명하는 것은 아이를 위한 기독교세계관 콘텐츠를 개발할 때 반드시 고려되어져야 할 부분입니다. 또한 그들의 삶의 변화를 돕는 교육이 되기 위해서는 그들의 실질적인 필요felt needs, 예를 들어 공부, 진로, 친구관계 등 그들과 관련된 문제들을 기독교세계관으로 이해하고 해결해 갈 수 있도록 구체적인 방법 내지 가이드를 제공하는 것도 필요합니다. 이 외에도 아이들이 적극적으로 참여할 수 있도록 창의적 교수법을 비롯한 그들에게 맞는 교수법 또한 고려되어져야 할 것입니다.

요컨대 아이를 위한 기독교세계관 교육이 시행되고 활성화되기 위해서 먼저 기독교세계관 콘텐츠 개발과 교사 양성이 선행되어야 하며, 변화를 지향하는 교육이 되기 위해 부모가 교사로 참여함으로써 대화와 삶으로 가르치고, 지속적인 격려와 관심을 아끼지 않아야 할 것입니다. 또한 아이들이 능동적으로 참여하기 위한 다양한 교육방법들을 모색해

보는 것 또한 필요합니다. 마지막으로 이러한 교육이 지속되고 활성화되기 위해서는 교회의 적극적인 지원이 필요합니다. 이것을 한마디로 말하자면 '교회기독교세계관학교'입니다.

이러한 교회기독교세계관학교가 교회 가운데 정착되어 운영되는 것이 다음 세대에게 신앙을 전수하고, 기독교세계관을 가르칠 수 있는 실질적인 방안 중 하나가 될 것이며, 이를 통해 다른 이야기가 아닌 성경의 이야기가 그들의 세계관을 형성하도록 도울 수 있습니다. 이것은 다름 아닌 다음 세대를 하나님의 말씀으로 양육해야 하는 교회와 가정의 사명을 회복하는 일입니다. 아무쪼록 아이를 위한 기독교세계관 교육의 필요성을 공감하는 사람들이 더 많아지고, 교회마다 기독교세계관 교육이 활성화되길 소망해 봅니다. 그렇게 됨으로써 많은 아이들이 삶의 모든 영역에서 기독교세계관으로 생각하고 살아가는 것이 자연스러운 세대로 준비되어 하나님 나라의 일꾼이 되기를 간절히 바랍니다.

오늘날 우리가 지닌 세계관 중에서 대표적인 것이 '신자유주의'입니다. 우리는 알게 모르게 이 세계관이 몸에 밴 상태로 이를 당연시합니다. 심지어 우리 교회들마저 그렇습니다. 예수의 말입니다. "두 주인을 섬길 수는 없다. 돈을 섬기든 신을 섬기든 하라." 바울서신의 기록된 바울의 말입니다. "돈을 사랑하는 게 모든 악의 근원이다." 그런데 요즘 세상은 하나님 대신 돈을 섬기면서 살아갑니다. 최근 신자유주의에 대해 생각해 보게 하는 책이 나왔습니다. 이 책이 성정모, 『시장 종교 욕망』입니다. 브라질 상파울루감리교신학대 인문법대 학장 성정모 교수는 "교회가 이런 상황을 이해할 때 이 세상에서 교회의 사명이 무엇인지 제대로 이해하게 된다"고 말합니다. 성 교수는 한국계 브라질인으로 해방신학의 지평을 인간의 욕망 문제로까지 넓힌 선구적인 2세대 해방신학자로 손꼽힙니다.

이 책에서 성 교수는 인간 욕망의 문제, 교회와 해방신학이 나아갈 방향 등을 다루면서 "오늘날 자본주의 시대를 살아가는 현대인들은 타인의 욕망을 모방하며 살아가는데 여기에서 갈등과 폭력이 발생한다"고 말했습니다. 오늘날 우리가 처한 상황은 유토피아적 희망과 꿈을 포기하도록 종용하고 사회는 우리가 원하든 원치 않던 현 체제만이 현실에서 가능한 것이라고 세뇌한다는 것입니다.

"신자유주의 사회에서 아무런 저항의 모습이 보이지 않는다 해도 그것을 당연하게 받아들이고 산다면 저항의 원천은 사라진 것입니다. 중요한 것은 교회가 이런 사회 체제가 영원한 것이 아니라는 것을 암시해주는 하나의 빛으로 살아가는 것입니다."

그는 "내 인간성을 부정하고 있는 체제를 부정할 때 인간성의 존엄성을 회복할 수 있다"며 "그 인간성을 부정하고 있는 사회 체제에 저항하지 않게 되면 내 인간성을 포기하게 되는 것"이라고 말했습니다. 또 "우리의 도전적 과제는 인간적 개념을 바탕으로 한 새로운 경제 제도를 창출하는 것"이라고 강조했습니다. 그가 공부한 해방신학은 기독교의 가르침을 정의롭지 못한 정치·경제·사회적 조건으로부터의 해방이라는 측면에서 이해하고 실천을 강조했던 기독교 신학 운동으로, 1960년대 라틴 아메리카의 가톨릭 신학자들이 주도했습니다. 최근 신자유주의 반대의 목소리를 높이고 있는 프란치스코 교황이 "규제받지 않는 자본주의는 새로운 독재"라고 발언한 것도 이런 계보에서 비롯됐습니다.

성 교수 자신도 경영학도에서 해방신학자로 변신했습니다. 1965년 7살 때 부모를 따라 브라질로 이민 간 그는 상파울루 대학교 경영학과에 다니다가 3학년 때 중퇴하고 가톨릭 사제가 되기 위해 신학대학교에 입학했습니다. 그러나 신학대 3학년 때 사제의 길을 포기하고 평신도로서 신학 공부를 계속해 외채 문제에 대한 신학적 비판으로 석·박사 학위를 받았습니다. 가톨릭 신자인 그는 이후 브라질 최대 빈민촌인 자르징안젤라시의 산마르티네스 교회 등에서 해방신학 모임을 이끌었습니다.

성 교수가 우리나라를 방문해서 행한 강연에서, "프란치스코 교황의 우리나라 방문을 어떻게 봤느냐"는 질문에 "교황이 지난해 7월 브라질을 방문했던 때의 이야기"를 먼저 꺼냈습니다. 브라질 방문 중 아르헨티나 청년들과 만났을 때 교황은 "교회에서 나와서 세상을 위해 일을 하라"고 말했는데, 청년들이 "주교들이 반대할 수도 있다"고 말하자 교황은 웃으면서 "신경 쓰지 말고 해야 할 일을 하라고 하더라"는 것이었습니다. 성 교수는 "교황은 한국에서처럼 더할 나위 없는 겸손함과 일반 사람들과 자연스럽게 만나는 모습으로 많은 감동을 줬다"고 말했습니다.

나 혼자 한 눈 팔지 않고 성실하고 열심히 일한다고 해서 성공하는 시대는 아닌 시대에 살고 있습니다. 우리 가운데 나름대로 열심히 살지 않은 사람이 어디에 있습니까? 다 성실하게 살아 왔습니다. 1인당 국민소득 2만 6천불 시대에 산다는데, 그렇다면 4인 가족 평균 1억 2천만 원 만약 나이 드신 부모님을 포함하여 6인이 산다면 1억 8천만 원의 평균 수입이 있어야 하는데, 실제로 이렇게 많은 돈을 벌고 쓰는 사람이 얼마나 될지요? 이는 그야말로 부의 편중이 얼마나 극심한지를 보여주는 현실입니다. 그저 소수만이 성공해서 잘 살면 되고 나머지는 게으르고 불성실한 것으로 치부할 수 없습니다.

우리는 나무 하나만을 보아서는 안 되는 시대에 살고 있습니다. 저 멀리서 거대한 홍수가 밀려 내려오고 있는데, 나 혼자 아무리 남보다 깊게 뿌리를 내린다고 해서 내가 사는 것이 아니라는 사실입니다. 세계를 폭넓게 바라보는 큰 시각을 갖고 대동大同, 연대聯隊해서 홍수를 막아내는 거대한 댐을 건설하거나 그 물길을 다른 쪽으로 돌리는 노력을 함께 하지 않으면 모든 개인은 무력하게 쓰러질 수밖에 없습니다. 공동체도 중요하지만, 그것도 세계적 안목을 갖고 해야지 몇 사람이 그냥 함께 모여 산다고 해서 홍수를 피해갈수는 없습니다.

성경은 우리가 하나님의 자녀임을 강조하는 구절이 많습니다. 하나님의 자녀가 되면 무엇이 좋은가요? 우리가 하나님의 자녀라는 우리는 더 이상 세상에 속하지 않았다는 선언이고 이는 이 세상의 불의不義함에 대한 저항을 말하는 것입니다. 예수는 자주 하나님의 나라를 비유로 말하면서 세상 나라와 정반대되는 질서를 말씀하였습니다. 포도원 일꾼이나 부자 농부의 비유에서와 같이 오후 늦게 한 시간 일한 노동자나 새벽부터 하루 온종일 뙤약볕 아래서 일한 노동자나 그들이 필요로 하는 하루 생활비를 받아갈 자격이 있다는 말이나 크게 늘어난 소출에 만족하며 창고를 크게 짓는 농부를 향해 오늘 밤 네 영혼을 하나님께서 불러 가면 그 모든 소출이 누구의 것이 될 것이냐는 도전을 통해 정작 사람에게 필요한 것은 성경의 "생명이지 물질이 아니다" 라는 말씀들은 모두 세속적 가치에 대한 반대의 정의를 말한 것입니다. 신약성경 로마서 8장 22~23절의 말씀은 하나님의 자녀가 된다는 것이 무엇을 의미하는지를 잘 설명하고 있습니다.

우리는 모든 피조물이 지금까지 함께 탄식하며 함께 해산의 고통을 겪고 있다는 것을 알고 있습니다. 그뿐 아니라 또한 성령의 첫 열매를 가진 우리조차도 속으로 탄식하며 양자 됨, 곧 우리 몸의 구속을 기다리고 있습니다.

하나님의 자녀가 된다는 말과 몸이 해방될 날을 같은 선상에 놓고 있습니다. 몸이 해방될 날이란 사람이 죽어 세상을 떠나 하나님 나라에 들어가는 날을 의미하지 않습니다. 왜냐하면 하나님의 나라란 외적인 공간 개념보다는 하나님의 말씀으로 질서가 세워지는 가치 개념이 훨씬 더 소중하기 때문입니다. 우리가 세상에 거하지만 사랑과 정의 평화 그리고 생명 존중이라는 하나님 말씀에 기초한 신앙의 가치를 따를 때에 그는 이미 몸의 해방을 경험하는 것입니다.

온통 세상이 신자유주의에 물든 비인간적인 약육강식의 세상인데도 우리나라 기독교인들이 잘 읽는 책은 『잘되는 나』, 『긍정의 힘』, 『왕의 기도』, 『야베스의 축복』과 같은 책들이고 이 내용들은 예수는 언급도 하지 않은 삼박자 축복, 오박자 축복을 말하고 있습니다. 물론 이들 책들이 자존감을 높이고 삶의 긍정적인 에너지를 촉진해주고 힘든 삶에 위로를 주고 힘이 되어 주는 것은 사실입니다. 그러나 분명한 사실은 이들 책들은 성경 구절을 언급하고는 있지만, 그러나 가난한 자의 복이 아닌 부자의 복을 말하고 있다는 사실입니다. 알게 모르게 이들 책들은 성경의 세계관이 아닌 이 세상의 세계관을 성경으로 포장한 것입니다. 성정 모 교수가 우리나라에 와서 몇 몇 신학대학교에서는 초청을 받아 강연을 했는데, 대부분의 교회에서는 초청을 받지는 못하는 것이 현실입니다. 왜냐하면 교회 성장에 도움이 되지 않는다고 보기 때문입니다. 그런데 그의 제자 중의 한 사람인 브라질의 키비츠 목사는 브라질교회에서 신선한 바람을 불러일으키고 있습니다. 주로 30대의 교인들로 이루어진 교인들이 매주 수천 명이나 천막교회에 모여서 예배를 드립니다. 그를 인터뷰한 한겨레의 조 현 기자가 '키비츠목사의 목회 신십계명'이라는 제목으로 정리를 해서 발표한 적이 있습니다. 우리가 귀담아 들을 내용들입니다.

1. 정의는 사랑으로 이루어진다.
   정의는 구호가 아니라 구체적 사랑의 실천과 연대를 통해 이루어진다는 이 슬로건은 이 교회가 지난 2013년에 모금운동을 전개할 때 내세운 것입니다. 교회는 40만 달러 약 5억 원을 모금해 정의를 실현하는 37개 엔지오를 도왔습니다.

2. 반쪽의 복음을 전체적으로 살려내라

복음은 영적인 문제나 죽음 이후만 다루는 게 복음이 아닙니다. 그는 "하나님은 떠다니는 영만 창조한 게 아닙니다." "이 땅 위에서 하나님의 나라를 어떻게 이룰 것인지를 말해놓은 게 복음입니다." 고 말합니다.

3. 현장에 길이 있다.

젊은 시절 인디오와 아프리카인들 속으로 들어가 사역을 하면서 '복음의 핵심이 현장'에 있음을 터득한 그는 신앙인들은 현실과 끊임없이 대화해야 한다고 말합니다. 그래서 교회가 정치적 입장을 세우지 않을지라도, 신자들이 열띤 토론을 해서 정치 사회문제에 대해 분명한 입장을 표명해야한다는 것입니다.

4. 약자를 죽음으로 내몰지 않는 하나님 나라를 세워라.

키브츠 목사는 일부만 복을 누리고 나머지는 희생되는 계급 사회가 아니라 형제애를 바탕으로 한 사회라며, 약자와 무능력자를 희생시켜서는 안 된다고 말합니다.

5. 교회 건물이 아니라 사랑이 있는 곳에 하나님이 계신다.

이바브교회는 25년간 부지를 빌려 천막에서 예배를 드려왔다. 교회 신축은 더 이상 이 땅의 임대가 불가능해진 최근에야 이뤄졌습니다. 헌금의 대부분을 건물에 쓰는 일을 해선 안 되며 세상과 약자를 위해 써야한다는 게 이 교회의 지향이었습니다.

6. 교회를 싫어하는 사람들의 교회를 세우라.

그는 예수가 새벽마다 교회에 나오라거나 시도 때도 없이 교회서 살라고 하지 않았다면서 예수가 원했던 것 이상을 원하지 말라고 합니다. 그는 "교회에서 사는 것은 신앙인의 자세가 아니다"며 "교회는 1주일에 한번만 오라"고 말하기도 합니다.

7. 교회 안에 머물지 말고 사람들 안에 머물라.

가정과 직장, 마을 일에 충실하며 그곳에서 하나님 나라를 이루는 게 신앙인이라고 합니다. 그는 "진정한 복음이란 교회 안에 머무는 것이 아니라 사람들 안에 머물면서 사람들을 바꾸는 것"이라고 말합니다.

8. 대중성이 아니라 저항력을 길러라.

기독교는 애초 대중의 종교가 아니라 강력한 소수의 믿음으로 시작된 종교였습니다. 예수도 "겨자씨 비유"와 "늑대 사이의 양 한 마리 이야기"를 통해 온 세상을 지배하려는 권력에 대항해 어떻게 하나님의 현존의 모습을 지켜내느냐가 중요합니다. 따라서 개 교회를 어떻게 성장시키고, 브라질에서 개신교의 힘을 확대하는 것보다 이 세상과 세속적 욕망의 힘이 커져 가는 이 현실 속에서 어떻게 저항의 힘으로 남아있을 것인가가 관건이라고 합니다. 가장 중요한 것은 교회가 성장하는 것이 아니라 복음의 진정한 힘을 잃지 않는 것입니다.

9. 다른 교회를 모방하지 마라.

키브츠 목사도 처음 목회를 시작할 때는 "저 목사처럼 되고 싶다", "저런 교회를 만들고 싶다"고 생각했습니다. 그래서 자아를 찾고, 자신만의 소명을 찾아내는데 많은 시간이 걸렸습니다. 그는 모방이 아니라 자신과 소명을 찾을 때가 목회가 시작되는 시점이라고 말합니다.

10. 영성이 깨어날 침묵의 시간을 가져라.

키브츠 목사는 1주일에 5회 한 시간씩 핸드폰도 두고 홀로 온전한 침묵 속에서 뜁니다. 그는 사람은 말하는 것이 아니라 들음으로 성숙되며, 읽는 것보다 침묵 속에서 영성이 기지개를 켠다고 말합니다.

학벌주의에서
벗어나는 교육

학교에 더 이상 기대를 걸지 않는 학부모, 정확히 말해 공교육에 대한 실망감은 이제 절망을 넘어 분노로 이어지고 있습니다. 교육은 곧 고통입니다. 연세대 사회발전연구소 염유식 교수팀이 공개한 한 '2011년 한국 어린이 · 청소년 행복지수 국제 비교' 결과 우리나라 어린이와 청소년들이 느끼는 주관적 행복지수는 65.98점으로 나타났습니다. 비교지표가 있는 23개 OECD국가 중 3년 연속최하위에 머물렀습니다. 이러한 지표는 결국 자살률과도 맞물려 돌아갑니다.

우리나라 청소년 자살률은 OECD국가 중 1위입니다. 그 고통은 학생에게만 해당되지 않습니다. 학부모들도 그 대상이 됩니다. 사교육비가 대표적인 예입니다. 월평균 20~30만원을 훌쩍 넘는 사교육비는 결국 학부모의 노후 자금을 빼먹게 됩니다. 잘사는 사람은 잘사는 대로, 못사는 사람은 못사는 대로 고통을 받습니다. 그렇게 해서 아이들을 대학에 보내면 어떤 고통이 기다리고 있을까요? 이른바 취업의 고통이 아이들을 기다리고 있습니다.

그렇다고 해서 교사들이 행복한 것도 아닙니다. 우리나라 교사 효능감은 OECD 조사국 중 최하위입니다. 이정도 되면 우리의 교육을 수술대위로 올리지 않으면 안 된다는 절박감을 갖게 됩니다. 물론, 정권이 바뀔 때마다 항상 거창한 교육 개혁 프로젝트가 단행됐습니다.

김영삼 정부는 5.31 교육개혁안, 김대중 정부는 교원정년단축, 노무현 정부는 2008 대입안을 실시했습니다. 이명박 정부는 고교다양화 300 프로젝트를 기치로 자율형 사립고 등을 도입했습니다. 그러나 기대 이하의 성적을 거뒀습니다. 교육 개혁 정책의 성과를 완전히 부인할 수 없습니다. 각 정책은 나름의 의미를 가지고 있고, 긍정적인 효과를 만들어낸 측면도 있습니다. 그렇지만 총체적인 수준에서 한국 교육의 질을 높였으며 우리의 고질적인 문제를 해결했다고 보기 어렵습니다. 도돌이표 개혁이었습니다.

그 이유는 자율형 사립고의 실패에만 국한되지 않습니다. 우선 자율과 경쟁의 가치를 일관되게 적용하지 못했습니다. 예컨대, 서울교육감이 공정택일 때와 곽노현일 때 그 정책을 일관되게 적용하지 못했습니다. 공정택 교육감 시절에는 자율화를 외치던 교육부였지만 직선교육감 출범 이후 소위 진보 교육감이 들어오면서 교육부의 입장에는 변화가 나타났습니다. 우리나라 교육의 고질적인 문제로 이야기되는 부분은 크게 3가지입니다. 학벌주의, 입시교육, 관료주의입니다. 우리나라의 교육열은 세계적으로 유래가 없을 정도로 뜨겁습니다. 그 힘은 긍정적인 면도 있지만 부정적으로 작용하기도 합니다. 과도한 사교육비, 살인적인 입시교육 등은 교육이 사회적 계층 상승의 중요한 사다리라는 도구적 인식에서 비롯됩니다.

최근 들어 진로 패러다임의 중요성이 강조되고 있습니다, 아이러니하게도 그 이유는 입학사정관제 도입과 맞물려 있다. 입학사정관제는 자기

소개서, 진로와 관련한 자신의 경험과 경로 등이 드러나야 하는데 이 부분에 대해서 그동안 학교는 소홀했습니다. 학교는 이 제도가 도입되고 나서야 동아리 활동이나 각종 체험활동을 강화하기 시작했습니다.

우리나라의 교육문제는 대단히 복잡하고 어렵습니다. 하지만 그 이면을 보면 단순합니다. 욕망과 기득권이라는 문제가 내재해 있는 경우가 많습니다. 그 욕망과 기득권의 문제가 그럴듯한 논리로 포장되어 있을 뿐입니다. 서로 자신의 이득을 내려놓아야 합니다. 한발씩 양보하고 더 큰 사회의 이익을 봐야합니다.

아이들의 고통을 더 이상 외면해서는 안 됩니다. 사회적 책무성을 인식해야 합니다. 교육은 곧 계층간 경쟁과 밀접한 관련이 있습니다. 입시 제도라든지 교육 정책은 누군가의 이해관계와 결부되는데, 그것은 곧 힘 있는 집단에게 유리하게 적용되는 경향이 강합니다. 그런 점에서 제도의 균형이 필요합니다. 사회적 약자와 힘없는 집단을 배려하는 정책이 요구됩니다.

최근 들어 복지 정책이 쏟아지고 있습니다. 하지만 최고의 복지 정책은 입시와 대학 서열화의 굴레로부터 학생들이 벗어나게 만드는 것입니다. 아울러 교사와 학생, 학부모가 행복한 교육 정책을 펴는 것입니다. 그 첫걸음으로 교육이라는 이름으로 교묘히 은폐되어 있는 각종 제도와 모순과 한계를 밝히고, 그 문제에 정면승부를 걸어야 합니다.

이 시대를 살아가는 우리나라의 부모들 대다수는 자녀 교육에 있어 세 가지 사고유형으로 나뉜다고 합니다. 첫 번째 유형은 자녀에 대한 모든 교육을 대학 입시에 맞추는 방법입니다. 공교육과 사교육을 대학에 들어가는 방편으로, 대학 졸업 후 더 나은 직장을 얻기 위한 도구로서 교육을 보는 유형입니다. 이런 부모들의 교육 목적은 경쟁구조 속에 자녀들을 몰아넣어 사회의 엘리트가 되길 바라며 양육하는 것이며 자녀들에게 더 나은 교육 환경을 제공하기 위해서 부모들은 자신의 노후보장 등 모든 것을 포기하기도 합니다.

두 번째 유형은 입시 위주로 치닫고 있는 우리나라의 공교육을 탈피해 이를 대신하는 홈스쿨링이나 대안학교를 통해 자녀들을 전인적으로 교육하려는 흐름입니다. 인성이 중시되고 공동체가 중시되는 교육을 하기 위해 부모들끼리 자녀들을 가르치는 품앗이를 하거나, 더 나아가 대안학교를 세우기도 합니다. 또는 교사 중심으로 참교육을 하는 곳을 찾아 자녀들에게 보다 나은 교육 환경을 제공하기도 합니다. 특히 기독교인 부모들은 신앙 중심의 교육을 하기 위해 기독교 대안학교를 선호하기도 합니다.

세 번째 유형은 위에서 언급한 첫 번째 유형과 두 번째 유형 사이에서 갈등하는 부모들이 많습니다. 상황에 따른 선택을 하면서 본인들뿐만 아니라 자녀들도 혼란에 빠지게 하는 유형입니다. 우리나라 부모들 대다수가, 특히 대부분의 기독교인 부모들은 기독교적인 가치와 사회적인 가치 사이에서, 신앙교육과 일반교육 사이에서, 거룩함과 세속함 사이에서 자녀교육에 대해 늘 갈등하며 어떤 것을 선택할 지 늘 고민합니다.

품안에 있는 자녀들에게 적합한 교육이 무엇인지 잘 모르겠다면, 우리는 교육에 관한 하나님의 생각을 먼저 살펴볼 필요가 있습니다. '교육'이란 용어는 성경에 나타나지는 않지만 '훈육', '가르침', '훈련', '제자훈련'에 관한 많은 내용이 나옵니다. 이 네 가지는 교육과 밀접한 관련이 있습니다. 또한 자녀의 삶의 중심이 '신앙'이 되기 위한 핵심이기도 합니다. '하나님 중심 교육'으로 자녀를 양육했을 때 그들의 세계관은 '하나님 중심'으로 형성되기 때문입니다. 때문에 부모의 역할이 큽니다.

어느 조사에 의하면, '시험기간과 주일 예배가 겹칠 경우 예배 참석에 대한 인식'에서 55.8%의 기독 학생들은 '공부보다는 신앙생활이 우선이기 때문에 교회는 빠지지 말아야한다고 응답했습니다. 하지만 절반에 이르는 기독 학생은 '시험 기간 동안에 교회보다는 독서실이나 학원에 가서 공부를 할 수 있다(26.7%)', '잘 모르겠다(17.5%)'라고 대답해 주일 예배 결석의 가능성을 열어둔 것으로 조사됐습니다. 이중 학생들은 출석 교회에 대한 만족도가 높을수록, 특히 부모님이 모두 기독교인 경우 주일 예배를 우선시 하는 응답이 상대적으로 더 높은 것으로 조사됐습니다. 즉 부모의 신앙관에 자녀들이 많은 영향을 받는다는 것입니다.

우리 부모들은 자녀들이 어떤 교육을 받는지에 따라 그들의 세계관이 결정된다는 것을 알아야 합니다. 자녀들의 최고의 관심사가 하나님 중심인 삶을 살도록 돕는 것이 부모의 역할인 것입니다.

가수 오디션 프로그램인 'K팝스타 2'를 통해 인기를 모았던 남매가수 악동뮤지션(이찬혁, 이수현) 뒤에는 부모의 '성경적 가치관'에 따른 자녀 교육법이 있었습니다. 이 가정은 최근 『오늘 행복해야 내일 더 행복한 아이가 된다』를 출간해 화제가 되기도 했습니다. 악동뮤지션의 부모 이성근, 주세희 선교사는 하나님의 부르심을 받고 몽골로 떠나게 되면서 어쩔 수 없이 '홈스쿨링'을 선택하게 되었습니다. 하지만 처음부터 쉬웠던 것은 아니었습니다. 선교지 상황과 환경 때문에 홈스쿨링이 순탄치 않을 때면 하나님을 원망하기도 했습니다. 아이들도 부모도 스트레스를 받았습니다. 하지만 부모가 모든 교육의 주권을 하나님께 온전히 맡겼을 때 아이들은 변하기 시작했습니다.

이성근 선교사는 "홈스쿨링의 방향성을 하나님께 맡기자 하나님은 홈스쿨의 선생님이 되셨다"며 "지식의 근본이 하나님을 경외함에 있다는 기준부터 바로 잡으니, 하나님이 모든 사람들에게 필요한 달란트, 즉 재능을 주셨다는 것을 신뢰하기 시작했다"고 말했습니다.

찬혁과 수현의 달란트를 발견한 계기는 부모가 계획했던 모든 것을 내려놓고 "너희들이 하고 싶을 것을 하라"고 했을 때부터였습니다. 아이들은 즐겁게 놀면서 스스로 공부하는 환경을 만들어갔습니다. 어느 날 교회에서 고등학생 형 하나가 '아이팟'이라는 노래를 만든 것을 본 중학생 찬혁은 '갤럭시'라는 노래를 만들었습니다. 이 선교사는 "사실 깜짝 놀랐다. 찬혁이가 사춘기라 내성적이라고만 생각했다. 은하수를 생각하며 예쁜 노랫말이 가득한 노래를 만든 찬혁이의 감성이 놀라웠다"며 "참 잘한다고 칭찬해주니 다시 방에 들어가 '뚝딱뚝딱'이라는 노래를 만들어 왔다. 그렇게 매일 노래를 2개씩 만들어 왔다. 노래를 만들기 시작한 찬혁이는 평소 내가 알고 있던 아이가 아니었다. 아이 안에 자기 세계와 언어가 있다는 것을 보며 많은 감동을 받았다"고 말했습니다. 수현이 또한 자신만의 노래를 부르기 시작했습니다. 아이들이 노래를 만들기 시작하면서 길거리 공연도 하고 여러 방송 매체에서 출연 요청도 있었습니다. 그러던 중 아이들이 'K팝스타'에 도전해보고 싶다고 했습니다. 부모의 입장에서는 'K팝스타 2'에 나가는 것이 그저 홈스쿨의 연장선이라고 생각했습니다. 아이들이 홈스쿨링을 하면서 쌓은 실력을 시험해보려고 했던 일이 지금의 악동뮤지션을 만든 것입니다.

이성근, 주세희 선교사의 홈스쿨링 중심에는 '가정예배'가 있었습니다. 이성근 선교사는 아이들이 스스로 말씀을 묵상하며 하나님이 어떤 분인지 깨닫는 것을 최우선으로 삼았습니다. 이성근 선교사는 "말씀 안에서 자신의 비전과 방향이 무엇인지 스스로 경험하는 게 중요하다. 아이들에게 물려줄 수 있는 건 신앙뿐이라고 생각한다. 또한 부모가 경험한 하나님을 자녀들 또한 동일하게 만날 수 있게 해주는 것은 부모가 먼저 하나님을 신뢰했을 때 가능하다"고 강조했습니다.

주세희 선교사는 자녀의 성향 파악도 중요하다고 말합니다. 주 선교사는 "부모가 기대한 모습을 아이가 보여주지 않더라도 자녀에게 '좋아?

정말 즐거워?'라고 물으며 지지해주어야 한다. 또 그 일을 더 잘할 수 있게 부모의 관점으로 앞서가지 말고 아이가 스스로 더 배우고 싶을 때까지 기다려주라. 아무리 좋아도 부모가 억지로 시키면 자녀들은 싫어할 수 있다"고 설명했습니다.

어느 조사에 의하면, 청소년들이 가장 큰 고민으로 삼고 있는 것이 '진로(24.9%)'와 '학교 성적(22.9%)'로 조사됐습니다. 또한 스트레스 받는 요인으로 '하기 싫은데 공부를 해야만 할 때(20.7%)', '학교 성적이 떨어졌을 때(14.4%)', '부모님으로부터 잔소리나 꾸중을 들었을 때(13.5%)'로 나타났습니다. 이는 부모와 자녀의 대화 부족으로도 이어집니다. 자녀가 원하는 진로는 어떤 방향인지, 장래희망은 무엇인지 잘 알지 못하면서 무분별하게 '좋은 성적'만 원했던 것은 아니었는지 부모가 스스로 되짚어보아야 합니다.

또한 기독교 사학 및 대안학교도 '하나님 중심 교육'을 실현할 수 있도록 꾸준한 노력이 필요합니다. 자칫 일류 대학 합격률에 급급해 학교의 창립 이념을 잊은 채 입시 교육에 과열되기 쉽기 때문입니다.

'2010년 1월~2014년 9월'까지 초 · 중 · 고 자살 현황이 공개된 자료를 보니 우리나라 초 · 중 · 고교생들이 지난 5년간 평균 사흘에 한 명꼴로 스스로 목숨을 끊는 것으로 조사됐습니다. 원인으로는 가정 문제가 가장 많았고, 우울증과 성적, 진로도 영향을 끼친 것으로 드러났습니다. 이 기간에 전국에서 스스로 생을 마감한 학생은 630명으로 파악됐습니다. 2.74일에 1명꼴입니다. 주요 원인 1위는 가정 문제(35%), 2위 정서불안(20%), 3위는 우울증(16%)이었습니다. 4위로는 성적이나 진로 문제(12%)로 극단적인 선택을 한 것으로 조사됐습니다. 가정에서 학부모들이 자녀들과 대화 시간을 더욱 많이 가져야 하는 것도 있지만, 학교에서도 학생들의 가정환경 등 생활에 더욱 신경 쓰고 상시적으로 상담 및 교육을 진행하는 세심한 지도가 필요합니다.

교회도 학교와 연계해 건강한 관계를 맺고, 학교가 '하나님 중심의 교육' 철학을 세우는 데 도움을 줄 수 있습니다. 교회에도 교회학교가 있기 때문에 학교와 협력한다면 학생 상호 간 교류나, 공동으로 다양한 프로그램 기획도 할 수 있습니다. 자기주도적 학습 프로그램, 진로지도 프로그램, 은사 개발, 학습 전략 세우기 프로그램 등을 공유할 수 있습니다. 또한 신앙 성숙을 위한 제자훈련 프로그램, 성경 통독 등 다양한 신앙교육도 함께 할 수 있습니다. 더 나아가 부모교육 프로그램을 개발할 수 오늘날의 자녀들은 공교육의 대학 입시 과열로 상처받고 고통받고 있습니다. 이러한 상황 속에서 교회와 학교, 가정의 연계는 어느 때보다 더 중요한 사안으로 자리 잡고 있습니다. 한국교회가 다음세대를 이끌어갈 자녀들에게 하나님 나라, 하나님 중심의 교육을 펼쳐야 할 사명이 더 커지고 있습니다.

한국교회가 부모의 인식을 변화시키고, 부모 또한 입시교육에 대한 관심을 달리 했을 때 다음세대인 자녀들은 '하나님 중심'의 세계관으로 '하나님 나라'를 이 땅에 실현할 것입니다. 해마다 되풀이되는 대학수학능력시험 시기에 교회마다 고득점을 받기를 바라는 기도회가 열립니다. 정말 중요한 것은 수능 점수 몇 점 더 올려서 더 상위권 대학에 가는 것이 아닙니다. 부모도 자녀도 행복하지 않다면 입시교육의 관점을 다시 생각해보는 건 어떨까요? 신앙적 관점에서 입시와 학벌이 어떤 의미를 지니는지 진지하게 고만해보는 시간을 가졌으면 합니다.

앎과 삶을 포괄하는
기독교인성교육

종교가 있는 사람들은 종교가 없는 사람들보다 범죄를 저지를 확률이 반 이상 낮다는 통계는 종교가 사회악을 예방하는데 얼마나 중요한가를 말해주는 지표라고 말할 수 있습니다. 어느 통계를 보니 기독교인들은 타 종교인들보다는 자살과 살인 범죄율이 낮은 것으로 나타났습니다.

기독교는 청소년 교육에서 인성교육과정과 콘텐츠 개발에 더욱 힘써야할 것입니다. 어린이와 청소년 그리고 청년들은 우리의 미래입니다. 그리고 한국교회의 미래이기도합니다. 이들의 예절과 책임감과 열정과 역사의식과 공동체의식을 회복시키는 것은 국가만 해야 하는 일이 아니라 학교와 교회와 가정이 삼위일체가 되어 한마음, 한 뜻으로 정성을 쏟아야 하는 일입니다. 이 일은 기독교인들과 기독교계의 모든 단체와 교회들에게 주어진 이 시대의 사명입니다.

인성교육에 대한 필요성은 어느 때보다도 더욱 중요하게 여겨지고 있는 상황입니다. 이에 따라 기독교계 역시 이에 대해서 관심을 가지고 준비해야 할 때입니다. 인성교육에 대한 역사는 교육의 역사만큼 긴 것이었으며, 최근에는 주로 성품교육이라는 이름으로 행해지고 있습니다. 기독교 인성교육의 기저基底에는 마음이 가난한 사람과 슬퍼하는 사람에게 위로와 힘이 되어주시는 하나님의 사랑이 있음을 일깨워주는 것에서 시작합니다. 그러므로 기독교의 인간관은 모든 인간은 하나님이 축복하시는 소중한 대상이라는 확신으로부터 시작된 것입니다.

기독교인성교육은 단순히 도덕윤리의 지식전달의 영역이어서는 안 됩니다. 또한 덕목을 지나치게 분류하는 것과 함께 덕목을 개념화하거나 명제적으로 접근하는 것을 피해야 합니다. 일반 교육의 현장에서도 인성이 윤리과목으로 독립적으로 가르쳐질 수 없다고 보고, 모든 교사는 자신이 가르치는 교과목의 내용을 토대로 인성교육을 시행할 것을 요구하고 있습니다. 마찬가지입니다. 독립된 기독교인성교육이 있는 것이 아닙니다. 어떤 교과목이든 어떤 교육이든 상관없이 자연스럽게 기독교적 덕목들이 함양되도록 해야 합니다. 인지적인 영역에서만이 아니라 정서, 의지, 행동이 망라된 그런 포괄적인 삶의 세팅에서 바른 인성교육, 기독교인성교육은 이루어져야 합니다.

기독교 인성은 인간의 윤리적 수동성으로는 될 수 없음을 분명히 합니다. 올바른 인성교육이란 외부의 개입이나 강제로 이루어지는 것이 아닙니다. 보다 신뢰에 기초한 내면적 변화의 촉구가 필요합니다. 덕목의 세분화도 고려할 사항이지만, 그보다 더 중요한 것은 통전적이고 통합적인 관점에서 추구하는 것입니다. 개별적인 도덕 덕목들은 서로 분리된 실체가 아니라 내적으로 연결되어 있습니다. 하나님의 성품 목록은 어떤 논리성에 근거한 필연적인 순서를 보이기보다는 연속적 혹은 순환적 보완을 보이는 목록이며, 믿음으로 시작하여 사랑으로 완성되는 내적 통합성을 이루고 있습니다. 따라서 어떤 덕목들을 독립적으로 구분하여 가르치려는 파편화된 인성교육이 되어서는 안 됩니다.

이를 위해 역행적이며 모순적인 인성교육의 측면을 강화할 필요가 있습니다. 예를 들면, 마음의 가난, 슬픔, 박해 등의 가치입니다. 일반적으로 이런 것들을 꺼리는 것들입니다. 누구나 부자가 되고 싶고, 기쁘고, 행복하게 살고 싶어 합니다. 그러나 나보다 남을, 공동체를 위해 스스로 가난하고, 다른 사람의 고통을 함께 슬퍼하고 의를 위해 사랑을 실천하면서 박해를 받는 것을 감내하는 것이 참된 기독교인성입니다. 절제는 성경에서 보편적으로 강조하는 요소이기도합니다. 특히 공감의 교육, 세상이 행사하는 모든 불의에 대항하는 의에 죽고 참에 사는 교육은 기독교 인성교육이 새롭게 발굴해 내야할 주제입니다. 이를 위해서는 세상을 역행하는 기독교적 인성교육에 대한 보다 전략적인 검토가 필요합니다.

세상을 거슬러 올라간다는 것은 학생, 교사, 부모, 그리고 공동체가 함께 힘을 모아도 힘든 일입니다. 기독교 인성교육의 현장에서도 마찬가지입니다. 세속적인 가치관으로 무장된 부모들이, 세속적인 가치관에 물든 교회가 어떻게 다음 세대의 인성을, 아니 기독교적 인성을 보장할 수 있을까요? 단순히 교사가 학생에게 영향력을 주는 교육만으로는 부족합니다.

교회 교육의 위기를
기회로 바꿔야합니다

우리나라의 교회교육이 심각한 위기에 직면해 있습니다. 저출산과 맞물려 교회 학교 학생수가 가파르게 줄어들고 있고, 신앙보다 학업이 더 우선시 되는 풍조가 만연해 있습니다. 우리나라는 오늘날 세계에서 그 유례를 찾아 볼 수 없을 정도로 급격하게 저출산, 고령화 사회로 변화해 가고 있습니다. 1970년 출산율이 4.53명이던 것이 1983년 2.1명으로 감소했고, 그 이후 지속적으로 하락해 1990년에는 1.6명, 2000년에는 1.47명, 그리고 2009년에는 1.15명으로 세계 최저 수준으로 감소했습니다. 이러한 수치는 OECD 평균인 1.71명에 크게 밑돌고, 선진국인 미국이 2.09명, 프랑스 2.0명, 영국 1.96명, 스웨덴 1.91명에 비교해 볼 때도 크게 낮은 수치입니다.

이러한 저출산 현상 속에서 교회교육은 어떤 모습을 지녀야 할까요? 기독교교육전문가들은 교회학교 살리기나 교회학교 부흥이라는 접근으로는 이 위기를 해결할 수 없다고 말합니다. 전통적인 '학교식' 교육 형태는 지식을 전달하는 것에 용이한 구조였지만 신앙을 형성하고 삶을 변화시키는 데에는 한계가 있습니다. 보다 본질적인 신앙교육의 개선이 요구됩니다. 그렇다면 기존의 교회학교 패러다임과는 어떤 다른 교육구조가 가능할까요? 학생 수가 적어도 적용 가능한 교회교육 구조는 무엇일까요? 저출산 현상 속에서 오히려 신앙교육의 본연의 모습을 추구할 수 있는 교회교육 패러다임의 전환을 시도할 필요가 있습니다.

많이 가르치기보다 깊은 관계를 맺어야합니다. 오늘날 청소년들은 인터넷과 스마트폰 안에서 자기만의 세계를 구축해가고 있습니다. 가정에서조차 부모와 자식 간의 대화가 상실되어 가고 있습니다. 그러나 아이들의 내면에는 진정한 사랑에 대한 갈구가 있습니다. 교회교육은 관계성을 바탕으로 청소년들의 마음을 얻고, 사랑으로 마음의 문을 열어 복음을 소개해야 합니다. 교사와 학생의 인격적인 관계야말로 '인격적인 하나님'을 알게 해주는 가장 중요한 통로입니다. 관계적 구조의 상징적인 모델로 예수와 제자들의 관계를 생각해볼 수 있습니다. 교사와 학생, 학생 상호간의 관계는 그 어떤 교육내용보다 중요한 의미를 지닙니다. 관계 자체가 교육하는 것이요, 서로가 관계 속에 있다면 아무 말을 하지 않고 바라보고만 있다고 할지라도 변화가 일어날 수 있습니다.

관계적 교육구조에는 '멘토링'을 비롯한 일일 만남 등이 있고, 토의를 강조하는 '소그룹 성경공부'와 '제자훈련', 그리고 가정과 회중 안에서 교제를 나누는 방식 등이 가능합니다. "가르침은 진리를 순종할 수 있는 공간을 창조하는 것인데, 진리는 3인칭으로 관계 밖에 사실로 존재하는 것이 아니라 나와 너의 2인칭의 관계 속에서 인격적으로 존재합니다. 교회교육에서 중요한 것은 얼마나 많은 것을 가르치느냐보다 얼마나 깊은 관계를 맺느냐입니다. 교회학교 학생 수의 감소로 인해 교회교육이 위축되거나 기독교 교육의 소명이 약해지는 것이 아니라, 소수에게 집중해 생명적인 변화를 일으키는 복음적 교회교육으로 새로워지는 계기로 삼아야 할 것입니다.

가정-교회-학교의 교육주체, 기독학부모 세우기입니다. 새로운 교회 교육은 교회와 가정의 연계를 통한 전인교육 추구를 요청하고 있습니다. '복음적 앎'이 아니라 '복음적 삶'이 형성되기 위해서는 주일 아침 공과공부만으로는 불충분합니다. 6일 동안의 삶과 연결되어야 하고 이를 위해서는 가정과 연계되어야 합니다. 교회학교가 역사상 많은 공헌을 했지만 결정적인 한계가 있는데 바로 교회와 가정의 분리입니다. 현재 대부분의 교회학교에서는 교사들에 의해서 교육이 이루어질 뿐 가정의 부모들과의 연계가 거의 이뤄지고 있지 않습니다. 점점 부모의 자녀신앙교육에 대한 사명이 약화되어가고, 교회학교는 자체의 성장에 더 큰 관심을 갖게 되고, 이로 인해 교회학교와 부모의 분리는 더 심화되어 가는 악순환의 연속이라고 할 수 있습니다.

교회와 가정을 연결하는 가장 중요한 통로는 교회에서 실시하는 부모교육입니다. 부모를 자녀교육의 책임자로 세우는 교육입니다. 부모들이 가정에서 '신앙교사'로서의 사명을 감당할 수 있도록 사명감과 목적의식, 그리고 내용과 방법을 가르치는 과정이 필요합니다. 신앙교육의 책임을 부모에게 맡겨야 합니다. 교회는 부모들이 가정에서 자녀들과 함께 사용할 수 있는 교재를 개발하여 제공하고, 주일에는 부모들과 학생들이 함께 모여 가정에서 배운 내용을 나누는 방식으로 교회 학교를 진행합니다. 교회는 '가정 같은 교회'가 되고, 가정은 '교회 같은 가정'이 되는 것입니다. 교회는 다시금 부모가 자녀교육의 주체임을 깨닫고 가정에서 부모가 먼저 자녀의 신앙을 비롯한 교육전반에 관심을 갖도록 교육해야 합니다. 기독학부모교실과 같은 프로그램을 통해 사적인 차원의 자녀 양육보다 교육 자체에 대한 공적인 책무성을 부여하는 것도 좋습니다.

기독학부모교실은 지난 2007년 영락교회를 시작으로 지금까지 거룩한빛광성교회, 분당 가나안교회, 수원성교회 등 수도권 일대와 청주 남부교회, 포항기쁨의 교회, 등 지역교회에서 활발히 운영되고 있다. 분당 샘물중학교와 광성드림학교, 쉐마학교등 대안학교에서는 기독학부모 교실 교재를 바탕으로 부모 연수를 진행하고 있습니다. 기독학부모교실을 한 뒤 매달 정기적으로 모이는 기독학부모 모임이 정착된 교회가 적지 않습니다. 기독학부모들이 교회교육에 적극적으로 동참하고 협력하면서 주일에 교회에 출석하는 아이들이 증가했다는 반응이 많았다고 합니다.

학업과 신앙의 통합으로 신앙적 교육열의 전환이 필요합니다. 잠언 1장 7절은 '여호와를 경외하는 것이 지식의 근본'이라고 기록되어 있습니다. 하지만 많은 부모들과 학생들은 '신앙'과 '학업'을 분리되어 있는 것으로 이해합니다. 신앙생활을 열심히 하면 학업에 지장이 오고, 학업에 몰두하기 위해서는 신앙을 등한시 할 수밖에 없다고 생각합니다. 그래서 심지어는 주일 아침에도 교회학교 예배에 참석하지 않고 학원에 가는 학생들이 있고, 또 그렇게 하는 것을 당연시하는 부모들이 있습니다. 신앙과 태도가 형성되지 않은 채, 학업 성적만을 올리려는 노력은 지혜롭지 못합니다. 기본이 형성되어 있지 않기 때문에 곧 무너질 수밖에 없습니다. 신앙과 학업을 연계시킬 수 있는 방안으로 기독교(대안)학교 설립과 방과후 학교, 주말학교 형태의 연계, 학업과 진로에 대한 기독교적 관점을 확립하도록 하는 단기교육 등에 교회가 적극 나서야 합니다. 대학입시까지만 보고 달리는 근시안적 입시위주의 교육을 인생 전체를 보고 넓은 시야로 나가는 '생애위주의 교육'으로 바꿔야 합니다. 자기를 정확하게 아는 것도, 직업 세계를 제대로 이해하는 것도, 진로를 계획하고 결정하는 것도 모두 그리스도 안에서 할 때 가장 정확하게 할 수 있습니다. 교회가 성경적 진로 소명 탐색 교육을 제시해야 합니다. 직업 세계에 대한 이해를 돕고 하나님이 주신 소명에 비추어 학생 스스로가 올바른 진로선택을 할 수 있도록 도와야합니다. 또한 우리 교육의 현실인 입시에 대한 바른 이해와 대처도 교육해야합니다.

신학대학원 재수 삼수는 옛말?
정원 못 채우는 학교 '수두룩'

'교육 관련 기관의 정보공개에 관한 특별법'을 따라야 하는 각 대학들은 공시정보 웹사이트 '대학알리미'에 교육여건, 연구성과, 대학재정 등 상세한 정보들을 학부모와 학생들에게 제공하고 있습니다. 여기에는 대학원과 관련된 구체적인 정보들도 올라가 있어 학교를 선택하는 참고자료로 활용되고 있습니다.

지난 2016년 '대학알리미'에 공시돼 있는 주요 신학대학원의 2013년부터 2015년까지 최근 3년치 정보를 분석해보면, 한국교회를 대표할만한 상당수 신학대학원(이하 신대원)의 경쟁률이 점차 낮아지고 있음을 알 수 있습니다. 신입생 충원율을 100% 채우지 못하는 '미달 대학원'도 여러 곳 찾을 수 있습니다.

신대원이 주력하는 부분은 목회자 양성입니다. 따라서 목회학 석사인 M.Div.를 가장 많이 모집하고 있습니다. 물론 신학적 소양을 위한 문학석사인M.A 혹은 신학석사인 Th.M도 모집합니다만 비중은 작은 편입니다.

대학알리미 신입생 입학정보를 분석한 결과 한 때 재수, 삼수를 해도 입학하기 어렵다고 정평이 났던 장로회신학대학교 신대원과 총신대학교도 지원율이 눈에 띄게 감소했습니다. 물론 타 대학에 비해서는 우위에 있었지만 이젠 3대 1을 넘기기도 어려운 실정입니다.

장로회신학대 신대원의 경우 입학정원은 300명으로 지원자 경쟁률은 2013년 3.28대 1에서 2014년 3.08대 1, 2015년 2.74대 1로 줄어들었습니다. 총신대학교 역시 지원자는 2.56대 1에서 2.31대 1로 줄었다가 2015년에는 2.45대 1로 증가했습니다만 총신대 홈페이지에 공개된 2010~2012년 사이 입시지원 경쟁률을 보면 2010년의 경우 무시험, 특별전형을 포함해 정원은 지금과 같이 393명이지만, 경쟁률은 3.35대 1에 달했습니다. 2011년에는 2.98대 1, 2012년은 2.59대 1이었다. 분명한 감소추세입니다.

학교 규모가 작지만 신학적 공신력이 높은 합동신학대학원대학교도 2013년 2.3대 1에서 이듬해 1.72대 1, 1.59대 1로 감소세를 면치 못했습니다. 그나마 다행인 것은 신입생 충원율은 100%를 넘겼습니다. 백석대 신대원은 1.71대 1에서 1.86대 1, 1.59대 1의 변화 추이를 보여, 역시 충원율은 100%를 달성했습니다. 고신대 신대원도 1.84대 1에서 1.39대 1로 지원자 경쟁률이 줄었지만, 다음해 1.59대 1로 반등했습니다.

물론 모든 신대원이 줄어드는 것은 아닙니다. 서울신학대학교의 경우는 소폭이지만 최근 3년 꾸준히 늘기도 했습니다. 2013년 1.23대 1에서 2014년 1.28대 1, 2015년 1.37대 1로 증가했습니다. 신입생 충원율도 2015년 입학자 1명이 탈락한 것을 제외하고 100% 달성했습니다. 그러나 이와 같은 통계 이면에는 모집정원 감축이 있었습니다.

한국교회 차원에서 다음세대 교회를 이끌어갈 목사 후보생들이 줄어들고 있다는 점에서는 신대원 지원자 감소는 염려되는 부분입니다. 목회자 수급조절이 필요하다는 견해가 설득력 있다 하더라도, 뛰어난 재원들이 목회 사역에 무관심해지고 있는 것은 아닌지 염려되는 대목입니다.

제가 졸업한 한신대 신대원의 경우, 최근 3년간 지원자 경쟁률은 1.1~1.3대 1이지만, 신입생 충원율은 2013년 94.7%였다가 2014년 88.2%, 급기야 2015년에는 70.6%로 큰 폭으로 감소했습니다. 10명을 모집했는데, 7명만 입학한 셈입니다. 더구나 2014년과 2015년은 2013년도에 비해 입학정원을 95명에서 85명으로 10명을 줄였다는 점에서 더 충격적입니다. 제가 지난 1997년 입학할 때는 그래도 2대 1로 수험생의 각오로 입시공부를 한 것을 생각하면 안타깝습니다. 이처럼 통계에서 확인되는 바가 한신대 소속교단인 기장총회 안팎에서 한신대 변화의 필요성이 꾸준히 제기되는 이유이기도 합니다.

순복음 계열의 한세대 영산신학대학원은 정원감축 폭이 다른 학교보다 컸습니다. 2013년 150명에서 2014년에는 147명, 2015년에는 105명으로 크게 줄였습니다. 지원자 경쟁률은 2013년 1.43대 1에서 2014년 0.95대 1로 1:1 경쟁률도 되지 않았습니다. 정원을 크게 줄인 2015년에는 127명이 응시해 1.20대 1 경쟁률을 보였습니다. 신입생 충원율은 98%에서 72.8%로 대폭 감소했다가 2015년에는 93.3% 비율을 보였습니다.

예장 통합과 합동 등 주요 교단들은 각 지방에도 여러 곳의 인준신학대학교를 두고 있습니다. 이들 신학대학교들도 상당한 역사를 자랑하고 있고, 지역 내에 역량 있는 목회자들을 다수 배출해왔다는 점에서 거점의 역할을 분명히 해왔습니다. 하지만 과거부터 계속돼온 신학대학교 통합 논의들이 최근 들어 더 힘을 얻을 정도로 학교 운영에 어려움을 겪고 있습니다. 특히 학생 모집이 쉽지 않다고 지방신학대 총장들은 호소합니다. 예장 통합의 경우 7개 인준신학대학교 통합 필요성이 지속적으로 제기되는 것도 이러한 이유 때문입니다.

지방 신학대학교들의 어려움을 살펴보기 위해, 한국교회 초기, 호남선교 발원지 역할을 했고 지금도 높은 복음화율을 자랑하는 광주의 두 신학교를 비교해봅니다. 통합총회가 인준하고 있는 호남신학대학교 신대원의 경우, 지원자 경쟁률은 1대 1을 조금 넘기는 수준이었으며, 신입생 충원율은 3년 연속 100%에 미치지 못했습니다. 2013~2014년은 100%에 가까웠지만, 지난해에는 85%로 하락했습니다. 합동총회가 인준하고 있는 광신대학교 신대원은 2013년 지원자 경쟁률이 1.2대 1이었지만, 최근 2년 연속 0.9대 1 전후 수준에서 미달됐습니다. 신입생 충원율도 92.5%에서 80%로 다시 75%로 낮아졌습니다. 다른 지방신학대학교의 경우 학교와 지역 여건에 따라 더 경쟁력을 보이거나 덜할 수는 있지만 현재와 같은 분위기라면 상황은 더 난감해질 것이 분명해 보입니다.

학생 정원을 채우기 어려운 것은 거의 모든 지방 신학대학교의 고민입니다. 교육부의 대학구조개혁 평가를 받지 않는 방식으로 정부 지원금을 포기하는 학교들도 있습니다. 물론 신대원 학생 모집이 어렵지 않던 시절에도 정원 감축과 학교 통합 논의는 있어 왔습니다. 이는 목회자 수급조절을 위한 방안이었습니다. 하지만 신대원 지원자들은 분명하게 줄어들고 있어, 인위적인 구조조정을 해야 하는지 아니면 20~30년 미래를 위해 사명자 양성을 체계적으로 시작해야 할 것인지 선택해야할 시점입니다.

이미 최근 수년 동안 한국교회 주요 교단 안에서는 신대원에 진학하려는 학생들이 줄어들고 있어 대책 필요성이 꾸준히 제기돼 왔습니다. 지방 신학대학원 통폐합 문제가 교단 현안이 된 지도 오래입니다. 하지만 고양이 목에 방울달기와 같이 어려운 문제에 말만 무성할 뿐입니다. 1960~70년대에는 담임목사가 없어 한 명의 목회자가 여러 교회를 맡아야 할 정도였습니다. 폭발적 부흥성장기를 거치는 과정에서 사역자로 헌신한 청년들은 넘쳐났습니다. 최근 10여 년 전까지만 해도 주요 신대원은 재수 삼수를 해야 들어갈 수 있을 정도였습니다. 이제는 사정이 다릅니다. 이유가 무엇일까요?

신학대학원 가운데 가장 입시 경쟁률이 높은 학교 중 한 곳인 총신대학교 신대원 입시개선위원회는 2013년 충격적인 설문조사 결과를 발표한 적이 있습니다. 당시에도 신대원 응시자들이 줄어들고 있는 현상에 대응방안을 마련하기 위해 신대원생 전체를 대상으로 실시한 설문조사였습니다.

그런데 설문 중 '최근 총신 신대원 응시생이 감소한 이유'를 묻는 질문에 무려 응답자의 50.1%가 '교단 지도자들의 실추된 모습 때문'이라고 답했습니다. 또 '주변에서 총신 신대원을 고려하다가 타 신학교로 진학한 이유'에 대한 항목에서도 응답자 1211명 중 688명인 56.8%가 '합동 교단 지도자 실추' 때문이라고 답했습니다.

2013년 당시 총신대의 교단인 대한예수교장로회 합동총회는 핵심 교단 지도부 인사와 관련해 내홍이 상당했고, 교회 지도자들에 대한 불신은 예상보다 훨씬 컸습니다. 이는 총신 신대원만의 문제만은 분명 아닙니다. 기독교계의 대사회적 신뢰도 하락에 대한 지적이 끊임없이 재기되고 있고, 통계자료가 아니더라도 일상에서 그 현상은 확인되고 있습니다. 일부에서 말하는 반기독교 세력의 동향 때문이라고만 하기에는 무리가 있어 보입니다.

특히 한국교회 지도자, 목회자들에 대한 윤리회복을 사회가 걱정할 정도가 되다보니 젊은 세대들이 교회사역, 목회 비전에 관심이 떠날 수밖에 없습니다. 신대원 지원자가 줄어드는 것은 지금 한국교회 전반적인 상황과 관계가 있습니다. 특히 젊은이들이 한국교회의 미래를 밝게 보지 않으며 목회를 하겠다는 의지를 보이지 않고 있습니다. 목회자를 단순히 영광의 길이라고만 여기는 지원자가 줄고 더 헌신되고 준비된 사람들이 신대원에 진학할 수 있는 점도 기대할 수 있지만, 그렇다고 양질의 학생들이 더 많이 입학하게 될 것이라고 장담할 수는 없는 현실입니다.

공교육이나 일반 대학과 달리, 신대원 지원자 감소 현상을 출산율 감소라는 자연적 영향 요소 때문이라고 보기는 아직 이릅니다. 신대원은 현장 사역을 기꺼이 감당하겠다는 것은 헌신이 더 강하게 작용해야 하는 진학이기 때문입니다. 하지만 장기적으로 볼 때는 출산율 감소도 영향 요소가 될 것은 분명합니다. 그럼에도 한국교회 안에 다음세대가 줄어들고 있다는 사실은 주목해서 살펴봐야 합니다. 특히 최근 10년 전후를 기점으로 교회학교 내 청소년들이 급격히 줄어들고 있습니다. 신대원의 미래가 결코 밝지 않음을 보여주는 대표적 현상입니다.

어느 기독교계 언론사의 조사에 의하면, 신대원 응답자의 31.3%가 고등학생 때 신학 공부를 결심했다고 답했습니다. 10명 중 3명이나 될 정도로 많습니다. 초등학생 때라고 답한 신대원생도 9%에 달했으며, 8.7%는 중학생, 4.7%는 '재수할 때'라고 답했습니다. 다시 말해 절반 가까이가 청소년기에 신대원 진학을 결심했다는 것입니다. 이밖에 대학생 때는 16%, 대학 졸업 후 15.7%, 직장생활 중 6.3%, 군복무 중 4.7% 등이었습니다. 신대원 재학생들에게서 나온 이와 같은 반응을 볼 때, 한국교회와 신대원은 청소년 감소현성에 대해 시급히 대책을 마련해야 할 것입니다. 더욱이 신대원 경쟁력 감소는 학교만의 문제가 아니라 교회 전체가 고민해야 할 문제입니다.

신대원 지원자 감소의 또 다른 원인으로 최근 자주 언급되고 있는 것은 신대원생들이 졸업을 해도 마땅히 찾아갈 임지가 없다는 점입니다. 일반 대학생들처럼 신대원생들의 진로 문제도 마땅치 않습니다.

목회 사역자의 진로를 단순히 취업률로만 평가할 수 없지만 참고할 수는 있습니다. 예장통합 교단지 한국기독공보의 보도에 따르면, 장신대

신대원(신학과) 취업률은 2011년 89.87%, 2012년 92.5%에 달했지만, 2015년에는 65.57%에 그치며 크게 감소했습니다. 졸업생들이 실제 느끼는 취업률은 더 낮다는 점에서 미래 불안감은 커질 수밖에 없습니다. 신대원 지망생들도 이 점을 고려하지 않을 수 없어 보입니다.

신대원 졸업생들이 다양한 분야로 진출할 수 있도록 융복합 학문시대를 계획해보는 것도 하나의 방법일 것입니다. 교회에만 지나치게 의존하기보다 여러 영역에서 자신의 역량을 발휘할 수 있는 전문분야를 접목하는 것도 방안입니다. 당장에 닥친 신대원 위기는 학교 존폐로까지 이어질 수 있다는 점에서 대책이 요구됩니다. 더욱이 최근 교육부는 대학구조조정평가를 바탕으로 학교를 줄이려는 정책을 전개하고 있습니다. 교육부의 일방적인 기준을 신학대학교에 적용하기에는 무리가 있다고 반발할 수 있지만, 지금과 같은 분위기라면 구조조정의 칼날을 피하기 어려운 실정입니다.

청소년들이 교회를 떠나는 환경에서 신대원 감소는 당연합니다. 정원 감축과 같은 구조적인 변화도 이야기돼야 하겠지만, 중요한 것은 청소년들이 교회에 돌아오도록 하는 것입니다. 신대원 안팎에서 정치하는 교단 목사들 때문에 이미지가 훼손되고 있습니다. 목사들의 윤리적 회복운동 또한 중요합니다. 또한 신대원 졸업생들의 진로를 위해, 교단과 노회가 시스템을 가지고 목회자의 부임과 처우, 복지 등을 위해 노력하는 모습이 신대원 지망생들이 학교를 더 긍정적으로 바라보게 하는 일이기도 합니다.

인문학의 위기에 따른
기독교인문학의 과제

──────────────────────────── 기업의 최고경영자들 사이에
선 인문학이 '신新 귀족 학문'으로 부상하고 있습니다. 한 학기 거액의
수강료가 요구되는 인문학 강좌나 인문답사여행에 이른바 사회 상류층
들이 줄을 섭니다. 이는 2000년대 후반 세계적인 경기 불황 속에서 창의
성의 원천으로서 인문학의 중요성이 강조되면서 인문학이 상류층들이
영위해야만 할 기본 소양이라고 여겨지기 때문입니다. 그러다보니 각
대학마다 교정에서 심심치 않게 플랜카드나 홍보지에 인문학 강좌와
'BOOK콘서트', '인문주간'과 같은 각종 인문학 행사를 찾아볼 수 있습니
다. 저명한 인문학 강사의 인문학 강좌 및 공연에는 수많은 사람이 몰립
니다. 또한 관련 서적은 베스트셀러에 오를 만큼 많이 팔립니다. 기업들
은 신입사원 채용에서 인문학적 소양을 갖춘 인재를 선호한다고 밝히고
있고 각종 사회단체에서도 마치 유행처럼 인문학 강좌가 열리고 있고
방송매체에서는 앞 다투어 인문학 인기 강사의 토크콘서트와 강좌를 내
보내고 있습니다.
　　그런데 인문학의 근간이라고 할 수 있는 대학의 인문학 관련 전공은

메말라 가고 있습니다. 현재 대학 인문학의 현실은 '인문학 열풍'에 비교해 차갑게 식어가고 있습니다. 이는 국가 정책에 따른 이유가 큽니다. 국가는 나라경제가 어렵기에 즉각적으로 활용가능하고 실용적인 지식이 유용하다고 여겨 이에 대한 학문은 적극 지원하고 반대로 그렇지 않은 학문은 축소해나간다는 방침입니다. 2015년 1월 26일 최경환 경제부총리 겸 기획재정부 장관이 홍익대학교 앞 맥주 집에서 열린 학생간담회 자리에서 "사회에 공대가 많이 필요한데 대학에 문과가 많은 것이 문제"라고 지적했습니다. 이어서 황우여 교육부 장관 겸 부총리는 2015년 1월 이를 분명히 하면서 국가가 산업계 수요에 따라 인문계열 정원을 축소하고 이공계열 정원을 늘리는 대학에 대규모 재정 지원하고 있습니다. 이에 따라 진리를 탐구하는 대학이 취업사관학교로 전락하고 있는 실정입니다. 이에 대해 여러 대학의 총학생회가 공동으로 기자회견을 열고 산업 중심 정원조정 선도대학 계획을 철회하라고 요구하기도 하였습니다. 이들은 "산업 중심 정원조정 선도대학 계획은 대학의 역할을 경제적 수요로 한정한 편협한 관점"이라며 "교육의 근본적 기능을 망각한 것"이라고 비판하면서 대학평가와 구조조정은 대학사회를 획일화해 대학생들의 사고방식을 경직시킬 것이고 대학생들이 취업기계나 산업시장의 상품이 되면 안 될 것이라고 지적했습니다. 이에 대해 황 부총리는 정보기술 분야는 사람이 없어 외국에서 데려오는데 사범대 졸업생 2만 3천 명 중 실제로 임용되는 숫자는 4600명이라며 우리나라에 독어독문학과가 49개 있는데 졸업하고 취업하는 학생이 얼마나 되느냐고 지적하면서 산업 중심 정원조정 선도대학으로 선발된 대학들에 3년 동안 7500억 원을 지원해나가고 있습니다. 정부 조직의 두 축인 양 총리가 동일한 인식을 보여주고 있는 셈입니다.

　이처럼 국가가 막대한 재정지원을 미끼로 대학 계열별 정원을 조정하도록 압박을 넣는 것이 옳지 않다는 지적도 나오고 있습니다. 그렇지 않아도 지방대학을 중심으로 인문사회계열 학과통폐합이 진행되고 있는데 이런 상황을 가속화해 인문학 기반을 고사시킬 수도 있다는 우려입니다. 2014년 폐과된 학과 137개 가운데 인문계열 학과는 41개로 전체의 29.9%를 차지했습니다. 2010년 인문계열 학과 폐과 비중이 11.7%였던 것에 비해 크게 늘어나 인문계열 학과가 갈수록 빠르게 사라지고 있습니다. 사회계열이 전체 폐과의 25.9%로 인문계열 다음으로 비중이 높았습니다. 전체 폐과 가운데 인문 계열과 사회계열이 절반 이상을 차지했습니다. 대학 인문학은 2000년 이후부터 대두되었던 학과 통·폐합의 희생양이 되었습니다. 인문학 관련 학과가 폐과, 통·폐합을 겪는 대학은 취업률, 학생 충원율, 전임교원확보율, 교육비환원율 등의 자본주의적 잣대 앞에서는 속수무책이었습니다. 인문학과 같은 순수학문의 구조조정이 대학의 본질적 가치인 학문의 균형발전보다는 시장경제의 중요한 가치인 '효율성', '선택과 집중'으로 대학을 평가하고 있습니다.

대학 인문학이 점점 설 곳을 잃고 있는 상황에서 전 세계적으로 불고 있는 '인문학 열풍'을 타고 대학 인문학을 새롭게 접근하려는 움직임도 나오고 있습니다. 이는 앞서 이야기한 이른바 '신新 귀족 학문'으로서의 인문학입니다. 대표적인 예로 2007년 9월에 개설된 서울대 최고지도자 인문학과정AFP이 있습니다. 서울대 최고지도자 인문학과정은 기업 최고 경영자와 고위 공무원, 국회의원, 전문직 고위 인사를 대상으로 한 인문학 프로그램입니다. 주로 서울대 인문대학 교수들이 강사로 나서는 이 프로그램은 재직증명서와 자기소개서를 내야 하는 것은 물론이고 중소업체나 비상장기업의 경우 최근 2년간의 기업 결산서나 감사보고서를 제출해야 할 정도로 모집 과정이 엄격합니다. 하지만 이렇게 까다로운 조건에서도 지원자는 항상 문전성시를 이룹니다.

이러한 인문학에 대해 모든 시민을 위한 교양이 아닌 돈 많은 특권층이나, 사회 상류층만 누릴 수 있는 호사품으로 변질되고 있다는 우려의 목소리 또한 나오고 있습니다. 이는 상층 계급은 더 고급스러운, 고전적인, 고가의, 권위 있는 취향을 향유함으로써 다른 계급과의 '구별 짓기'를 시도하는 것으로 볼 수 있습니다. 인문학이 그 수단 중 하나로 변질된 것입니다.

또한 인문학이 순수 학문으로 향유되는 것이 아니라 경영학의 하위 학문으로 도구화되기도 합니다. 이윤 극대화를 추구하는 기업에서 경영 아이디어를 얻기 위해 인문학을 공부하는 것은 인문학의 도구화일 뿐입니다. 인문학은 인간을 위한 학문입니다. 따라서 기업체 임직원들을 대상으로 한 인문학 강좌는 궁극적으로는 성과를 내기 위한 수단이라는 점에 있어 인문학의 본질과는 거리가 멉니다.

인문학의 모범이 돼야 할 대학의 형편이 이렇다 보니 인문학을 접해보지 못한 취업준비생인문학의 본래의 목적과는 다른 변질된 인문학을 하나의 '스펙 가꾸기'처럼 학습하고 있습니다. 최근 주요 대기업들이 '스펙보다는 인문학적 소양을 갖춘 인재를 원한다'고 밝혔기 때문입니다. '순수 학문'으로써의 인문학은 퇴보하고 학생들은 스펙을 위해 핵심 내용이 요약된 인문서를 찾고 있는 것이 현재 인문학의 현실입니다.

점점 열악해지는 인문학의 '뿌리'인 대학 인문학과 인문학을 다시 한 번 부활시키기 위한 열풍몰이에서 비롯된 '신新 귀족 학문' 으로서의 인문학, 경영학의 하위개념이나 스펙 쌓기로 전락한 요점정리식 인문학 등 모순된 상황으로 변질되어 버린 인문학을 우리는 어떻게 봐야할 것인가요?

오늘 우리 시대는 이데올로기적 도식주의 사회 현실이 지나갔지만 이 시대에 맞는 새로운 세계관 정립이 원활하게 이루어지지 않았습니다.

좌우익 모두 구체적 대안이 없습니다. 포스트모더니즘 역시 분석주의적 나열의 한계에 머뭅니다. 흔히 인문학을 통해 창의적인 인재로 거듭날 수 있다고 말합니다. 창의적인 사고는 깊은 사유를 통해 길러지기 때문입니다. 창의성이란 한 가지 사물을 보더라도 다른 시각으로 볼 수 있는 능력입니다. 인문학이 변질 되어가는 상황에도 우리가 진정한 인문학을 배워야만 하는 이유는 삶의 여유와 진지함과 지속적인 사유를 길러갈 수 있기 때문입니다. 오늘날 다양한 학문에 대한 지식과 안목을 갖추고 '통섭의 능력이 있는 지식인'을 요구하는 시대 상황입니다.

그렇다면 오늘 이 시대에 기독교 세계관에 따른 진정한 인문학적 접근법은 무엇일까요? 물질문명 시대에도 '사람 존중, 생명 존중, 공동체 정신'을 우선시하는 기독교의 입장은 우리 사회에 만연한 인문학의 침체에 대해 해결과 극복의 방향을 제시할 수 있습니다. 사람의 근본적 실체는 물질 이상의 존재입니다. 사람의 가치는 무엇을 가졌느냐가 아니라 어떤 사람이냐 하는 데에 있습니다. 기독교 인문학은 전인적 인격의 함양을 지향하고, 사회 공동체의 전체가 선의와 자족에 이르게 되기를 환기시킵니다. 기독교는 근본적으로 정치권력도 창조주로부터 오며, 정치는 공동선을 통해 하나님 나라 완성에 이바지해야 한다고 봅니다. 이를 위해서는 공동선의 토대인 도덕적 힘이 정치와 경제의 기준이 되어야합니다.

자본주의적 세계화는 공정한 국제 교역관계가 전제되어야 하는데, 거꾸로 선 가치 질서를 시정하는 길은 다만 정신과 인격의 쇄신에 있을 뿐입니다. 중요하고 시급한 것은 도구의 발달보다는 인격의 진보입니다. 이제는 이데올로기나 행동의 진보가 아니라 인격의 진보가 필요한 단계입니다. 인문학은 사람 존중, 정신의 우위성, 민족문화 자산, 보편적 가치를 함께 아우를 수 있기에 위기를 극복할 수 있습니다. 이를 위해서 기독교 인문학 종사자들 자신이 대중을 교양할 수 있는 내용으로 몇 배의 왕성한 작업성과를 사회에 제공하는 일이 필요합니다. 이에는 대학의 틀도 중요하지만 이를 넘어서는 대중 속으로 파고드는 노력이 요구됩니다.

최근 노숙인 인문학 교육이나 저소득층 청소년에게 인문학교육을 하는 방식도 주목을 끕니다. 이들에게 당장의 먹을거리를 제공하는 구제를 넘어서서 삶의 궁극적인 의미를 찾아주는 깊이는 즉각적인 성과를 넘어서는 진정한 의미의 사랑입니다. 이들로 하여금 삶의 동력이 되게 하여 비록 어려운 생활조건에서도 의연하고 당당하며, 자존심을 가지고 다른 사람을 존중하며 자신의 한 번뿐인 삶을 아름답게 살아가리라는 희망의 꽃을 피우게 하는 것이 바로 기독교 인문학을 토대로 한 기독교사회복지입니다.

기독교문학의
시대적 사명

우리가 사는 세상은 물질적 풍요를 구가하는 시대입니다. 이에 따라 생활의 편리는 그 어떤 시대보다 좋아졌습니다. 그러나 많은 이들이 우려하는 것처럼 정신적으로는 성숙하지 못하여 비인간적인 세태가 사회곳곳에서 발생하여 우리를 슬프게 합니다. 우리의 삶의 전반에 스며든 비인간적인 생명파괴는 어제 오늘의 일이 아닙니다. 예술도 비인간적인 자본의 수단으로 전락하고 상품화된 지 오래입니다. 그러다보니 글 쓰는 직업을 희망하는 학생들도 오랜 세월 우리의 심금心琴을 울리며 감동을 주는 시와 소설과 같은 문학가가 되기보다는 방송구성작가나 드라마작가나 시나리오작가나 광고카피라이터가 더욱 각광받고 있습니다. 이러다보니 대학에서도 순수문학교육보다는 실용적인 글쓰기교육을 주로 합니다.

이런 시대에 굳이 기독교문학을 이야기해야할까요? 별로 관심도 없고 돈도 되지 않고 영향력도 작습니다. 이미 구시대의 골동품처럼 취급되고 있는 문학 그것도 기독교 세계관으로 제한한 문학을 말입니다. 이 물음은 기독교문학을 하는 모든 이들에게 끊임없이 물어져야합니다. 도대체 왜? 해야 하는지를 요?

그 대답은 사명감입니다. 해도 되고 안 해도 되는 게 아니라 반드시 해야만 하는 사명이 있습니다. 기독교문학가는 하나님을 믿고 예수 그리스도의 십자가의 고난으로 구원받음을 확신하면서 살아가는 사람들입니다. 이 크신 사랑에 감사하고 감격하면서 이를 우리에게 주신 언어로 기도하면서 표현하면서 살아갑니다. 하나님은 찬양과 영광 받으시기에 합당하신 분이시고 이를 즐겨하십니다. 기독교문학가 가진 작은 재능은 다른 사람보다 조금 더 세상을 주의 깊게 바라보고 따뜻하게 바라보는 감수성입니다. 그리고 이를 표현하려는 아름다운 욕구입니다. 기독교문학은 하나님을 찬양하는 기도를 문학으로 형상화하고, 혼탁한 세상에 참된 빛이 무엇인지를 일깨워주는 예술입니다. 기독교문학은 우리의 신앙고백이요, 기도요, 신앙의 결단입니다.

기독교문학가는 세속에 살면서 때 묻지 않은 맑고 고운 영혼의 울림으로 글을 써야합니다. 그래서 우리 자신의 힐링과 치유는 물론 우리 신앙인들에게 위로와 힘을 주고 비신앙인들에게도 하나님의 위대하심과 사랑을 전해야합니다. 이 사명을 잘 감당하려면 우리는 늘 하나님과 함께하는 사귐이 있어야 합니다. 하나님이 주시는 영감이 기독교문학의 시작이요, 핵심입니다. 그러므로 더 기도하고 더 찬양하고 더 말씀에 굳게 서야 합니다. 기독교문학가는 문학적 소양을 쌓고 열정을 쏟아부어야 합니다. 판소리하는 이들이 득음을 위해 목이 터져라 폭포수 아래에서 소리를 하듯 우리는 쓰고 또 써야합니다. 지금 우리 사회에 읽을거리가 없어서 기독교문학이 필요한 것이 아닙니다. 읽을거리는 넘쳐납니다. 마치 홍수처럼 쏟아져 나오는 책들과 정보들에 우리 기독교문학이 의미가 있으려면 우리만의 빛깔과 향기와 매력이 있어야합니다. 그렇게 되면 기독교문학은 신자나 비신자 모두에게 사랑받게 될 것입니다. 제가 가르치는 중학교 국어교과서에 나오는 박두진, 윤동주 등 기독교시인들의 시는 기독교정신이 깊이 담겨 있음에도 오랜 세월 사랑받습니다. 그 이유는 이들의 시가 그 깊이를 가늠하기 어려울 정도로 매력적이기 때문입니다. 그러기에 우리에게 필요한 말씀입니다. 마태복음 10장 16절입니다. "보라 내가 너희를 보냄이 양을 이리 가운데로 보냄과 같도다 그러므로 너희는 뱀 같이 지혜롭고 비둘기 같이 순결하라" 이 구절처럼 뱀같이 지혜롭고 비둘기같이 순결해야합니다. 이는 기독교문학이라는 세속의 도구를 뱀같이 지혜롭게 활용해야함을 말합니다. 이는 기독교문학가의 믿음이 비둘기같이 순결해야함보다 더 중요합니다. 그 이유는 순결함은 지키는 것이지만 지혜로움은 실행해야하는 것이기에 더 적극적이고 어렵기 때문입니다. 기독교문학가는 하나님께 지혜를 간절히 구해야합니다. 하나님이 주신 지혜로 하나님의 말씀이 육신으로 드러났듯이 문학에 기독교세계관이 드러나게 해야 합니다. 직접적으로, 즉각적으로 드러내는 글은 문학적인 매력이 없습니다. 은근한 맛과 멋이 절묘하게 드러나야 감동을 줍니다. 이를 위해서 기독교문학은 끊임없는 기도와 독서와 습작과 창작물을 내놓아야합니다. 이 작업을 혼자가 아니라 여럿이 함께 하면 참 좋습니다. 합력하여 선을 이루기를 바라시는 하나님은 두 세람이 예수 그리스도의 이름으로 모인 곳에 함께하십니다. 서로 기도하고 위로하고 격려하며 함께 이 사명을 감당해나가기를 소망합니다.

2

청소년을 위한
교회교육

위기청소년을 위한
교회의 과제

여러분은 길거리의 담배피우는 청소년을 마주친다면 어떻게 하시겠습니까? 머리는 노란색, 팔뚝에는 커다란 문신이 그려져 있습니다. 여러분은 어떻게 반응할 것인가요? 야단을 치거나, 모른 척 하거나, 눈살을 찌푸리시겠지요? 그러나 이들이야말로 놓쳐서는 안 될 소중한 다음세대입니다. 여기저기서 '다음세대를 놓치면 더 이상 한국교회에 봄날은 없다'고 말들은 하지만 위기청소년에 대한 대책과 열정을 찾아보기 어렵습니다.

위기청소년은 학교와 가정에 있지 못하는 청소년들입니다. 조금만 깊이 생각해보면 위기청소년들은 한국교회의 아픔이기도 합니다. 청소년들이 교회에 오면 교회가 시끄러워진다며 이들을 외면하는 경우가 많습니다. 하지만, 한국교회가 다시 회복되고 살 수 있는 기회가 바로 '다음세대다'라고 생각한다면 그럴 수 없습니다. 대학만 가도 기독교신앙을 전할 수 있는 기회는 쉽지 않습니다. 타 종교에서도 이단에서도 이 청소년들을 포기한 채 방치하고 있습니다.

위기청소년들이 발생하게 된 이유는 가장 중요한 요인은 가정에 있습니다. '위기'라는 것은 곧 방치입니다. 부모가 생계에 바쁘다보니 위기청소년이 시간과 관계 속에서 방치되는 것입니다. 가정이 무너지면 위기청소년들이 갈 곳을 잃게 됩니다. 좋지 않은 문화에 노출되고 건강하지 않은 환경에 물들 수밖에 없습니다. 위기청소년들은 가정에서 충족되지 못한 욕구로 인해 가정 밖에서 '가정의 모형'을 찾기를 원합니다. 그것이 바로 '가출팸'이 탄생하게 된 이유입니다. 이들의 관계는 단순한 우정을 뛰어넘는 '가정의 유대감'을 가지게 됩니다. 그런데 문제는 청소년들이 모이다 보니 방향성을 상실하게 되고, 또래라는 한계로 인해 구체적인 도움을 얻지 못합니다.

만약 우리 교회가 이들에게 가정의 역할을 해 줄 수 있다면, 많은 위기청소년들이 비정상적인 상황에서 벗어날 수 있을 것입니다. 가정에서 풍성한 사랑을 받고 자란 청소년들이 아니기에 그로 인한 아픔이 위기청소년이 된 이유이기에 우리 교회가 이들의 가정이 되면 어떨까 싶은 생각입니다.

기독교신앙인들은 하나님을 아버지라 부르고 스스로를 자녀라고 말합니다. 그런데 과연 기독교신앙인이 교회 안으로 들어온 위기 청소년들까지도 정말 하나님의 자녀라고 인식하고 있는지에 대해서는 진지하게 물음을 가져 보아야 합니다. 교회의 부모들 입장에서는 자녀가 위기청소년들과 함께 있는 모습을 보니 불편함을 느낄 것입니다. 하지만 기억해야 할 것은 신앙공동체는 '같이 함께' 하는 공간이라는 사실입니다. 정말 기독교인이라면 구별보다는 어떻게 조화를 이룰 수 있을 지에 대해 고민해 보아야 합니다. 송아지가 태어나는 외양간은 원래 더러운 곳입니다. 생명이 태어나는 과정에서 피가 흐르는 것은 당연합니다. 교회도 마찬가지입니다. 생명에 집중해야 합니다. 이 생명이 바로 이 청소년들입니다.

한국교회는 위기청소년들을 선교 대상으로 삼고, '땅 끝'이라는 생각으로 재정을 아낌없이 쏟아부어야합니다. 그렇게 하다 보면 변화되지 않을 것만 같던 청소년들이 점점 변화될 것입니다. 한국교회가 청소년들의 외적인 모습에 겁먹지 말고, 청소년들 안에 고운 마음을 믿고 씨앗을 심어가야 합니다. 껄렁껄렁한 청소년들이 교회에서 무리지어 다니면서 자유롭게 행동하다 보면, 교회에 장년층의 발걸음이 줄어들 수도 있습니다. 이 청소년들은 물론 욕설을 섞어가며 과격하게 말하지만, 청소년들 안에는 놀라운 가능성이 있고, 흡수력이 있습니다.

한국교회는 열매의 기준을 '교회에 등록 했는가'로 판단하고, 가시적인 열매가 눈에 드러나길 기대합니다. 하지만 다음세대 일은 멀리 보고, 지속적으로 투자해야 하는 일입니다. 그 위기청소년들이 성인이 됐을 때 비로소 효과를 볼 수 있을지도 모르고, 어쩌면 영영 열매를 보지 못할 수도 있습니다. 그럼에도 이 일은 죽어가는 영혼을 살리기 위한 교회의 책임이기 때문에 외면해서는 안 됩니다.

지금 다음세대가 메말라간다고 하는데 정작 교회에서는 위기청소년들을 외면합니다. 위기청소년들을 받아줄 수 있다면 다음세대는 결코 무너지지 않습니다. 위기청소년들은 무서운 괴물이 아닙니다.

위기청소년 관련 일에서 중요한 것은 '관계'입니다. 청소년들은 '선과 악'을 구분하기보다 '친하다와 친하지 않다'로 구별합니다. 그렇기 때문에 청소년들과 자주 만나야 하고, 그러려면 재정이 필요합니다. 성경이나 설교 이전에, 먹이고 재워 주어야 합니다.

교회에서는 청소년들의 이야기를 들어줄 사람이 필요합니다. 청소년들의 이야기를 들으며 울어줄 사람들이 필요합니다. 청소년들이 등을 보이지만, 참고 인내하며 사랑한다면서 기다려주고 껴안아줄 수 있어야 합니다. 위기청소년들을 향한 애통함을 가진 교회, 목사가 있어야 합니다. 교회는 충분히 부모의 역할을 할 수 있습니다. 한국교회가 그런 부담감을 가지고 위기청소년 사역을 지원해나가기를 간절히 소망해봅니다.

청소년을 위한 교회교육

교회가 어떤 곳인지 알고 있고, 예수가 누구인지는 알지만 도대체 믿음이 생겨나질 않는다는 청소년들이 많습니다. 이와 함께 교회는 다니지만 '부모의 권유로' 할 수 없이 나가는 아이들까지 아직 교회가 전도하고 양육해야할 많은 영혼들이 많이 있습니다. 이미 교회학교 학생의 감소는 수치를 통해 현실로 나타나고 있음에도 교육에 대한 교회의 관심과 열정은 미온적인 상황입니다.

그런데 이보다 더 심각한 문제가 있습니다. 사회가 온통 '자본'의 논리에 집중하면서 교육까지 '성공주의'로 흐르고 있습니다. 가정에서도, 학교에서도, 교회에서도 일단 청소년기에는 "공부가 중요하다"는 입장을 굽히지 않습니다. 성적-입시-취업으로 이어지는 악순환 속에서 정작 중요한 꿈은 펼쳐보지도 못하고 있습니다. 청소년들의 현실은 어둡고 암담하기만 합니다.

그 어둠 속에서 허우적거리는 청소년들에겐 '왜 살아야 하는가'와 '어떻게 살아야 하는가'에 대한 해답이 필요합니다. 그들은 지금, 누군가가 말해주길 원하며 들을 자세를 갖추고 있습니다. 과연 교회는 그들에게 무엇을 들려줄 것인가요? 가정은 지금 신앙의 관점을 명확히 자녀에게 물려주고 있기는 한 것일까요? 이 질문에 대한 적극적인 해답이 필요합니다.

청소년을 위한 교회의 일은 무척 단순합니다. 교회 예배와 교회공부, 그리고 여름과 겨울에 진행되는 수련회가 전부입니다. 교회예배의 풍경 또한 긍정적으로 바라보기 어렵습니다. 승용차를 이용해 원거리 교회를 다니는 현대 신자들의 삶 속에 청소년들도 속해 있다 보니, 주일 아침 부모를 따라 교회에 나와서 예배를 드리고 부모가 돌아가는 시간에 맞춰 교회를 빠져 나갑니다. 공동체 안에 속해 있다기보다, 주일 교회생활의 의무만 다할 뿐입니다. 청소년들이 목사의 설교와 예배에 힘을 얻는다고 답할 수밖에 없는 이유도 여기에 있습니다. 그들이 의지할 별다른 프로그램을 교회는 적극적으로 개발하지 못하고 있는 현실입니다.

기독 청소년들이 교회에서 예배 이외에 참여하는 활동은 찬양대(성가대)나 찬양단, 악기나 춤 등 찬양하는 일과 관련된 활동이 대부분이었습니다. 그렇다면 기독 청소년들이 원하는 교회 프로그램에는 어떤 것이 있을까요? 많은 기독 청소년들이 '취미생활(특기적성 프로그램)'을 1순위로 꼽았습니다. 그리고 '장학금 지원'과 같은 실질적인 도움을 원합니다. 눈길을 끄는 응답으로 진로 상담을, 고민 상담을, 신앙 상담을 해주었으면 좋겠다고 합니다.

고등학생의 경우 부모의 동의하에 시간을 가질 수 있는 유일한 공간이 교회이기 때문에 취미활동 등 여유 시간을 갖고자 하는 것으로 보이며, 이런 점에서 교회는 청소년들에게 복합적인 공간으로 다가가야 합니다. 진로와 신앙, 고민 등 상담에 대한 요구가 많은 것을 볼 때, 구체적인 교회의 대책이 시급합니다. 전문적인 상담과 익명성의 보장, 교사와 목사의 기본적인 상담 소양 등이 필요합니다.

청소년들을 사로잡는 프로그램을 개발하지 못한 교회교육의 문제는 그들의 미래에 고스란히 투영됩니다. 단순히 일주일에 한 번 예배만 드리고 끝나는 신앙으로 복잡 다양한 세속에서 어떻게 바른 가치관을 갖고 살 수 있을까요?

학교 현장에서는 중학교 1학년부터 '진로'를 체험할 수 있는 교육을 실시하고 있습니다. 아직 어떠한 평가를 내리기 어려운 초기 단계지만 국가는 진로상담교사 확충과 학부모 진로 코치 육성 등을 내세우며, 미래를 직접 선택할 수 있는 길을 열어 놓고 있습니다. 그러나 교회는 이러한 진로에 대해 얼마나 관심을 가지고 교육하고 있을까요? 이에 대한 진지한 논의와 프로그램이 요구되는 시점입니다. 주 5일제에 따라 토요학교나 교회교육에서 청소년의 진로탐색과 진로심리검사와 체험 프로그램을 개발해나가야 합니다.

교회에서 아무리 신앙교육을 잘 시켜도 청소년들이 일주일 내내 생활하는 가정에서 신앙교육이 적절히 이루어지지 않는다면 모두 헛수고가 될 우려가 있습니다. 청소년들이 신앙생활에 있어 가장 많은 영향을 받는 곳이 가정이고, 또 부모님이지만 가정에서는 신앙교육은 전무한 실정입니다. 기독 청소년의 대부분이 이른바 태아기부터 신앙생활을 한 모태신앙입니다. 가족이나 친척의 전도로 교회에 다니는 경우는 생각보다 많지 않습니다. 교회에 다니는 이유도 '가족이 다녀서'가 많습니다. 가족 공동체가 신앙공동체로 이어지고 있는 것입니다. 그중에서도 어머니의 신앙적 영향력은 아버지와 비교할 수 없을 정도로 컸습니다. 그러나 한국 교회가 장년 중심의 목회에 집중하고 있음에도 그들의 신앙이 자녀들의 신앙교육으로 이어지도록 유도하는 역할은 상당히 부족해 보입니다.

교회에서 말씀을 열심히 가르치고, 성경적으로 사고하는 방법을 나눈다고 해도 가장 큰 영향력을 행사하는 부모가 물질적 세계관에 집착한다면 교회에서 받은 교육은 모두 헛것이 되고 맙니다. 우리나라 교인들이 신앙과 삶이 괴리되는 이원론적 행태를 보이고 있고, 이것이 자녀교육에서도 그대로 드러납니다. 즉, 교회에서 가르치는 이론들이 가정에서도 동일하게 전해져야 하며, 이를 위해서는 교회 안에서 부모교육이 반드시 선행되어야 합니다.

자녀의 신앙은 가정이 모판입니다. 지금부터라도 교회가 중심이 되어 어머니가 얼마나 소중한 존재인지 여성의 정체성을 일깨우고 자녀들에게 좋은 영향력을 끼쳐 자녀들이 마땅히 가야 할 길을 알려주는 것도 좋습니다. '좋은 어머니'란 건강하고, 경건한 자녀로 양육하는 것임을 가르치는 사람입니다. 어머니들이 추구하는 가치관이 정말로 성경적인지 체크해보고 바른 가치관을 갖도록 교회가 도와야 합니다.

교회교육의 위기는 이미 1990년대부터 시작됐습니다. 교회학교 감소 곡선을 외면한 한국 교회는 당장 10년 뒤 미래를 걱정해야 할 처지에 놓였습니다. 이대로라면 부모의 영향력이 감소하는 청년기, 교회를 떠나는 이들을 잡을 방법이 없습니다. 기독교 교단에서는 교회학교를 책임질 전문 사역자들을 양성하고 그들에게 보다 중요한 사명을 맡겨야 하며, 교회에서는 가정과 교회가 함께 하는 신앙교육에 나서야 합니다.

자녀들을 기독교 정신으로 양육하는 것은 교회학교와 교사들만의 역할이 아니라 온 교회와 전 세대가 함께 힘을 모아야 하는 일입니다. 교회는 온 세대가 함께 할 수 있는 신앙의 장을 마련하여 부모와 자녀가 서로 성장할 수 있는 기회를 갖도록 하고, 가정의 신앙교육을 위한 콘텐츠와 방향성을 제시해야 합니다.

청소년들의 삶과
신앙을 잇는
교사의 중요성

────────────────── 교회학교 청소년 사역을 흔
히 '마라톤 경주'에 비유하곤 합니다. 시간을 두고 큰 그림의 전략을 짜
야 하고, 고른 숨고르기와 일정한 보폭으로 청소년들과 함께 충분히 뛸
수 있어야 하기 때문입니다. 중간에 지쳐도 포기하지 않고 마지막까지
힘 있게 달릴 때 비로소 그 결실을 맺을 수 있는 것도 청소년 사역과
마라톤의 공통점입니다. 그렇다고 무작정 인내하고 노력한다고 해서 성
공을 거둘 수 있는 사역도 아닙니다. 교회 울타리를 넘어 청소년들의
삶 속에서 함께하는 신앙교육이 일어나야 합니다. 그래서 청소년 사역의
최전선을 맡고 있는 교사들의 역량이 무엇보다 중요합니다. 교사들이
청소년들의 신앙교육과 비전을 키워가는 마중물 역할을 제대로 할 때,
한국 교회의 생명력 있는 변화도 가능합니다.

　교회에서 유독 기피하는 사역. 보이지 않는 곳에서 식당일과 청소 등
허드렛일을 도맡아 하는 봉사도 많지만 그중에서도 선뜻 나서기를 꺼려
하는 사역이 바로 '교사직'입니다. 확실한 재능이나 비전이 있지 않는
이상 쉬이 자처하지 않는, 그렇다고 아무나에게 맡길 수 없는 사역이

바로 교회학교 교사입니다.

'중2병', '고3 상전'이란 말이 있을 정도로, 이 시대를 사는 우리나라 청소년들은 관심을 필요로 합니다. 어디로 튈지 모르는 청소년들인 만큼, 이들을 위한 교회, 특히 청소년부서 교사들의 고민은 깊어집니다. 또 청소년 사역이라는 것이 단순히 열심히 한다고 해서 단시일 내 가시적 성과를 보여주기 어렵기 때문에, 칭찬을 듣기도 어렵습니다. 교사들의 인내와 꾸준한 돌봄이 없으면 사역은 쉽게 무너집니다. 이런 어려움 때문에, 일 년을 채우지 못하고 교사직을 내려놓는 경우도 많습니다. 결국 정체성을 정립하는 과도기에 있는 청소년들이 혼란을 겪게 되는 것은 불가피합니다.

이러한 문제 때문일까요? 실제 청소년들의 신앙생활에 교사가 미치는 영향도 매우 적은 것으로 확인됐습니다. 지난 2014년 기독교연합신문사가 청소년 1000명을 대상으로 '신앙생활에 가장 큰 영향을 주는 사람'을 조사한 결과, 불과 응답자의 2.8%만이 '교회학교 선생님'이라고 답했습니다. '학교 친구·선후배'라고 답한 5.2%에 절반 밖에 되지 않는 수치입니다. '어머니'(47.2%)라는 응답이 가장 높았던 것과 비교해 볼 때도, 교사들이 청소년들에게 미치는 정도는 현저히 낮은 것을 알 수 있었습니다.

청소년들의 전인적인 신앙교육을 위한 교사 수도 매우 부족한 실정입니다. 농촌 교회와 도시 미자립 교회의 경우는 더욱 심각합니다. 교회학교가 없는 경우 남아있는 청소년들마저 방치되는 것은 아닌지 걱정스럽습니다.

교사들이 주중에는 청소년들과 소통하지 않는 경우도 많습니다. 여러 가지 이유가 있겠지만, 꾸준한 돌봄이 필요한 청소년들의 특성을 고려되지 않는 것 같아 아쉽습니다. 결국 이러한 방식의 교육이 지속될 경우

청소년들이 교회를 멀리하게 되거나 삶과 신앙이 이원화될까 염려됩니다.

물론 청소년들을 살리는 교회학교 교육은 비단 교사들의 노력만으로는 한계가 있습니다. 청소년들의 신앙 교육을 위해 시간과 돈을 아낌없이 투자하고 기도하는 헌신된 교사들도 있지만 막상 어디서부터 손을 써야 할지 막막합니다. 이러한 현실의 벽을 넘어서기 위해서는 충분한 교사교육과 교회 차원의 제도적 지원이 매우 중요합니다. 교회-교사의 연계가 활발히 이뤄지고 다양한 프로그램이 뒷받침 될 때 교사가 가진 역량을 백배 활용할 수 있기 때문입니다.

교사들이 청소년들과 오래 관계를 지속하는 경우가 많을수록 좋은데, 실제 대다수는 그렇지 못합니다. 교사를 그만두는 경우도 많고, 맡게 되는 학년도 매해 바뀌면서 학생과 교사가 끈끈한 관계를 맺기에 한계가 있습니다. 게다가 주일에만, 그것도 길어야 20분 정도의 제한된 공과공부 시간에만 만나는 교육 현장에서 제대로 된 신앙교육은 그야말로 그림의 떡과 같습니다.

교회교육 전문가들은 무엇보다 교사들이 학생들의 삶 속에 깊이 관여해야 한다고 말합니다. 성경 지식에서 그치는 신앙교육이 아니라 성경대로 살 수 있도록 전인적인 신앙 교육이 이뤄져야 합니다. 물량 선교에 매몰되지 말고 교사들이 청소년들의 신앙문제와 삶의 고민을 들어줘야 합니다.

청소년들은 이전 세대에 비해서 물질적인 부족함이 없는 세대입니다. 치열한 입시경쟁, 성적 지상주의에 내몰리며 대화할 상대가 부족하고 영적 갈급함을 채우지 못하는 청소년들의 필요에 교회학교 교사들이 주목할 필요가 있습니다. 보다 구체적으로 청소년들의 현실 속 문제에 교회와 교사들이 얼마나 민감하게 대응하고 있는지도 돌아봐야 할 부분입니다.

교회가 막연한 교육보다는 전문적인 상담과 교육을 통해 청소년들에게 삶의 방향과 구체적인 직업 선택의 기준을 제시해주는 것도 필요합니다. 이를 가장 잘 실천할 수 있는 것은 교사들입니다. 더 이상 추상적 신앙만을 강조할 것이 아니라 삶 속에서 신앙을, 신앙 속에 삶을 고민할 수 있도록 돕는 교사의 역할이 중요합니다. 그렇게 할 때에 청소년들이 신앙 정체성에 바탕을 둔 비전을 세우며, 인격과 성품을 바르게 키워나갈 수 있습니다.

하나의 방안으로 '국제청소년성취포상제'*도 생각해볼 일입니다. 이 제도는 일선 교회의 청소년들이 봉사활동, 자기계발, 신체활동, 탐험활동 영역에서 개인 성취 목표를 달성하면 포상하는 제도로, 전 세계에서 142개국에서 시행되고 있습니다. 교회의 성취 활동을 통해 청소년들에게 실질적인 도움을 주는 선교 모델로 여겨지고 있습니다.

교사들의 자질 향상과 교사 수의 부족 문제에 대해 한국 교회가 고민하기 시작한 것은 다행스런 일입니다. 농촌지역 교회 내 청소년 학생들을 위한 교사 부족 현실을 해소하기 위해 교회들간 통합 교육시스템을 마련하려는 노력들이 늘고 있습니다. 참여가 아쉽지만 교회와 노회와 기독교단체에서 교사 재교육이 지속되고 있는 것도 다행입니다. 이제 기독교대학이나 신학대학에서 목사 양성만이 아니라 교사들을 위한 교육을 위한 다양한 프로그램을 개발하고 진행해나가면 좋을 것 같습니다. 필요하다면 교회교육연구소 등에서 교회로 찾아가는 교육이나 온라인을 통한 강좌로 교회와 소통하고 함께하는 것도 좋을 것 같습니다. 고인

---

* 국제청소년성취포상제는 만 14세~24세 청소년들을 대상으로 4가지 활동영역 (봉사, 자기개발, 신체단련, 탐험활동)에서 자기주도적 활동을 통해 잠재력을 개발하고 꿈을 찾아갈 수 있도록 도와주는 자기성장 프로그램으로 금은동장을 성취에 따라 수여합니다.

물은 썩기 마련입니다. 교회학교 교사들이 끊임없이 재충전할 수 있도록 교육적인 뒷받침을 해주는 것도 필요합니다.

무엇보다 교사들이 무기력한 모습을 극복하고 더욱 열정적인 자세로 청소년 교육이 임하려는 것이 가장 중요합니다. 단순한 교육 방법론이나 신앙 연륜이 쌓이면 하는 교사로는 안 됩니다. 이를 뒷받침하기 위한 열정 있는 교사를 길러내는 것도 중요합니다. 오늘날 청소년들은 물질적으로는 풍요롭지만, 정서적, 신앙적으로는 위태로운 현장에 살고 있습니다. 교사는 무엇보다 목양적인 마음과 자세를 가진 인도자가 되려는 교사들의 자세가 중요합니다.

청소년과 소통하는
청년교사의 강점

요즘 젊음의 상징, 혹은 남성의 상징은 단연 씩스 팩Six packs입니다. 배 위에 새겨진 여섯 개의 올록볼록한 복근은 강한 남성의 힘을 보여주는 듯합니다. 그래서 요즘의 연기자들은 씩스 팩을 만드느라 전력을 다하기도 합니다. 흔히 교회의 청년들을 가리켜 '교회의 허리'라고 부릅니다. 교회의 청년 세대는 연령적으로 어린이와 성인의 중간에 위치해 있기 때문에 중간기적 정체성을 가지고 있습니다. 또한 허리는 신체에서 하체와 상체를 연결하는 중요한 역할과 기능을 감당하고 있습니다. 축구에서도 보면 흔히 미들 필드를 장악하는 팀이 절대적인 우위를 점한다고 말하곤 합니다. 링커의 역할이 바로 공격과 수비를 연결하는 역할을 합니다. 링커들은 공격을 할 때는 공격수들에게 득점을 하기에 좋도록 공을 전달해 주는 역할을 하고 또한 수비를 할 때는 미들 필드를 압박함으로 상대의 공격을 차단하곤 합니다. 이러한 링커의 역할이 교회의 청년들에게도 동일하게 적용되고 있습니다.

교회의 교회학교 사역에서 가장 중요한 역할을 하는 사역자들이 교사들입니다. 물론 교사들을 조직하고 운영하는 것은 교회학교 목사들의 몫입니다. 그럼에도 교회학교 사역의 핵심은 아이들을 최일선에서 접촉하며 가르치는 교회학교 교사들이라고 해도 지나친 말이 아닙니다. 그런데 이 교회학교 교사의 대부분을 청년들이 감당하고 있습니다. 어떤 대형 교회에는 청년들이 2천 명 가량 되는데 그 중에서 800여 명이 교회학교 교사로 봉사하고 있다고 합니다. 이처럼 교회의 교회학교 사역의 절대적인 역할을 청년들이 감당하고 있습니다.

이처럼 교회들이 교회학교 일의 활성화 측면에서 보더라도 당연히 청년들의 중요성을 실감하게 됩니다. 물론 교회학교 교사로 봉사하는 이들이 청년들 외에도 장년으로서 탁월하고 충성스럽게 감당하는 이들이 많이 있습니다. 그것은 참으로 다행한 일입니다. 그럼에도 교회학교 교사로서 요구되는 기본 조건 중에는 아이들과 공감하고 세대 간의 갭(차이)을 줄일 수 있는 요인이 매우 중요합니다. 청년들은 장년들에 비해서 상대적으로 연령적인 면에서 교회의 어린이, 청소년들과 훨씬 더 잘 어울리고 그들을 이해하며 잘 도와줄 수 있는 가능성이 높습니다. 물론 청년들이 어린이나 청소년 사역을 잘 할 수 있는 잠재력이 크다고 해도 여전히 장년 교사들의 도움과 참여는 필수적입니다. 교사들의 연령별 비율로 본다면 60-70% 정도를 청년 교사로, 30-40% 정도를 장년 교사로 구성하는 것이 이상적인 교회학교 교사 비율일 것으로 보입니다. 이런 측면에서 잘 교육되고 준비된 청년 교사들은 교회학교 일의 열매에 결정적인 역할을 한다고 볼 수 있습니다.

교회학교, 특별히 중·고등부 일에 있어서는 청년 교사들의 청소년들에 대한 롤 모델적인 부분에서 매우 중요한 위치를 차지합니다. 흔히 청소년 교육에서 역사적으로 위대했던 인물들에 대해서 소개하면서 롤 모델의 긍정성을 기대하곤 합니다. 그러나 그러한 역사적 인물들의 롤 모델적인 역할이 상당한 영향을 미치지만 현존하고 함께 교제하는 청년 교사들의 롤 모델적 영향력은 청소년들에게 매우 크다고 할 수 있습니다. 저도 교회 고등부 시절에 그 당시에 대학생이었던 선생님의 도움과 격려가 교회에서 정착하고 성장하는데 매우 중요한 역할을 했습니다. 이제 자라서 사십대 중반을 넘고 목사가 된 지금도 그 때의 기억과 가르침과 사귐이 생생하게 기억나고 연락을 주고받곤 합니다. 따지고 보면 나이 차이가 별로 나지 않으니 형이라고 해도 되지만 지금도 선생님으로 부르면서 지내고 있습니다.

교회 청소년들의 가장 중요한 필요가 육체적 성장시기의 단계적인 면에서와 영적인 면에서 공히 정체성이라고 말할 수 있습니다. 이런 면에서 자신들의 성장 단계에서 한 두 단계 앞서 있는, 자신들처럼 가장 최근에 정체성으로 인해 고민하면서 정체성을 찾은 청년 교사들을 통하여 큰 도움을 얻을 가능성이 높습니다.

또한 청소년들에게 청년 교사들은 곧 다가올 자신들의 미래의 표상들입니다. 청소년들은 대학생들에 대한 표상이 필요하며 더 나아가 직업적 표상도 매우 중요합니다. 그런가 하면 이러한 것이 어우러진 신앙의 표상은 더더욱 중요한 필요입니다. 청소년들에게 장년들이 표상으로서 역할을 하기엔 좀 먼 감이 있습니다. 그러나 자신들 보다 한, 두 단계 앞서가는 청년 교사들의 영향력은 매우 큽니다. 그럼으로 교회에서 자기 정체성이 확실하며 하나님 나라를 향한 비전이 확신한 청년들을 교사로 많이 세우는 것은 교회의 청소년 교육에 있어서 매우 중요한 요소임이 분명합니다.

교회와 교사가
함께 만들어 가는
공과공부 시간

교회학교에서 청소년 공과공부가 위기 상황을 맞고 있습니다. 어느 설문조사 결과를 보니, 상당수 청소년들이 출석 중인 교회에서 공과공부에 참여하고 있지 않는 것으로 조사되었습니다. 교회에 출석하는 청소년들 가운데, 현재 교회에서 공과공부를 '하고 있다'는 응답자는 53.2%였습니다. 바꿔 말하면 절반에 가까운 수가 공과공부를 하지 않고 있다는 충격적인 결과가 나온 것입니다. 다행히도 청소년의 70%는 교회학교 공과공부가 신앙생활 성장에 도움이 된다고 응답하는 긍정적인 답변을 내놓았습니다. 대다수의 청소년들이 공과공부의 효과를 인정하고는 있지만, 많은 교회가 신앙이 성장할 수 있는 터전으로서 공과공부 시간을 마련해주지 못하고 있는 것은 아닌지 우려스럽습니다.

공과시간이 활성화되어야 청소년이 삽니다. 신앙교육이 부족할 경우 믿음이 제대로 뿌리내리기 어렵습니다. 대학에 들어가고 성인이 되면 신앙이 뿌리내리지 못한 청소년들은 교회를 떠날 가능성이 매우 높습니다. 교회 학교에서 학년이 높아질수록 그 수가 줄어드는 것도 이런 이유일 수 있습니다. 교회 규모에 따른 교사 수급 양극화도 심각합니다. 미자립 교회와 농어촌 교회는 교사가 부족해 공과공부는 불가능에 가깝습니다. 주일예배를 잘 드리는 것으로도 신앙교육에 큰 문제가 되지 않을 것이라는 견해가 있지만 이는 공과공부의 중요성을 가볍게 본 것입니다. 교회교육 전문가들은 청소년기 신앙교육의 부재는 삶에서 신앙을 잃게 만들고 정체된 믿음을 갖게 할 수 있다고 지적합니다. 공과공부는 기독교적 지식이나 성경의 내용을 전달하는 것 이상입니다. 특히 교사들을 통해 직접적으로 인격적인 관계가 형성되고, 다양한 사회문제나 세계에 대한 이야기들도 담깁니다. 공과공부가 없어진다는 것은 바로 이러한 것들의 상실과 같습니다. 그런 의미에서 공과공부의 모습에서 한국교회, 특히 교회학교의 위기를 논하는 것이 결코 지나치지 않을 것입니다.

교사의 책임이 아닌 모두의 책임입니다. 공과공부 시간에 질 높은 교육이 이뤄지고 있는가도 짚어봐야 할 대목입니다. 대개 공과공부에 많은 시간을 투자하지 않고 소모임(그룹)정도로 여기며 친교나 교제로 시간을 보내는 교회도 많습니다. 더욱이 일주일 중 하루, 그것도 한 시간 안팎으로 끝나버리는 청소년 예배에서 신앙교육의 현실은 더욱 암담합니다. 예배시간이 짧을수록 공과공부가 차지하는 비중은 더욱 낮을 수밖에 없기 때문입니다. 위의 설문조사에서 공과공부에 '불만족한다'고 응답한 학생들에게 그 이유를 다시 물었습니다. '교회활동에 대한 강요'가 22.5%로 가장 높았지만, '교육준비가 미흡해서'가 20.3%, '우리가 가지고 있는 고민에 관심이 없어서'가 16.3%가 나온 것도 눈여겨볼 필요가 있습니다.

청소년 신앙교육이라는 막중한 책임이 떠넘겨진 교회학교 교사들의 어깨는 더욱 무겁기만 합니다. 공과공부 시간에 교사들의 역할이 가장 중요하지만, 이를 위한 체계적인 학습 체계는 부족한 현실입니다. 자칫 이벤트성 프로그램에 매몰되는 경우도 많습니다. 이제는 단순한 교사들의 헌신과 믿음으로 청소년들을 교육하기에는 한계에 이르렀습니다. 삶에 믿음을 접목할 수 있는 교육이 없이는 혼란한 세상에서 신앙적 가치관을 지키기 어렵습니다. 여기서 주지해야 할 사실은 청소년 교회교육은 교사와 교회, 교단이 함께하는 교육이어야 한다는 것입니다. 교사들은 학생들을 가르치고, 교회와 교단은 교육방향과 좋은 교재, 올바른 프로그램을 제공해야 합니다. 여기에서 우리는 공과공부를 위해 어떤 교재를 활용할 것인가에 대한 질문에 도달하게 됩니다.

공과공부 교육 교재가 중요합니다. 많은 교단들은 소속 교단에서 나온 공과교재를 사용하기 어려워하거나 번거롭게 여깁니다. QT교재와 같은 묵상집을 많이 활용하는 것도 이 같은 이유 때문입니다. 하지만 묵상집은 성경 교육교재와는 분명히 차원이 다른 접근이라는 점에서 한계가 있습니다. 공과교재를 활용하지 않는 것은 교회교육자들의 우월적 의식이나 교육의 연속성을 가볍게 여기기 때문입니다. 깊이가 얕은 교육으로는 청소년들의 삶 전반을 뒤흔들 영향력을 가질 수 없습니다. 일선 교회와 교사들의 입장에서는 공과교재를 꺼리는 이유도 분명합니다. 많아야 20분 정도에 교재 내용을 다 가르칠 수 없다는 물리적 한계가 가장 큰 이유입니다. 묵상집을 사용하는 것도 청소년들과 삶을 나눌 수 있는 통로가 되기 때문에 도움이 되는 점도 있습니다. 실제 교단에서 발행한 교재들을 보면, 대여섯 쪽 분량을 교육하도록 돼 있지만 성경을 읽고 교사가 교육하고 질의응답을 하고 적용을 나누기까지 하기에는 시간이 턱없이 부족합니다. 교사들의 고충도 이해되는 대목입니다. 그래서 어느 교회의 경우는 아예 설교시간에 공과교재를 다루고 분반 시간에 나눔을 하는 경우도 있습니다. 이런 어려움 속에서도 반복되는 이야기는 결국 교회학교 내 공과공부만으로는 한계가 있다는 것입니다. 위축된 분반

공부에 대한 패러다임이 바뀌어야 합니다. 교사들이 짧은 시간에 효과적인 교육으로는 부족하다는 점을 인식하고 교회학교 교육에 연계된 부모 신앙교육과 교역자들의 지속적인 관심이 필요합니다.

교단별 개선 노력이 필요합니다. 청소년들이 신앙 안에서 바르게 클 수 있도록 돕는 내실 있는 공과공부는 좋은 교재에서 시작된다고 해도 지나친 말이 아닙니다. 단순한 교사의 역량을 넘어 기본적인 학습체계가 갖춰져 있을 때 공과공부의 효과는 더욱 커질 수 있습니다. 그런 면에서 각 교단들도 공과교재 변화를 위해 많은 노력을 기울이고 있습니다. 보기 쉬운 디자인 측면도 강화해 학생들이 지루해하지 않도록 해야 합니다. 공과를 주제에 따라 다양한 활동들이 가능하도록 해서 청소년들의 흥미와 오감을 충족시킬 수 있는 개발도 필요합니다. 다음세대를 양육하기 위해서 교사의 역량도 중요하지만 교재와 프로그램을 통한 교단 차원의 뒷받침도 중요합니다.

청소년 신앙교육, 시급합니다

치열한 입시경쟁이 아이들의 시간을 빼앗고, TV와 인터넷, 스마트폰은 끊임없이 자극적인 콘텐츠들이 쏟아내 아이들의 이목을 사로잡습니다. 신앙생활은 아이들에게 부차적인 문제가 돼버렸습니다. 스스로 성경을 읽지 않고, 하나님을 찾지 않는 아이들을 한국 교회의 주역으로 길러내려면 어떻게 해야 할까요? 교회가 해야 하는 역할은 무엇일까요? 솔루션 마련이 시급합니다.

어느 조사결과를 보니, 청소년 10명중 7명이 일주일 동안 성경을 거의 읽지 않거나 '전혀 읽지 않는다' 고 답했다고 합니다. 매일 규칙적으로 성경을 읽는다는 응답은 9%에 불과했습니다. 희망적인 것은 설문에 참여한 청소년 56%가 성경을 '삶의 지침이자 하나님의 말씀'으로 인식하고 있다는 점이었습니다. 그럼에도 청소년들이 '삶의 지침'인 성경을 읽지 않는 이유는 무엇일까요? 성경을 읽지 않는 이유는 크게 세 가지로 분석되었습니다. 첫째는 성경이 어렵다는 것입니다. 성경의 내용 자체가 어려워서 읽어도 무슨 얘기인지 모르는 경우가 많습니다. "레위기나 예언서의 경우는 학생들이 접근하기조차 어려운 경우가 많다"는 게 현장 사역자들의 공통된 의견입니다. 둘째는 학생들의 바쁜 스케줄입니다. 입시 경쟁이 치열하다보니 성경읽기는 공부에 우선순위가 밀릴 수밖에 없습니다. 공부를 하지 않는 여가시간에도 학생들은 스마트폰이나 인터넷을 하기 바쁘지 성경을 읽지 않습니다. 셋째는 '하나님과의 관계 부족, 학생들 개개인이 하나님과의 관계가 연결이 안 되다 보니 말씀에 대한 갈증도 없는 것입니다. 근본적으로 하나님과 관계가 형성되지 않은 경우가 많기 때문에 자발적인 신앙생활이 되지 않는 것입니다.

성경읽기, 방학과 주말을 적극 활용하는 방안입니다. 그렇다면 교회가 청소년들을 자발적인 신앙인으로 양육하려면 어떻게 교육해야할까요? 방학을 잘 활용하는 것이 청소년 신앙교육의 관건이라고 강조했습니다. 특히 성경 통독에 있어서 방학은 절호의 기회입니다. 2박 3일 통독프로그램도 있기는 하지만 성경의 맥을 읽는다는 측면에서 40일 통독프로그램을 권장했습니다. 통독반은 소그룹으로 주말에 진행하고 주중에 읽을 분량을 정해 읽기표를 체크해, 성실한 참가자에게는 시상도 합니다. 성경통독을 한다고 처음부터 모든 내용 이해하기는 힘들지만 학생 스스로 성경읽기의 중요성을 인식하도록 하는 것이 좋습니다.

방학 중 교회학교가 실시하는 신앙교육으로 수련회 역시 **빼놓을** 수 없습니다. 3년 단위로 수련회 기간 성경과 관련해 집중 교육을 실시하는 프로그램을 개발했습니다. 수련회에서 창세기 하나만 가지고 수련회를 진행했다면 이번에는 민수기, 다음에는 여호수아를 집중적으로 배우는 식입니다. 창세기의 내용을 가지고 콩트를 만든다던지, 레위기에 나오는 성막을 직접 관찰할 수 있게 한다면 성경에 대한 아이들의 이해의 폭을 크게 높여줄 수 있기 때문에 수련회 이후 성경읽기에 큰 도움이 됩니다. 체험 이후 적절한 수준의 퀴즈를 통해 배운 내용을 다시 상기시키는 것도 바람직합니다.

눈높이를 맞춰야합니다. 어느 교회 교육관에는 언제나 만화성경이 비치되어 있습니다. 성경을 가르치는 것이 신앙생활의 시작인데, 만화성경은 성경을 읽지 않는 청소년들에게 매우 효과적입니다. 성경에 대한 지식이 늘어나면서 설교를 듣는 태도가 크게 바뀌는 것을 느꼈습니다. 어떤 아이들은 만화 성경을 10독, 20독씩 하기도 할 만큼 인기입니다. 만화성경을 선택할 때 철저한 고증을 거쳤는지, 그리고 요즘 아이들이 좋아할만한 그림체로 그려졌는지를 중점적으로 살펴보아야합니다. 만화 성경을 읽은 다음에는 성경 읽기로 이어지도록 교사와 학부모가 징검다리 역할을 해줄 필요가 있습니다.

또한 시중에 나와 있는 쉬운 문체의 성경이 좋습니다. 쉬운성경(아가페출판사)과 우리말성경(두란노), 현대인의 성경(리빙바이블 한국어판, 생명의말씀사), 현대어성경(성서원) 등 비교적 이해하기 쉬운 문체로 구성된 성경을 이용하는 것도 또 다른 방안입니다. 기존의 성경이 어렵다는 인식은 주로 단어와 문체가 어렵다는 것에서 옵니다. 쉬운 문체의 성경은 학생들이 접근하기 좋습니다. 배가 고프면 고플수록 밥이 맛있는 것과 같이 아이들이 성경을 읽고 싶은 이유를 만들어주는 것이 중요합니다. 하지만 성경만 본다고 옳은 신앙을 갖는 것은 아니며, 교회공동체에서의 예배와 나눔, 선교, 봉사 등의 균형을 잡아 주는 것도 성숙한 신앙인이 되도록 돕는 방법일 것입니다.

어른들이 기도의 모범을 보여줘야 합니다. 기도 역시 성경 읽기 못지 않게 신앙생활에서 빠질 수 없는 주축입니다. 그럼에도 10명 중 7명은 기도를 '생각 날 때마다 하거나 거의 하지 않는 것'으로 나타나 기도의 중요성에 대한 교육과 습관의 필요성이 대두되었습니다. 기도하는 환경 속에 아이들을 자주 노출 시켜야 합니다. 목회자와 교사들이 먼저 기도하는 모습을 보여주고 끈기 있게 기도하는 방법을 가르친다면, 아이들의 기도생활도 한층 성장할 수 있을 것입니다.

특히 신앙생활에 지대한 영향을 끼치는 가정과의 연계도 중요합니다. 몇몇 교회들이 실시하고 있는 '자녀와 함께하는 금요철야 기도회' 나 '자녀와 함께하는 새벽기도' 등의 프로그램을 적극 활용하고, 가정예배 확산을 위한 노력을 기울여야 합니다. 교회학교를 아이들 신앙교육의 전문기관으로 생각해서 가정이 관여를 안 해도 알아서 아이들 신앙교육을 해줄 것을 바라고 있는데 이는 바람직하지 않습니다. 신앙교육에는 부모의 역할이 교회 못지않게 중요합니다. 그러므로 아이들이 가정에서 부모와 함께 할 수 있는 프로그램을 제시하는 것 또한 교회의 역할입니다.

청소년 신앙교육을
고민할 때입니다

─────────────────────── 어른들은 변하기가 어렵지만 청소년들은 신체나 생각이 변화하는 가운데 있기 때문에 변화 자체에 익숙합니다. 청소년기는 신앙을 받아들이기에 가장 적합한 시기입니다. 돈을 많이 들여도 변하기 어려운 데 투자하기보다 가능성 있는 데 투자해야 하지 않겠습니까? 어른들을 위한 투자를 줄이고 청소년들을 위해 단 한번이라도 크게 투자해야 합니다.

청소년 일은 관계가 관건입니다. 담당자와 청소년들 간의 마음의 벽이 무너지지 않고서는 아무것도 할 수 없습니다. 아이들은 자신과 같이 뒹굴고 놀던 사람이 가르치면 절대 졸지 않습니다. 아이들과 놀기 싫다면 가르치지도 말아야 합니다. 관계 형성이 안 된 담당자나 교사의 가르침을 아이들은 들으려하지 않습니다.

예배와 기도를 통해서 청소년들은 진정으로 새롭게 변할 수 있습니다. 프로그램도 예배에서 청소년들이 변하기 위해 필요한 것이지 결코 프로그램이 목적이 아닙니다. 예배와 기도를 통해서 하나님 만나는 경험이 없이는 어떠한 구원의 역사도 치유의 역사도 일어나지 않습니다.

잘못을 지적한다고 해서 청소년들이 변하는 경우는 드뭅니다. 청소년들은 자신들이 무엇을 잘못하고 있는지를 스스로 잘 알고 있습니다. 아이들의 잘잘못을 따지고 가르치려고 하기보다 그들의 아픔을 어루만지고 기쁨을 함께 나누어야합니다. 그렇게 할 때 자신의 잘못을 깨닫고 돌이키게 됩니다. 교회에 열심히 나오는 아이들만 데리고 일한다면 그 일에는 아무런 힘이 없을 것입니다. 이른바 문제아를 변화시키는 것이 능력 있는 청소년 일입니다. 교회는 방황하는 청소년들이 마음 놓고 드나드는 곳이 되어야 합니다. 교회는 청소년들의 모습만 보고 거부할 것이 아니라 그들을 수용하고 받아들이는데 적극적이어야 합니다. 담당자와 교사는 청소년들이 자신들을 통해 예수를 만날 수 있게 해야 합니다. 청소년들은 눈에 보이지 않는 예수를 대신할 수 있는 모델이 필요합니다. 그 모델을 바로 담당자와 교사가 담당해야 합니다.

청소년들을 가르치기 전에 담당자가 먼저 하나님을 만나야 합니다. 하나님을 만난 경험으로 아이들에게 전해야 합니다. 뜨거운 가슴이 없는 담당자가 아이들을 가르치면 아이들의 변화는 기대할 수 없습니다. 담당자가 먼저 예배와 말씀과 기도를 즐겨하고 하나님을 만난 체험으로 아이들에게 전해야 합니다.

청소년을 위한 프로그램을 개발하고 투자하는 일은 귀한 일입니다. 그러나 그러한 프로그램만으로는 청소년들은 변하지 않습니다. 청소년들은 자신들이 보고 배울 수 있는, 모델이 되는 사람의 삶과 관계를 통하여 변화될 수 있습니다. 그리고 그 사람이 전하는 예수를 받아들이게 됩니다. 자신과 관계가 없는 사람이 전하는 예수는 받아들이기 힘들 것입니다.

담당자들은 아이들을 찾아가야 합니다. 예수도 하늘에서 사람들을 만나기 위해 이 낮고 낮은 땅으로 내려오셨습니다. 아이들이 있는 곳으로

가야합니다. 학교로, 학원으로, PC방으로, 극장으로, 당구장으로 부지런히 찾아다녀야 합니다. 청소년이 있는 현장을 누비는 부지런한 담당자가 되어야 합니다.

청소년 사역에는 많은 어려움이 있습니다. 계속해서 가르쳐야 하며 일어섰다 싶은 아이들도 돌아보면 다시 쓰러져있는 경우가 많습니다. 그러므로 청소년 관련 일의 열쇠는 인내에 있습니다. 청소년들을 보면서 끝까지 참고 견디면서 묵묵히 씨를 뿌리는 일을 해야 합니다. 심지 않으면 열매도 없습니다. 예수와 청소년 사이를 잇는 담당자가 되어야 합니다.

형식화된 예배는 식상하기 쉽습니다. 가끔씩은 정형화된 틀을 벗어나 찬양을 더 오래하거나 말씀 대신 다른 방법으로 은혜를 끼칠 수도 있습니다. 청소년의 예배는 역동적이고 청소년의 필요에 민감해야합니다.

이 시대는 청소년들이 흥미로워야할 것들이 많습니다. 너무나 재미있는 것들이 많은데 교회에는 그런 것들이 없습니다. 청소년 일에 있어서 "재미"는 매우 중요합니다. 일상생활과 너무나 동떨어진, 재미없는 프로그램들로는 청소년들을 교회로 불러 올 수 없습니다.

우리 사회는 공부외의 것에는 별 관심을 두지 않습니다. 오직 공부만 잘하는 학생이 모범생이고 좋은 학생으로 평가받습니다. 그러나 공부만이 하나님이 주신 달란트가 아닙니다. 운동, 춤, 노래도 하나님 주신 달란트입니다. 그러나 어른들은 공부 이외의 것은 관심을 가지지 않습니다. 각자의 달란트는 무시한 채 목적 없이 공부만을 강요하는 것은 청소년들에게 불행을 안겨줄 뿐입니다.

청소년들은 "사랑", "믿음" 이라는 말보다 "의리"라는 말을 더 많이 사용하며"의리의 세계"를 동경합니다. 그러므로 청소년들에게 접근할 때는 고차원적인 교리가 아니라 의리를 강조하며 관계형성을 하면서 동기

부여를 해야 교회에 관심을 가지게 될 것입니다.

아이들도 하나의 인격체입니다. 교회의 회복은 어른들이 아이들을 존중하는 데서 시작됩니다. 말로만이 아닌 실제 행동으로 아이들 사랑하는 모습을 보여야 합니다. 가정에서는 아이들이 존중받고 아이들 위주로 생활하지만 교회에는 그 반대입니다.

어른들은 좋은 장소에서 예배드리지만 아이들이 예배드리는 곳은 교회의 후미진 곳입니다. 교회에서 아이들을 존중하지 않게 되면 머지않아 교회에는 노인들만 남게 됩니다.

개인적으로 만나서 친밀함을 쌓아가고 진실한 관계를 맺음으로 마음의 벽을 없애야 합니다. 무엇보다 한 명의 청소년을 소중히 여기고 그 한 명의 청소년을 위해 최선을 다해야합니다. 담당자나 교사가 먼저 모본이 되어야 합니다. 말과 행동으로 청소년들을 품을 수 있어야 합니다. 교육은 청소년들과 맞닥뜨림 없이는 이루어질 수 없습니다. 담당자는 청소년들과 이야기하는 것을 즐거워해야합니다. 그렇지 않으면 청소년과 함께하는 일은 불가능합니다. 아이들의 말문을 열게 하는 가장 좋은 방법은 같이 밥을 먹는 것입니다. 식사 중에 자연스럽게 대화가 이루어지 때문입니다. 이러한 대화 없이 아이들과 멀리 떨어져있으면 먼 나라 이야기만 할 뿐입니다.

청소년들의 문화를 이해하지 못하면 그들의 세계에 들어갈 수가 없습니다. 청소년들의 세계에 들어가지 못하면 그들과의 소통이 이루어질 수 없습니다. 청소년 문화를 이해하고 포용하는 것은 그들과 복음의 접촉점 마련을 위해 필요합니다. 청소년들이 교회에서 춤추는 것에 대해서도 이해를 해야 합니다. 그들이 방탕함이 아닌 하나의 표현의 수단으로 춤을 추는 것으로 보아야합니다.

청소년들에게 하는 설교는 청소년들의 문화 속으로 들어가 그들과 맞닥뜨리며 문화를 이용하여 것이어야 합니다. 교회에서 청소년들의 관심사와는 동떨어진 설교만 한다면 아이들의 마음을 사로잡을 수 없습니다. 아이들의 관심사를 소재로 설교해야 합니다. 아이들의 리얼 타임 문화를 통해 설교해야 합니다.

교회에서는 고3을 특별예우 집단으로 대접하지 말아야 합니다. 고3의 시기는 매우 중요한 시기입니다. 공부에 바쁘고 취업준비에 바쁘지만 이 시기는 더욱 신앙적 교육이 필요하고 정신적으로 돌봄이 필요한 때입니다. 그러니 고3은 교회생활이나 신앙교육에서 열외해서는 안됩니다.

청소년들은 혼란한 이 시대에 뭔가 의미 있고 분명한 가치관을 찾고 있습니다. 그들은 가치관에 대한 고민을 대중문화 속에서 찾기도 합니다. 왜, 교회가 왜 가치관을 심어주지 못하는 것일까요? 그것은 교회에 모델이 없기 때문입니다. 기독교신앙의 부모라 하더라도 위선적 신앙인일 경우에는 청소년들에게 기독교신앙적 가치관은 무력할 뿐입니다. 청소년 신앙교육이 성공하려면 부모교육도 함께해 나가야 합니다.

오늘보다
내일이 중요한 교회

—————————————————— 요즘은 중학생도 취업을 걱정하는 시대가 되었습니다. 꿈을 찾아야 할 나이에 '직업'을 찾고, 도전해야 할 나이에 정년이 보장되는 곳을 찾는다고 합니다. 이는 교회에서 청소년과 청년을 찾아보기 힘든 현실과도 무관하지 않습니다.

청소년들은 마치 최종 목표처럼 보이는 '대학'을 위해, 청년들은 취업을 위해 열심히 달리기 때문에 교회에 출석할 시간이 없습니다. 물론 목표는 안정된 직장입니다. 실제 중·고등학교 시험기간이면 교회에서 학생들의 숫자는 현저히 줄어듭니다. 학원에서 진행하는 주말 보충수업 때문에 교회에 참여하지 않습니다. 중·고등학생 자녀를 둔 교인들도 '어쩔 수 없는 일'이라 포장하며 학원으로 가는 자녀의 발걸음을 막기는커녕 재촉합니다. 자녀의 장래를 위한다는 명목으로 신앙의 '우선순위'를 잊은 지 오래입니다.

미리 스펙 쌓기에 여념 없는 이들도 많습니다. 특히나 주일에 치러지는 여러 자격증 시험들은 그들에게 교회를 나가지 않아도 되는 '당위'를 선사합니다. 교회에 출석한다고 해도 예배를 드린 뒤 황급히 교회를 빠져 나갑니다. '교제'하는 일보다 '교재'를 보는 일이 더 시급하기 때문입니다. 오늘날 교회들은 주일 예배 시간대를 다양하게 필요에 따라 시간을 정해서 예배를 드릴 수 있도록 하고 있습니다. 그러니 바쁜 사람들은 1부 예배로 이른 시간에 예배드리면 되고 주일에 각종 시험 등으로 바쁜 사람들은 늦은 시간에 예배를 드리면 됩니다. 사방에 교회가 있으니 다른 지역에 머무는 경우엔 다른 지역에서 쉽게 예배 처소를 찾을 수 있습니다. 만일 주일 예배를 빠진 경우는 언제라도 인터넷 검색이나 기독교 텔레비전이나 라디오 방송으로 확인할 수 있습니다. 이처럼 교회들은 이렇게라도 하여 자라나는 세대가 예배를 드릴 수 있도록 배려합니다. 그러나 이런 것이 오히려 청소년과 청년들을 신앙적으로 자라게 하고, 교회 친화적으로 이끄는 것이 아니라 교회를 떠나게 하고 있습니다.

청소년들이 교회를 떠난 이유 중 하나는 사회적 분위기 때문이기도 합니다. 공부를 중요시 할 수밖에 없는 학업 중심의 사회가 그들을 사회로 내몰았습니다. 대부분의 청소년들이 12시간 이상 공부에 시간을 할애한다고 가정할 때, 주말의 몇 시간을 교회에서 보낸다는 것 자체가 대단한 결정입니다. 그렇게 찾은 교회에서 의미 있고 깊이 있는 교육과 쉼을 주어야하는데 성인위주의 교회구조에 따른 보조적인 여건인 현실은 청소년들을 내쫓고 있는 것이 아닌가 싶기도 합니다. 더욱이 구태의연한 신앙교육으로, 쉴 시간도 부족한 청소년들에게 다시 성경공부라는 이름으로 다가가니, 청소년들이 교회를 지루해 하는 것은 어찌 보면 당연한 이야기입니다. 주일 1시간으로 청소년들의 신앙을 붙잡으려는 것은 욕심입니다.

미국의 한 언론은 청소년들이 교회를 회피하는 이유에 대해 다섯 가지로 나누어 보도한 적이 있었습니다. 첫째, 청소년들이 교회에 나타나지 않는 것은 그들이 하나님께서도 교회에 나타나지 않는다고 생각하기 때문입니다. 둘째, 청소년들이 교회를 우선순위로 택하지 않는 것은 그들의 부모가 교회를 우선순위로 택하지 않기 때문입니다. 셋째, 청소년들은 이제 교회가 아니더라도 서로 연결될 수 있기 때문에 교회를 필요로 하지 않습니다. 넷째, 교회에 다니는 청소년과 다니지 않는 청소년들이 별로 다르지 않습니다. 다섯째, 청소년들은 자기들과 상관없는 일들에 관심을 갖지 않는데, 교회는 그런 일들에 열심입니다.

이는 우리나라의 경우도 마찬가지입니다. 오늘날 교단마다 '다음 세대의 희망', '자라나는 세대를 교회로' 등의 주제로 청소년들의 신앙교육을 강조하고 있지만 실제로 청소년들의 목소리를 듣고 그들의 필요를 채워주기 위해 노력하는 교회는 많지 않습니다. 이전 세대 청소년들은 자신의 문제를 해결하기 위해 교회를 찾았지만, 지금은 인터넷에서 찾습니다. 교회는 청소년들에게 고민에 대한 해답은 물론 교회를 다닐 이유조차 설명하지 못하고 있습니다. 이런 문제는 교회 청소년교육 담당 목회자의 문제이기도 합니다. 이들은 장기근속이 드뭅니다. 다른 곳으로 가는 하나의 '관문'으로 여기기도 합니다. 마치 경험을 쌓다가 청소년교육 담당을 몇 년 하다가 다른 교회의 담임목사로 청빙 받거나, 교회를 개척하는 등 아직까지 성인사역 위주의 교회 문화에 대해 아쉬움을 내비치기도 합니다. 성인 위주의 교회 문화는 교육관의 모습만 봐도 여실히 드러납니다. 보통 성인들의 예배가 드려지는 본당은 최고의 음향시설과 조명시설을 가지고 있지만, 교육관은 지하실을 사용하거나 별도의 작은 공간을 활용하는 경우가 대다수입니다.

그저 구호로만 청소년들에게 보다 큰 관심을 가져야 한다는 것으로는 문제가 있습니다. 교회에 오지 않는 청소년들에게서 문제를 찾기보다는 교회의 환경을 살피고, 그들이 흥미를 갖고 먼저 다가올 수 있도록 교회의 구조와 제도와 여건을 재편해나가야 합니다. 비기독교인 청소년들에게는 교회가 문화적인 부분으로 다가가야 합니다. 기독교인 청소년들과 마찬가지로 스트레스를 주기보다 우선 교회로 오게 하는데 초점을 맞추는 것이 중요합니다.

많은 교회에서 문화강좌나 청소년 전도활동을 진행하지만 시간이 지나도 교회에 자리가 차지 않는 것을 발견하고 강좌를 없애거나 전도활동을 중지하는 경우가 종종 있습니다. 그러나 많은 이들이 열심히 노력하는 활동들로 가랑비에 옷 젖듯 청소년들의 마음에 기독교에 대한 이미지는 서서히 좋아질 수 있습니다. 교육은 기업이 아닙니다. 단기간에 성과를 기대하는 것은 무리입니다.

청소년들의 신앙적 성장을 위해서는 교회와 가정 사이에 접점이 있어야 합니다. 주중에도 말씀을 한 번이라도 접한 학생과 그렇지 못한 학생은 차이가 큽니다. 무엇보다도 가정에서 부모의 모습이 청소년들의 신앙 성장에 큰 영향을 끼칩니다. 부모가 신앙에 있어 모범이 될 때 청소년은 자연스레 신앙심을 갖게 됩니다. 청소년들의 신앙 회복을 위해서는 주일뿐만 아니라 주중에도 말씀, 기도, 찬양을 통한 영성 충전이 이뤄져야 합니다. 이에 대한 장기적인 비전과 전략으로 청소년맞춤형 교육프로그램을 개발하고 실행할 필요가 있습니다. 이를 위해 청소년교육전문가를 양성하고 이 일에 전문성을 갖춘 장기적인 사역자의 배치와 처우도 필요합니다. 청소년신앙교육은 교회의 미래를 위한 중점과제입니다. 오늘보다 내일을 중요하게 생각하고 준비하려면 성인위주의 구조를 개선해나가야 합니다. 또한 가정과의 유기적인 연계도 중요합니다. 이러한 교육 역량을 기독교교육전문기관이나 교단차원에서도 연구해서 교회와 가정을 돕는 프로그램을 제시해 나가야할 것입니다.

3

시급히 요청되는
한국교회 윤리회복

경제위기와
한국교회 재정

─────────────────── 사전 국토가 황폐화될 정도
로 전쟁을 치른 나라라고 보기 어려울 정도로, 우리나라는 가파른 경제
성장을 이뤄냈습니다. 전 세계에서 유래를 찾아볼 수 없을 정도여서,
사람들은 한강의 기적이라고 칭했습니다. 지난 2014년 기준 우리나라
GDP(국내총생산)는 1조 4495달러, 전 세계 열세 번째 순위에 해당합니
다. 1인당 명목 GDP는 전년도 36위, 23,837 달러보다 상승해 29위
28,739달러를 기록했습니다. 1인당 국민총소득GNI의 경우 26,204달러에
달했습니다.

한국전쟁이 끝난 해인 1953년 집계된 GDP가 불과 13억 달러, 1인당
GNI가 67달러였던 것에 비교하면 우리나라 경제위상이 얼마나 높아졌
는지 쉽게 파악할 수 있습니다. 흥미로운 것은 우리나라 경제가 성장하
는 시기와 맞물려 한국교회도 가파르게 부흥 성장했다는 점입니다.

개신교가 나라를 부강하게 만든다는 통설에 반론이 없는 것은 아니나
그래도 개신교가 일반적으로 나라를 부강하게 만드는 요인인 것은 사실
입니다. 통계적으로 개신교인의 87%가 선진국 또는 중진국 이상에 살고

있는 것으로 나타납니다. 우리나라 근대화 과정에서 개신교 선교사들이 적극적인 교육 사업을 펼쳐 다양한 인적자원을 확보한 것이 경제발전에 영향을 미쳤습니다. 역대 실질 경제성장률은 보면 1970년대부터 1980대 후반까지 13차례나 두 자릿수 성장을 기록한 것을 알 수 있습니다. 후진국에서 출발해 개발도상국으로 진입하기까지 경제는 숨 가쁘게 발전했습니다. 경제발전의 이면에는 권위주의 정책에 서민들이 희생돼온 사회적 부작용과 부조리가 기억돼야 합니다. 또한 노동자들의 값진 피와 땀이 있었기 때문에 경제발전은 가능했습니다.

1953년 이래 우리나라가 마이너스 성장률을 기록한 것은 오일쇼크 여파를 겪었던 1980년도 -1.7%와 외환위기를 크게 겪었던 1998년 -5.5%가 유일합니다. 가장 큰 폭의 상승은 1973년 14.8%이었습니다. 그러나 1990년대 들어 성장우선주의 경제정책이 한계를 보이기 시작했습니다. 우리나라 국가경쟁력이 선진국과 조금씩 마주하게 되면서 성장률도 한 자릿수로 줄어들었고, 그 수치 또한 낮아지고 있습니다.

한국은행이 발표한 2015년 국내총생산GDP 성장률은 2.6%에 그쳤습니다. 2014년 3.3%보다 0.7% 포인트 낮고 2012년 2.3% 이후 3년 만에 가장 낮습니다. 2008년 전 세계가 겪었던 글로벌 금융위기 이후 계속되는 저성장 추세에서 우리나라는 벗어나지 못하고 있습니다. 역대 경제성장률과 비교할 수 없을 뿐더러 저성장 기조가 장기화되는 것 아니냐는 우려 섞인 전망이 나오는 것도 이 때문입니다. 우리나라 경제성장의 핵심이라 할 수 있는 수출 역시 2009년 이후 6년 만에 최저인 0.4%에 그쳤습니다.

이것이 끝이 아닙니다. 최근 여러 해 동안 중후반기로 갈수록 전망치가 낮아졌던 것을 감안하면 중요한 변수가 생기지 않는 한 상승전망을 기대하기는 어려워 보입니다.

더욱이 우리나라 잠재성장률은 앞으로 더 낮아질 수 있다고 경제전문가들은 경고하고 있습니다. 현재 우리나라 잠재 경제성장률은 2%대로, 앞으로 우리나라가 10년 이내 1%대 잠재 경제성장률에 진입할 것이라고 내다보기도 합니다. '잠재성장률'은 한 국가의 경제가 보유하고 있는 자본과 노동력 등 생산요소를 물가상승 등의 부작용을 유발하지 않은 가운데 달성할 수 있는 경제성장률을 일컫습니다. 이 지표는 국가의 경제성장을 가늠해볼 수 있는 지표입니다.

우리나라 경제 잠재성장률은 2000년대 초반 5% 내외에서 꾸준히 하락세를 지속해왔고, 최근에는 3% 초반대로 하락했습니다. 한국은행은 '우리 경제의 성장잠재력 추정 결과' 보고서에서 2015~2018년 잠재성장률을 3.0%로 추정했습니다. 2021년 2.5%, 2026년에는 1.8%까지 추락할 가능성이 있다고 내다봤습니다. 한국은행 전망치와 현대경제연구원 전망치 모두 10년 후 잠재 경제성장률을 1%로 보고 있다는 것을 보면, 저성장 장기화가 현실이 될 가능성이 높아지고 있습니다. LG경제연구원 역시 1%대로 전망했습니다. 저성장 고착화에 대한 대책을 마련하지 않으면 큰 혼란을 겪을 수 있다는 경제전문가들의 지적에 귀 기울여야 할 때입니다.

그렇다면 한국교회는 이러한 경제 추세와 무관할까요? 전혀 그렇지 않습니다. 우리나라가 경제성장을 거듭하며 성공신화를 써온 것처럼 한국교회는 유례없는 부흥성장으로 거침없는 자신감을 드러내왔습니다. 그러나 개신교 인구 감소, 교회 내 다음세대 인구 감소, 교인 고령화 등 지표에서 나타나듯 한국교회 역시 저성장 시대에 임박해 있는 것을 알 수 있습니다. 이미 도래했다고 할 수도 있을 정도입니다. 물론 예외적으로 부흥하는 교회, 변화하는 교회들이 있지만, '추세'라고 하는 전체적 흐름은 결코 무시될 수 없습니다.

미국과 유럽 등지에서 나타난 경제위기가 끝나지 않은 가운데, 향후

5년간 우리나라를 비롯한 아시아에서 계속될 가능성이 있습니다. 이에 대한 영향과 한국교회가 겪고 있는 교세감소 등 위기, 교인 고령화 등과 맞물려 적지 않은 위기를 초래하게 될 것입니다. 2008년 글로벌 경제위기를 경험했던 한국교회가 2~3년 내 두 번째 재정위기를 맞을 수 있으며, 2028년에는 한국교회 평균 헌금이 절반으로 줄어들 가능성이 큽니다.

헌금이 줄어든다는 것은 단순히 교회 재정이 감소하는 의미보다 사역의 축소로 이어질 수 있다는 점에서 더욱 우려되는 대목입니다. 당장 재정위기를 겪고 있는 교회들은 재정지출을 줄이기 위해 선교사 지원을 중단하거나 사역자들을 줄이는 일부터 단행할 것입니다. 전 세계 복음주의 경향 교단 가운데 세계에서 가장 큰 교단인 미국 남침례교는 2009년 해외 파송 선교사가 5,900명이었다가 올해 4,700명으로 크게 줄였습니다. 가장 중요한 이유는 선교사들을 위한 후원금이 줄었기 때문으로 한국교회도 예외일수는 없을 것입니다.

한국교회는 경제전망 관련 통계에서 보여주는 바를 예의주시할 필요가 있습니다. 교회의 역사를 통계로 제한해서는 안 되겠지만, 무분별한 장밋빛 전망과 확신만으로 교회 공동체 전체를 위기에 빠지게 하는 어리석음을 범해서는 안 될 것입니다. 특히 과거 교회 규모가 커질 것을 기대하며 교회 건축을 했다면, 이제는 조금 더 종합적이고 냉정한 분석과 기도 가운데 건축을 추진하도록 해야 합니다. 무리한 교회 건축은 결국 교회 부채로 연결될 수밖에 없다는 점을 심각하게 인식해야 합니다.

최근 꽤 많은 교회들이 부채를 해결하지 못해 파산하는 경우들이 일어나고 있습니다. 더욱이 계획이 잘못돼 이른바 사이비종교나 이단으로 교회가 이전되는 안타까운 사례가 전국적으로 속출하고 있습니다. 하나님의 영광을 위해 예배당 건축을 했다지만, 결국 하나님의 영광을 가리는 결과를 내고 만 것입니다.

2015년 금융감독원이 파악한 자료에 따르면, 은행과 저축은행, 보험사 등 금융권이 종교단체 빌려준 대출금은 5조원 규모로, 이 가운데 기독교가 90.4%인 4조 4606억 원이나 됩니다. 금융권들이 교회 대출을 틈새시장으로 여기면서 급성장한 결과이지만, 최근에는 부도사례가 늘면서 각 은행 지점들은 주일예배 실사를 강화하고 있는 실정입니다. 특히 수협은 1조 7천억이 넘게 대출한 것으로 조사된 바 있습니다. 이 규모라면 매년 한국교회가 부담해야 할 이자는 2250～5천억 원, 매달 헌금 중 187～416억 원이 이자로 나가게 되는 것입니다. 이 규모 이자를 내려면 매주 1～2천 원씩 주일헌금을 드리는 헌금은 500～800만 명 정도가 돼야 하며, 원금을 갚으려면 2～3배 더 많은 헌금을 해야 합니다.

2005년 통계청이 조사한 종교인 인구 조사에 따르면 이단을 포함한 개신교 인구는 861만 명이지만, 올해 10년 만에 발표될 통계에서 개신교 인구가 증가했을 것으로 보이지는 않습니다. 현장 목사들은 교인 수와 헌금 감소를 피부로 느끼고 더욱 경각심을 높일 필요가 있습니다. 우리나라 경제가 성장우선주의 정책에 변화를 꾀하는 것과 같이 한국교회도 양적성장을 넘어 새로운 차원의 사역방향이 정립될 필요성이 커지고 있습니다.

시급히 요청되는
한국교회 윤리회복

──────────────────────── 금권선거 논란으로 불거진 한기총(한국기독교총연합) 사태를 비롯해 돈과 성적 타락으로 인한 차세대 지도자들의 몰락, 이단 해제 논란 등 물질과 명예, 권력의 우상에 빠진 목사들의 모습이 여과 없이 고스란히 드러나곤 합니다. 신학과 윤리, 성경에서 벗어난 죄악의 수렁에서 빠져나와야겠다는 의지조차 보이지 않을 정도로 목사들의 도덕적 해이가 심각한 상황이라고 조심스럽게 평가할 수 있습니다.

그러나 이런 가운데서도 한국 교회를 향해 개혁과 변화를 촉구하는 목소리는 끊이지 않고 여전히 우리 주변 가까이에서 울려 퍼지고 있습니다. 이들의 갈망처럼 한국 교회는 반드시 개혁되어야 합니다. 그리고 다시금 한국 교회를 바로 세우는 방법이 있다면 어떻게 해서든 찾아내야 하고, 함께해야 합니다. 그동안 교회를 끝없는 실망과 좌절의 늪으로 빠뜨렸던 물량주의와 배금주의 등과 같은 해묵은 과제를 청산하는 것이 핵심과제일 것입니다.

특히 물질과 권력, 성문제 등으로 온갖 비난과 질책을 받고 있는 교회

지도자들의 비윤리적 타락상을 극복하는 것이 급선무입니다. 최근 한국 교회 목사들의 윤리의식 타락 및 실종이 심각한 수준에 와 있습니다. 개별교회와 교단, 단체 등이 적극적으로 목회자 윤리의식을 고취하거나 윤리적 타락을 제어할 수 있는 제도적 장치를 마련하지 않으면 현재의 위기보다 더 큰 위험을 초래할 수 있습니다. 이를 위해 진지한 성경연구, 물량주의 및 세속화된 가치관 배격, 교회 재정을 정직하고 투명하게 관리, 성경에 근거한 직분자 선발, 목사의 기득권 포기, 직분 임직시 헌금이나 헌물 요구하지 않기 등을 명문화하면 어떨까 싶습니다. 또한 성경에 대한 무지, 강단의 세속화, 교권주의, 미신적 사고, 교회의 기업화, 성적 부도덕 및 독선, 물신숭배, 지나친 개인주의와 개별교회주의 등은 목사들이 우선적으로 해결해야 할 주요 개혁과제입니다.

세속화되고 있는 예배의 변화도 필요합니다. 예배가 예배당 안의 형식적인 의식으로만 끝나 교인들의 삶이 이원화되고 있습니다. 형식적인 예배에서 탈피하는 것이 필요합니다. 특히 예배가 세속화되고 인본주의적으로 변하고 있는 만큼 순수한 말씀과 경건성이 회복돼야 합니다. 이와 함께 예배를 교회 부흥과 성장 수단으로 전락시키는 것도 극복해야 합니다. 상업주의적인 마인드를 교회운영에 접목시키고 있는 일부 목사들이 교회를 기업화하고, 예배를 교회 부흥과 성장의 수단으로 전락시켜 사람 중심의 예배가 유행하고 있습니다.

상업주의에 근거한 성공주의 마케팅 전략과 포장복음으로 급성장한 교회들이 많습니다. 상품을 개발하고 많은 상품을 팔기 위해 소비자들을 현혹하는 과대광고처럼 교회들의 과대 포장이 도를 넘었습니다. 교회성장이라는 미명하에 교회운영의 근본이 상업주의로 전락하고 있습니다. 예배와 교육을 프로그램화하는 것도 매우 위험한 발상입니다. 기독교의 근본은 상품이 아닙니다. 더구나 예배는 프로그램이나 교육과정이 될 수 없습니다. 학원 수강을 하려면 실력 여하에 따라 반을 정해주듯이 예배나 성경교육 참석 자격 여부를 직분이나 서열이나 인터뷰나 시험을 통해 결정하기도 하는 것이 한국 교회의 현실입니다.

또한 한국 교회의 새로운 개혁과제로 부상하고 있는 것이 바로 공공성 회복입니다. 이는 교회의 사회적 책임을 요구하는 공공신학이라는 말로 표현할 수 있습니다. 교회와 기독교인들은 사회적 책임을 다해왔다고 주장해오고 있지만 그 책임의 범위를 지나치게 축소시킴으로써 시혜적 차원의 복지만을 추구해 온 것이 사실입니다.

이로 인해 환경, 소수자 인권, 장애인, 다문화가정 등에 대한 적극적 배려 및 사회적 책임에 대한 의식이 부족합니다. 따라서 교회의 공공성과 사회적 책임을 강조하는 공공신학에 대한 논의를 적극적으로 펼칠 필요가 있습니다. 왜냐하면 공공신학은 한국 교회 개혁을 위한 신학적이고 목회적인 중요한 방향성을 제시해줄 수 있기 때문입니다. 공공신학은 교회의 사회참여에 대해 보다 적극적인 행동을 요구합니다. 교회가 사회에 대한 공적 책임을 다하기 위해선 그 의무에 대해 선언적 내용만을 말해서는 안 됩니다. 그에 앞서 공적 책임을 위한 역량강화가 반드시 전제될 수 있도록 영적생활과 사회생활 모두 거룩하게 여기는 체질개선의 노력이 우선적으로 필요합니다.

즉, 교회의 공적 책임을 극대화하기 위해 한국 교회 폐단 중의 하나인 이원론적 가치관을 극복하는 것이 필요합니다. 사실 신앙생활과 일상적인 삶과 같은 사회생활을 분리시키고 있는 이원론적 가치관을 극복하는 것은 결코 만만치 않은 한국 교회의 개혁과제입니다. 특히 성경의 가르침을 역행시키는 결과를 초래하고 있는 이원론적 가치관은 목사의 잘못된 성경연구 및 설교에서 비롯되고 있습니다.

현재 교회 강단에서는 대체적으로 교회중심, 말씀중심, 목사 중심의 설교가 선포되고 있습니다. 주일성수 잘하고, 기도생활, 성경공부, 헌금생활, 전도생활 등 열심히 하면 하나님의 복을 받을 수 있다고 가르치고 있습니다. 교인들이 어떤 신앙적 자세로 사회생활을 영위해야 하는지 그 영적 방향성을 제대로 제시해주지 못하는 상황 속에서 많은 기독교인들은 사회 안에서 비윤리적인 행동을 일삼으며 목사 못지않게 비판과 비난의 대상이 되어가고 있습니다.

이러한 삶과 신앙의 이원론을 극복하기 위해 목사들은 반드시 신앙과 삶의 총체적인 변화를 촉구하는 설교를 해야 합니다. 이러한 설교만이 한국 교회의 대사회적 역량을 높일 수 있고, 지속적으로 추락하고 있는 사회적 신뢰도 또한 회복시킬 수 있는 발판을 제공할 수 있습니다. 목사들은 이전보다 좀 더 적극적으로 교인들의 인격 함양과 윤리적 개선을 목표로 설교해야 합니다. 교인들이 현격하게 차이가 나는 윤리적인 탁월성으로 성경적인 가치관을 추구할 때 윤리실천의 공동체로 우뚝 설 수 있습니다. 목사들이 윤리설교를 위한 실천전략을 세우는 것도 필요합니다.

한국 교회 이곳저곳을 바라보고 있노라면 종교개혁의 기치旗幟*인 '개혁된 교회는 날마다 개혁되어야 한다'는 말을 뼈 속 깊이 되새겨 보게 됩니다. 그만큼 오늘날 한국 교회의 위기를 더 이상 묵과할 수도, 묵과해서도 안 되는 절체절명의 위기로 인식해야 합니다. 더 나아가 이런 위기를 개혁과 갱신의 기회로 삼아야 합니다.

최근까지 교회 안팎으로 드러난 한국 교회 문제는 빙산의 일각입니다. 여기저기에 곪아터져 있는, 교회를 타락의 끝으로 몰고 가는 악한 요소들을 반드시 뿌리 뽑겠다는 강한 의지와 다짐이 필요한 상황입니다. 목사 세습을 비롯해 기복주의 및 축복신앙을 강조하는 잘못된 기도원운

---

* 기치旗幟: 어떤 목적을 위하여 내세우는 사상이나 강령을 비유적으로 이르는 말.

동 및 가정 제단, 신비주의 운동의 확산, 담임목사에게만 편중된 복지혜택, 중대형 교회의 물량전도, 교단 및 목회자 학벌 세탁, 개별교회성장주의, 당회의 권력화, 목사 도시집중 현상, 편의주의, 기복주의 및 축복신앙, 무분별한 해외선교, 무인가 신학교를 통한 함량미달 목사안수 남발, 교회 임직자 헌금 관행 등 수없이 많은 문제들을 해결해야 합니다.

또한 목사들을 위한 윤리제정, 교단장 및 단체장 선거제 변화, 교회재건축 연한제 도입, 목사·장로 임기제, 원로목사제, 교회재정 투명성 위한 외부감사제도 도입, 교회 직분 재교육, 목사 검증제도 및 재교육 프로그램 도입, 교회의 지역공동체 운동 등 한국 교회 갱신을 위한 방향성을 모색하는 논의도 적극적으로 펼쳐야 합니다.

최근 한국 교회 안에서 '개혁'과 '갱신'을 요구하는 목소리가 나오고 있다는 것은 아직 희망이 있다는 것을 말해줍니다. 비신앙적이고, 비윤리적인 목사보다 신앙적이고 윤리적인 목사가 더 많은 것이 사실입니다. 건강한 교회를 추구하는 목사, 성경을 근거로 성경적인 가치관을 실천하는 건강한 교인들이 여전히 우리 주변 가까이 있습니다.

한국 교회의 부정과 부패 앞에 침묵하지 않고 과감히 개혁을 외치는 이들의 소리에 귀를 기울인다면 개혁과 갱신은 시작될 수 있습니다. 절망과 좌절을 희망으로 바꾸려는 이들의 헌신과 기도의 메아리를 한국 교회 목사와 교인들은 가슴에 품고 있어야 합니다.

하나님을 부끄럽게 하는 모습, 십자가 은혜를 값싸게 만드는 모습, 한국 교회를 위해 온 몸과 마음을 바쳐 헌신하고 순교했던 믿음의 선진들을 부끄럽게 하는 모습들을 찾아내 과감히 도려내야합니다. 그리고 상처 난 곳이 아물고 새 살이 돋아날 수 있도록 처방도 해야 합니다. 많은 아픔과 괴로움을 경험하고 있는 한국 교회를 '개혁의 수술대'에 올리는 그 시간부터 변화와 갱신은 시작될 수 있습니다.

다음 세대가 아닌 다른 세대,
어떻게 할 것인가?

한국 교회가 이대로 다음세대의 신앙전수를 위한 교육을 중요하게 여기지 않는다면 10년 후에는 대다수 교회가 문을 닫게 될 것이라는 우려가 제기되고 있습니다. 다음 세대가 위기라고 말하고 있지만 정작 대안을 제시하는 교회는 흔치 않습니다. 교회학교를 살리지 못하면 미래 한국 교회의 절반을 잃게 됩니다. 어느 통계를 보니 장년 교인의 20.7%는 부모님의 신앙을 이어간 모태신 앙이며, 29.9%는 초등학생 때 처음 교회에 나왔다고 합니다. 교회학교를 살리지 않으면 한국 교회 미래의 절반을 포기하는 것입니다. 한국사회를 한 마디로 표현하면, '리폼드 포인트reformed point'라고 말할 수 있습니다. 현재 우리는 변혁의 갈림길에 서있습니다. 현상유지냐 아니면 추락하느냐의 기점입니다. 그런데 안타깝게도 교회학교 상황은 급격하게 떨어지는 추세입니다. 흔히들 "되는 집안은 되는 이유가 있고, 안 되는 집안 안 되는 이유가 있다"고 합니다. 교회학교도 마찬가지입니다. 출산율 급락으로 교회학교붕괴론이 확산되고 있지만, 분명 되는 교회학교가 있습니다. 문제는 교회학교의 붕괴를 숙명처럼 받아들이는 풍조입니다.

대안과 대응의 부재입니다. 한국 교회의 가장 큰 문제점은 환경변화를 인지도 못하고 대응도 못하고 있다는 것입니다. 사회라는 외부의 변화를 인지하지 못하고 있습니다. 또 다른 문제점은 개인주의로 흐르고 있다는 것입니다. 문제점이 지적되고 있는데도 한 목소리를 내지 못하고 있습니다. 각기 개인주의에 빠져 논의도 하지 않습니다. 그래서 절망적입니다. 내부적으로 대안도 없고, 외부적으로 대안을 찾을 생각도 하지 않습니다. 반기독교 문화는 이미 형성되어 있고, 다음세대는 이미 반기독교 문화에 많이 주입 되어 있습니다. 그런데도 대안과 대응이 눈에 띄지 않습니다.

단절의 시대가 시작됐습니다. 교회와 사회의 단절, 목사와 교인의 단절, 장년부서와 교육부서의 단절 등 소통이 사라진 시대입니다. 세상과 교육현장이 변화하고 있는데, 교회는 계속 단절만 합니다. 역사적으로 보면 교회가 세상과 단절되면 부패했습니다. 현재 한국 교회는 그런 상황이 되어 버렸습니다.

1900년부터 1940년까지는 생산사회, 1980년까지는 소비사회, 2020년까지는 문화엔터테인먼트(연예사회), 2060년까지는 교육사회라고 말합니다. 이에 따라 미래의 대안은 교육입니다. 이런 흐름을 보면, 한국 교회와 교회학교 10년 뒤를 어떻게 예측할 수 있을까요? 활성화의 키포인트는 무엇일까요?

지금도 침체되고 있지만, 10년 뒤에는 한국교회의 침체가 더욱 가속화 될 것입니다. 지난 100년의 데이터를 분석해 보면, 한국교회는 1960년대까지 교회학교가 성장했기에 지금까지 성장세를 유지할 수 있었습니다. 사실 현재의 부흥도 당시 교회학교의 부흥이 받쳐준 것입니다. 따라서 침체된 한국 교회를 살리려면 교육을 먼저 살려야 합니다. 10년 후를 생각하면서 가장 집중적으로 투자해야 할 부문은 교육입니다. 제대로 투자하면 10년 뒤에는 전환점을 맞이할 수 있습니다. 지금은 침체와 붕괴에서 벗어날 수 있는 골든타임입니다. 앞으로 10년이 우리에게 주어진 마지막 기회일지 모릅니다. 10년 뒤에는 교회학교가 대안이었음을 깨달아도, 한국 교회는 자체적으로 일어설 힘이 없을 지도 모릅니다.

　미래의 10년은 우리가 오늘을 어떻게 대응하느냐에 달려 있습니다. 지금은 대안의 부재상태입니다. 기독교 교단이나 한국 교회 어디에도 교회학교에 대한 정확한 연구 데이터가 없습니다. 연구된 자료가 있어야 현실이 어떤지 알고, 대안도 마련할 것인데 말입니다. 이러니 무엇이 문제이고, 무엇을 바꿔야 하는지 모르는 게 현실입니다. 지금이라도 대응할 수 있도록 기독교 전체에 대한 조사와 데이터 분석이 필요합니다. 이제부터라도 개인주의로 조각난 한국 교회가 연합해, 전반적인 대응방안을 찾아야 합니다. 그러면 10년 뒤에는 길이 보일 것입니다. 미시적인 방법이 아니라 거시적인 방안을 찾아야 합니다.

　교회학교 설교나 분반공부가 구태의연해서는 사회적 흐름에 뒤쳐질 수밖에 없습니다. 또한 첨단화된 미디어가 교회학교 현장에서도 점차 적극적으로 도입되고 있습니다. 미디어 활용이 가져다주는 이점도 있지만 반대로 부작용도 있습니다.

　예전에는 현실만 있었습니다. 현실이 있는 공간에 가상세계라는 개념이 조금씩 들어오기 시작했습니다. 그러나 이제는 가상과 현실이 1:1정도 된 상태며, 미래에는 가상이 현실을 지배할 것입니다. 따라서 교회가 원하던 원하지 않던 근본적인 틀의 변화가 일어날 것이며, 교회는 이에 대응할 준비를 해야 합니다. 문제는 세상의 근본 틀이 변하고 있는데, 우리는 여전히 디지털이라는 것을 부수적인 도구로 본다는 점입니다. 근본 틀이 바뀐 다음에는 열심히 따라가도 이미 뒤쳐집니다. 한국 교회는 이 문제에 직면해 있습니다.

빠른 속도로 미디어의 판도가 바뀌고 있습니다. 종이로 된 인쇄매체는 급락하고 있습니다. 일반 교육현장에서는 이미 다양한 미디어를 통해 융합교육을 실시하고 있습니다. 특히 다음세대는 IT 미디어와 친숙하기 때문에 종이 공과는 사장될 우려가 있습니다. 따라서 지금부터 디지털 공과로 넘어가야 합니다. IT를 활용해야 합니다.

예전에는 큰 문제가 되지 않던 학교심방이나 전도가 갈수록 제약을 받고 있으며, 심지어 기독교학교의 신앙교육까지 족쇄가 채워지고 있습니다. 공교육과 기독교교육 사이의 장벽을 돌파할 방법이 필요합니다. 또한 진화론이 우리 사회에도 강력하게 영향력을 발휘하고 있습니다. 특히 일선 학교교육 현장에서 유물론적 사상이 일방적으로 주입되는 상황은 앞으로 더욱 심화될 것입니다.

교회와 세상은 '따로국밥'이라고 생각하기도 합니다. 국밥이라는 세상 속에 있지만 세상과 구분되는 따로국밥입니다. 같이 살을 부대끼며 살고 있지만, 세상과 구별되는 것이 교회의 특징입니다. 교회는 학교교육은 우리와 상관없다고 생각합니다만 학교교육은 아이들이 더 많은 시간을 보내는 자리이기 때문에 매우 중요합니다. 교육이란 선대의 가치를 전수해 주는 작업입니다. 그런데 학교교육 부문을 교회가 방치한 상황이며, 우리 아이들은 이중적인 가치를 전수받고 있습니다.

교회 건물을 개방해서 사용하도록 하고, 장학금을 지원해주는 것도 효과가 있습니다. 이를 교회의 사회참여라고 말합니다. 교회가 지역사회에 들어가서 그들의 필요를 채워주고, 그들과 공동체라는 인식을 심어주면 됩니다. 미국의 경우 상당수의 교회가 탁아소를 운영합니다. 그래서 교회에 대한 긍정적 인상을 심어 줍니다. 교회에 대한 나쁜 이미지를 바꾸기 위해 전력해야 합니다. 우리가 스스로를 너무 비하하고 있는지 모릅니다. 아직 희망이 있습니다. 우리가 예측하는 것보다 세상은 더 빨리 변하고 있습니다. 특히 다음세대의 변화 가속도는 상상을 초월하는 것 같습니다. 미래를 경고하는 목소리를 진지하게 들어야 합니다. 세상의 변화를 변화시킬 수 있는 것은 교육뿐입니다.

한국 교회는 개인이나 개별 교회의 노력만으로는 '안 된다'는 것이 답입니다. 대안은 역량집결입니다. 다들 위기를 느끼고 위기를 말합니다. 그러나 기독교교단이나 신학대학교, 교회 모두 각개전투로 미래를 대응하고 있습니다. 개 교회 역량이 아무리 커도 지금의 폭풍을 교회 하나의 힘으로 돌파할 수 있는 상황이 아닙니다. 교회들마다 대안을 쏟아내고 교회교육에 투자를 하고 있지만, 역량을 하나로 묶지 않으면 계란에 바위치기로 끝날 공산이 큽니다. 기독교교단이나 연합체가 컨트롤타워가 되어서 역량을 하나로 묶어야 합니다. 지금이 마지막 찬스입니다. 교회교육을 살리려면 기독교교단이나 연합단체, 신학대학교, 교회가 하나의 톱니바퀴로 돌아가야 합니다. 그러지 못하면 결국 공멸할 지도 모릅니다. 이런 의미에서 공공프로젝트가 필요합니다. 세상은 너무 프로페셔널하고 막대한 재원을 쏟아 부으면서 교회를 압박해 오고 있습니다. 그러기 때문에 융합이 필요하고, 공동대응이 필요합니다. 인적 물적 자원을 총동원해야 합니다. 교회마다 가진 역량을 묶고 네트워크를 구축해야 합니다. 여기서 문제는 투자가 분산되어있다는 점입니다. 같은 부문에 중복된 투자도 문제입니다. 그러나 이런 중복투자도 10년 후엔 불가능할 것입니다. 더 이상 에너지가 남아있지 않을 것이기 때문입니다. 따라서 두 가지 길 중에 하나를 선택해야 합니다. 미래를 포기할 것이냐, 아니면 공동으로 투자할 것이냐? 마지막 방법은 역량을 결집하는 것 밖에 없습니다.

이른바 되는 교회학교는 문제를 정확히 인식하고 대안을 찾기 위해 몸부림칩니다. 되는 교회학교도 처음부터 성장했던 것이 아닙니다. 끝없는 침체를 보면서 "이대로는 안 되겠다"는 담임목사와 교인들의 의지가 첫 출발점이었습니다. 그리고 실패를 거듭하면서 자신만의 길을 찾은 것입니다. 성공적으로 다음세대를 사역하고 있는 교회와 기관의 공통점은 문제점을 정확히 인식하고 있습니다. 성장하고 있는 교회학교는 전문성을 갖춘 교육지도자를 전진배치하고 장기사역을 보장하고 있습니다. 또한 철저한 교사교육을 철저히 시키고 있으며, 교회만의 독특한 프로그램을 갖고 있습니다. 성장하는 교회학교는 교육지도자의 연속성으로 전문성과 유대관계가 강합니다. 이들은 전문성과 지속성으로 확실한 소명과 헌신을 갖고 있습니다. 교사교육과 짜임새 있는 학생 프로그램도 '잘되는' 교회학교를 만드는 열쇠입니다. 교회학교 활성화를 위해 전문화된 교사교육을 실시합니다. 양질의 교사가 교회학교 활성화의 원동력입니다.

되는 교회학교의 또 다른 특징은 '교회학교'에만 초점을 맞추지 않는다는 것입니다. 교회교육과 함께 가정에서의 신앙교육도 중요하게 여깁니다. 일주일은 168시간입니다. 그런데 교회학교 주일(일요일) 1시간으로 신앙교육을 완성시킨다는 것은 말도 안 됩니다. 따라서 가정에서의 신앙전수를 모색하는 것이 중요합니다. 강남의 한 대형 교회 중직자 자녀 80%가 교회에 다니지 않는다는 조사가 있습니다. 한국 교회의 가장 큰 문제점 중 하나가 신앙의 단절입니다. 부모는 교회에서 장로, 권사, 안수집사 등의 중요한 직책을 맡고 열심히 신앙생활을 합니다만 자녀는 교회를 등지는 현상 때문에 많은 교회들이 고민을 하고 있습니다. 이에 성공적으로 다음세대를 위한 노력에 힘쓰는 교회들은 부모의 신앙유산을 자녀에게 물려주기 위해 몸부림을 치고 있습니다.

저출산은 핵폭탄과 같은 우리의 위기입니다. 그러면 설교에서 '무조건 많이 낳아라'고 외치면 해결될 문제일까요? 성경적 원리는 저출산이 아나라 다산입니다만 현실적으로 설교자의 설교를 듣고 자녀출산에 적극성을 보일 교인이 얼마나 있을까요?

이미 가정의 붕괴를 기정사실로 받아들이는 분위기가 팽배합니다. 그리고 여기저기에서 가정의 해체와 붕괴를 우려하는 목소리가 높습니다. 그러나 역으로 생각해보면, 해체라는 것은 '복원'을 뜻합니다. 복원의 초점은 혈연을 통한 가족공동체가 아닙니다. 혈연이 전통적 가정의 핵심이었다면, 미래에는 신앙을 바탕으로 한 가족공동체가 핵심이 되어야합니다. 장년 교인들이 교회 내 다음세대들과 결연을 맺어 신앙 성장을 책임지는 것이 현실적 대안일 것입니다. 육체적 혈연보다 신앙의 혈연을 중시하는 교회가 필요합니다.

'육아부담'도 교회가 해결할 수 있는 부분입니다. 최근 맞벌이가 늘어나면서 육아에 대한 부담이 늘어나고 있습니다. 교회가 이를 역으로 이용해 공동육아를 시도해볼만 합니다. 요즘 젊은 부부들 중에 믿고 맡길 만한 곳이 있으면 자녀를 낳겠다는 이들이 의외로 많습니다. 따라서 교회는 공동육아를 고민하고 해결점을 찾으면 됩니다. 초저출산 국가인 일본에서는 공동육아로 출산율을 높이는 지역들이 있습니다.

미래로 갈수록 가정이 깨지는 비율이 높아질 것입니다. 즉 가정의 핵분열이 진행되고 있다는 것입니다. 이 부분을 교회가 어떻게 끌어안을 것인가도 고민해야 합니다. 다음세대를 변화시키는 최선의 방법은 부모가 나서는 것입니다. 교회는 학교와 가정, 교회를 묶는 컨트롤타워가 되어야 합니다. 교회는 부모교육을 강화하여 부모가 교사의 역량을 갖추고, 세대통합과 소통을 통하여 신앙을 전승하도록 도와주어야 합니다. 부모는 교사입니다. 그것이 성경적인 교육입니다. 서구의 경우, 교회가 문 닫기 전에 가정이 먼저 해체되었습니다. 부모가 교사로 나서야 합니다. '신앙전수=신앙자본'입니다. 가정을 교육의 장이 되게 해야 합니다.

가정에서 엄마가 해주는 밥을 먹는 아이들은 탈선하지 않는다고 합니다. 저녁을 같이 먹고 그때 소통하고 사랑을 나누는 시간을 가지면 좋습니다. 아이들이 자살하는 이유는 가정이 울타리가 되지 못하기 때문입니다.

한국 교회와 한국사회가 살 길은 가정을 지키는 것입니다. 가정에 시간을 돌려주어야합니다. 또 하나의 방법은 가정예배입니다. 아이들은 그 시간을 기억합니다. 가정에서 예배할 수 있도록 구체적으로 가르쳐줘야 합니다. 가정을 지키고 신앙을 전수할 때 한국 교회에 희망이 있습니다. 가족에 대한 강한 유대감은 전통을 지키는 버팀목이 됩니다. 그러나 현대사회에서는 자녀를 향한 왜곡된 사랑으로 표출되고 있습니다. 이런 문제는 교회 안에서도 노출될 가능성이 큽니다. 내 자녀만 잘 되면 된다는 사고가 교회에서도 나타날 수 있습니다. 왜곡된 자녀 사랑 때문에 이웃 사랑이 약화될 우려가 있습니다.

일주일에 한 번 이루어지는 교회학교 교육의 한계가 드러나면서, 신앙교육에 있어서 가정의 중요성이 갈수록 대두되고 있습니다. 교회, 가정, 학교가 함께 가야 합니다. 서로 경쟁관계가 아닙니다. 우리는 그 동안 너무 교회에만 치중해 있었습니다. 가정과 학교를 저급하게 봤을 수도 있습니다. 교회가 최고라는 인식, 주일이 최고라는 인식이 문제입니다. 나머지 날은 하나님의 날이 아닌가요? 학교와 학원을 놓치는 것은 2/3를 놓치는 것입니다. 안 되는 교회들은 교회 안에서만 사역을 진행합니다. 잘 되는 교회는 교회와 가정이 연결됩니다. 교회와 가정의 연결이 매우 중요합니다.

어느 교회의 경우입니다. 담임목사가 설교를 하면, 교회학교도 같은 본문으로 말씀을 배웁니다. 그리고 가정에 돌아가서 가족 전체가 같은 말씀을 가지고 대화를 나눕니다. 가정에서는 가정예배라고 하지 않고 '식탁 나눔'이라고 합니다. 이유는 가정예배라고 하면 모두들 부담스러워 하기 때문입니다. 가족 전체가 일주일에 한 차례 식탁을 중심으로 둘러 앉아 하나님께 받은 은혜를 나눕니다. 이는 부모의 신앙을 자녀세대에게 전수하는 것이며, 가족 구성원 전체를 신앙공동체로 성장시키는 것입니다. 유대인 부모가 자녀에게 성경과 탈무드를 직접 가르치듯 부모가 자녀를 직접 가르쳐 성경 말씀을 자손 대대로 전수하자는 뜻에서 진행합니다.

오늘 우리사회는 전통가족의 해체가 가속화되는 반면에 독신이나 이혼, 노년층 증가로 1인 가구가 급증하는 현상에 주목해야합니다. 사회적으로 고립될 가능성이 높은 1인 가구를 교회가 어떻게 품을지에 대해서도 고민하고 연구해야 합니다.

교회에 출석하지 않는 기독교인을 '가나안 교인'*라고 합니다. 현재 한국교회에는 가나안 교인이 100만 명에 이를 것입니다. 신앙의 전수라는 측면에서 가나안 교인을 바라볼 필요가 있습니다. 특히 주목할 것은 고등학교를 졸업하면 50% 이상이 가나안 교인이 되어버린다는 것입니다. 10년 뒤에는 가나안 교인의 수효가 더욱 늘어날 것입니다. 그러므로 가나안 교인 증가를 방지하기 위해서는 교회교육이 무엇보다 중요합니다. 기성세대의 경직화된 교회구조를 합리적으로 바꿔야 합니다. 조직이 강조되면 공동체성이 약화됩니다. 따라서 교회의 대형화를 지양하고 소그룹의 공동체성을 강화시켜야 합니다. 또한 무조건적 복종과 성직주의를 탈피하고 교인들의 유대관계를 강화시키는 것이 필요합니다.

---

* 이를 떠돌이 교인, 인공위성 교인이라고도 합니다. 이는 기독교신앙생활을 하지만 특정 교회에 소속되기를 꺼리는 이들을 말합니다. 오늘날에는 교회에서 상처를 입거나 자신의 사생활노출을 꺼리는 이들이 많습니다.

야동 보는 전도사,
성폭력 하는 목사

언젠가 영화 〈도가니〉로 인
해 우리 사회가 온통 들끓은 적이 있습니다. 이 영화는 공지영의 소설을
원작으로, 지난 2005 광주광역시 인화학교에서 실제로 있었던 장애학생
성폭력 사건을 담담히 그려낸 것이었습니다. 영화를 본 사람마다 "어떻
게 우리 사회에서 이런 일이 일어나는지 모르겠다.", "해당 학교를 폐교
하고 다시 재판해야 한다." 며 분노를 쏟아냈습니다. 그런데 저는 이 영
화를 보는 내내 불편함으로 마음이 무거웠습니다. 영화 속 가해자로 등
장하는 이들이 교회 직분자라는 점은 영화를 본 사람으로 하여금 교회에
대한 불신과 함께 교회를 위선과 가식으로 가득 찬 집단으로 치부해 버
릴 수 있었습니다. 그도 그럴 것이 이미 우리 사회에서 믿을 만하다고
여겼던 교회의 목사들이 성 문제로 곤란을 겪는 모습을 많이 보아왔습니
다. 목사와 여자 교인과의 스캔들 등의 성 문제 특성상 언론에 잘 공개되
지 않은 점을 감안하면 더 많다고 봐야할 것입니다. 어쩌면 사람들은
영화에서 나타난 기독교인들의 모습이 새삼스럽지 않을지도 모릅니다.
그만큼 교회 내 성과 관련한 문제는 심각한 수준에 있습니다.

성폭력이란, 강간이나 강제추행 뿐만 아니라 언어적 성희롱, 음란성 메시지, 몰래카메라 등 상대방의 의사에 반하여 성적 자기 결정을 침해하는 모든 신체적, 정신적 폭력을 말합니다. 그러므로 교회 내 성폭력은 '교회의 지도자나 목회자가 자신의 권위를 남용하여 교인이나 목회자(부목사, 전도사)에게 성폭력(강간, 성추행, 성희롱)이나 간음 또는 그와 유사한 성적 행위를 하는 것' 라고 정의할 수 있습니다.

　성폭력이 일어나는 장소는 주로 당회장실, 기도실, 교육관 등 교회 안에서 이루어지는 경우와 기도원이나 별도의 기도처에서 일어나기도 합니다. 심방을 빙자하여 피해자의 집에서 이루어지는 경우도 있으며 때로는 모텔이나 여관, 호텔 등이 이용되기도 합니다. 교인들에게 예수의 모습을 보여주어야 할 목회자가 일으킨 성폭력이 많다는 사실은 충격입니다. 흔히 생각하는 가벼운 성희롱은 교회 곳곳에서 일어나고 있습니다. 여자 교인이 불편할만한 스킨십이나 농담, 성적으로 비하하는 발언 역시 성폭력의 한 부분입니다.

　그렇다면 가장 신성해야 할 교회에서, 특별히 가장 거룩해야 할 목회자의 성 문제가 심각하게 나타는 이유는 무엇일까요? 먼저 교회 내 성폭력은 목회자와 교인 간의 수직적인 위계관계 속에서 찾아 볼 수 있습니다. 목회자는 마치 교인이 자신의 영적인 자녀인 것처럼 접근하고 영적인 상사처럼 수직적인 위계질서를 강요하는 경우가 허다합니다. 이런 관계 때문에 일반 교인들은 목회자의 성폭력에 대해 이상하게 느끼면서도 거부하지 못하고 지속적으로 당합니다. 행위가 끝난 뒤에는 다른 사람들한테 이야기를 하지 못하도록 영적인 권위를 앞세워 윽박지르기도 합니다.

　다음으로, 여성에 대한 목회자의 잘못된 인식에서 비롯됩니다. 물론 오늘날 여성에 대한 교회 안에서의 편견이나 비하는 많이 사라졌습니다.

그럼에도 여전히 성차별은 교회 안에 존재하여 여성을 성폭력의 주된 피해자로 만듭니다. 특별히 우리나라 목회자들은 유교의 가부장적 영향을 많이 받아 여성을 남성에게 존속되어야 할 존재로 여기고 가르칩니다. 그래서 여성에게는 성적인 절제를 강요하고 남편의 명령에 복종할 것을 요구합니다. 이런 성 역할에 대한 이분법적 이데올로기는 여성을 도구화, 수단화하여 목회자의 성폭력을 정당화합니다. 초기 기독교 역사를 보면, 교부시대에는 여성을 사악한 존재로 여긴 적이 있습니다. 이런 잘못된 생각이 기독교개혁가들에 의해서 개선된 지가 언제인데 아직도 교부시대의 가르침을 마치 교회 전통인 것처럼 생각하는 태도는 위험천만한 일입니다. 또한 목회자 역시 성적 충동을 느끼는 연약한 존재임에 있습니다. 교회에서 성이란 주제를 다루기에는 어려운 것이 사실입니다. 목회자는 성적 충동을 숨길 뿐 아니라 여기에 부부간의 관계까지 원만하지 못한다면 성적 충동을 쉽게 제어할 수 없는 평범한 인간으로서 성범죄에 쉽게 노출될 수 있음을 항상 인식해야 합니다.

마지막으로 신학대의 성윤리 교육 부재에 있습니다. 신학생들 중에는 성에 대한 문제를 단지 개인적이고 사적인 차원의 문제로만 인식하여 올바른 성 윤리관 확립에 어려움을 겪고 있는 사람들이 있습니다. 또한 쉽게 성적인 자극을 불러일으키는 포르노에 노출된 환경에서 살고 있습니다. 이로 인해 신학생들은 성의 메커니즘에 대한 이해가 부족한 경우가 많고, 성윤리 교육을 제대로 받지 못함으로 자신에게 다가오는 성적인 유혹을 제어할 능력과 방법을 알지 못하는 측면이 있습니다. 이들은 자신도 모르는 사이, 성적인 유혹에 둔감해진 채 교회 현장으로 나가게 되고 목사가 되어 교회를 어려움에 빠뜨리는 장본인이 될 수 있습니다.

교회 내 성폭력의 문제는 단순히 특정 가해자와 피해자 사이의 문제일 뿐만 아니라 교회 구조, 사회 구조 자체의 문제임을 인식하고 대처방안도 다방면에서 이루어져야 합니다. 먼저 목회자는 자신도 성적인 유혹에 빠질 수 있는 존재라는 사실을 항상 인식하고 성에 대한 가치관, 여성관을 점검해 봐야 합니다. 교인들은 목회자로부터 불쾌한 성적 접촉을 당하거나 상황에 직면했을 때는 분명한 거부의사를 표현해야 합니다. 교회와 교단은 문제 발생 시 숨기려고 하기 보다는 성폭력을 자행한 목사에 대한 법적, 도덕적 책임을 분명하게 물어야 합니다. 이는 직접 피해를 입은 당사자뿐만 아니라 교회의 많은 교회 교인들, 나아가 한국교회 이미지를 실추시켜 전체에 치명적인 상처를 주기 때문입니다. 필요하다면 기독교시민단체와 공권력의 도움도 받아야 할 것입니다. 또한 구체적인 성폭력 예방법과 상담소를 운영하여 목회자와 교인들이 언제든지 이용할 수 있도록 힘써야 합니다. 신학대에서는 학생들이 과정을 이수하는 동안 성윤리에 관해 스스로 돌아보고 문제에 직면할 수 있는 관련 과목을 개설해야 합니다. 이런 교육의 부족은 결국 목회 현장에서 또 다른 피해를 만들어 내기 때문입니다.

●

교회의 성교육을
어떻게 해야할까요

──────────────────── 교회에서 아이들 성교육을
하고 있는지요? 언젠가 아기를 출산하고 가족이 아는 게 두려워 영아를
살해, 사체를 유기한 청소년 커플이 1년 만에 검거된 적이 있습니다.
경찰서는 자신의 집 화장실에서 여아를 출산하고 목을 눌러 살해, 사체
를 유기한 16세 소녀에 대해 영아살해 및 사체유기 혐의로 구속영장을
신청했습니다. 이 일이 보도될 때는 우리 사회가 충격에 휩싸이더니 이
제는 이런 일이 자주 벌어지다보니 중요 뉴스로도 다루어지지 않을 정도
입니다. 이런 일이 남의 나라가 아닌 바로 우리나라에서 벌어지는 일입
니다.

　이 일과 같은 사건은 요즘 청소년들의 성문제를 단적으로 보여주는
사건입니다. 사실, 청소년 성문제는 하루 이틀의 문제가 아닙니다. 유교
적인 문화에서 쉬쉬하며 감추어져 있었을 뿐 우리아이들의 성문화는 음
지에서 곪아가고 있습니다. 여기에는 교회의 아이들도 예외가 아닙니다.
학교에서는 교과목 안에 일정한 시간만이 할당되어 있을 뿐이고, 입시위
주의 교육 풍토에서 내실 있는 성교육이 이루어지지 않습니다. 가정에서

는 아직까지 아예 '성'이라는 주제가 대화의 주제가 되기에는 영~ 불편한 분위기입니다. 상황은 이러하지만 어느 교회에서도 아이들을 위한 성경적인 성교육은 제대로 이루어지고 있지 않고 있습니다. 이러한 상황에서 교회가 이루어갈 사명은 단순히 교리교육이 아님을 생각해보아야 합니다. 교회교육은 아이들의 삶 전체의 변화를 목표로 합니다. 교회는 아이들의 성문제에 대해서 외면할 수 없습니다. 발 벗고 나서야합니다.

그렇다면 교회에서 할 수 있는 성교육의 방향성은 어떤 것들이 있을까요? 학교에서 이루어지는 성교육을 표면적으로 느낄 정도로 아이들은 조숙합니다. 현재 실제적이고 구체적인 성교육이 논의 되고 있지만, 단순히 성이 쾌락과 연결되는 이 시대에 교회에서 '성은 가볍지 않다.'라고 말해 주어야합니다. 기본적으로 생명존중의 소중함을 일깨우는 방향으로 진행되어야 합니다. 산모의 고통, 생명의 고귀함에 대해서 함께 이야기해야합니다. 더욱이 기독교에서 이루어지는 생명교육은 하나님의 창조 및 섭리와 연결될 수 있기에 더욱 큰 의미를 가집니다. 이러한 맥락에서 생명의 소중함과 성이 연결될 때 성은 고귀해집니다.

또한 실질적으로 학교보다는 경직되지 않은 분위기, 교회라는 공동체의 특성을 생각해 볼 때, 자연스러운 상황극이나 소그룹 안에서 허심탄회한 대화가 가능합니다. 대부분의 인정받는 성교육기관의 특징을 살펴보았을 때 참여자의 참여가 자연스럽고 활발하다는 특징을 가집니다. 이는 교회에 적용하기 좋은 특성입니다. 교회는 이러한 특성에도 대부분 성에 대해 다루어지지 않거나, 수련회 때에 단편적으로 이성교제만을 다루는 경우가 많습니다. 때문에 교회학교에서 특별히 성에 대해서 생각해볼 수 있는 기간들을 정해보는 것도 좋은 방법일 것입니다. 예를 들어 한 주에 한 주제씩 성에 대한 올바른 기독교적인 관념, 남녀의 아름다운 관계, 생명과 관련 있을 때에 의미 있는 성에 대해서 설교하고 그에 따라 소그룹별로 상황극이나 토론으로 진행할 수도 있습니다.

만일 여력이 안 된다면 외부 강사를 초청하는 것도 좋습니다. 많은 성교육 단체에서는 찾아가는 교육을 실시하고 있습니다. 각 지역의 성문화센터에서는 성교육 체험관을 포함한 다양한 프로그램들을 이용할 수 있게 해줍니다.

아이들이 점점 조숙해지고 범람하는 아이들이 잘못된 성문화에 노출되고 있는 상황에서 성교육의 연령은 더욱 낮아져야 합니다. 더욱이 아동 성폭력 문제가 대두되고 있는 요즘 성범죄 예방측면의 성교육도 다루어져야 할 부분입니다. 이러한 맥락에서 교회에서는 체계를 가지고 영유아부에서 아동부, 청소년부, 장년에 이르기까지 커리큘럼을 짜는 접근도 필요합니다.

신학교도 구조조정이
필요합니다

지난 2005년 통계청이 조사한 한국 개신교 인구는 862만 명에 달합니다. 이 수치 안에는 한국교회 주요교단들이 이단으로 규정하고 있는 신천지증거장막성전, 천부교, 여호와의증인, 하나님의교회, 통일교 등이 포함돼 있습니다. 이단으로 규정된 단체들의 신도들을 100~150만 명 정도로 본다면, 우리가 생각하는 개신교 인구는 훨씬 적다는 말이 됩니다. 이 수치는 줄면 줄었지 늘지 않을 것입니다.

개신교 인구수는 1990년대 정점을 찍고 2000년대 중반부터 감소 분위기로 돌아서고 있지만, 오히려 목회자 수는 늘고 있습니다. 문화체육관광부 2011년 종교현황 자료에 따르면 한국교회 전체 교회는 7만개, 목회자 수는 14만 명 정도로 보고 있습니다. 또한 비공식 통계로 신학교를 졸업하는 목사 후보생이 적게는 7천명, 많게는 1만 명이나 되는 것으로 전해지고 있습니다. 그야말로 어마어마합니다.

상황이 이렇다보니 자연히 최근 여러 해 동안 목회자 과잉공급과 이에 따른 대책이 필요하다는 목소리가 커지고 있습니다. 최근 3년간 신학대학원에 지원하는 학생들의 수가 줄어들고 있는 추세가 확인되고 있지만, 목회 현장에서 요구되는 인원보다 더 많은 졸업생이 계속해서 배출될 수밖에 없는 상황입니다.

대한예수교장로회(통합)와 대한예수교장로회(합동)는 한해 각각 1천여 명, 기독교대한감리회는 5백여 명, 예장 대신총회 3백여 명 정도가 한 해 신대원을 졸업하고 목사안수를 준비하고 있습니다. 교세가 큰 네 교단만 합쳐도 한해 3천명 가까이 목회 후보자들을 배출하고 있는 것입니다. 대한예수교장로회(고신), 대한예수교장로회(합신), 한국기독교장로회, 기독교대한 성결교회, 기독교하나님의 성회, 기독교한국침례회 등 주요 교단들의 배출 인원까지 더하면 전체 합계는 더 커집니다.

더욱이 정확한 숫자조차 파악되지 않은 무수한 군소교단들이 제대로 된 교육 시스템과 교수진을 갖추지 못한 채 양산하고 있는 인원들까지 포함하면 한 해 7천~1만 명의 예비 목회자가 나온다는 추산은 결코 무리가 아닙니다.

현재 한국교회 주요 교단들이 목회자를 양성하는 교육 시스템은 몇 가지로 구분할 수 있습니다. 첫째, 바로 교단이 직영하고 있는 대표 신학교 산하에 목회자 양성을 위한 정규과정(M.Div: 목회학석사)을 운영하고 있는 신학대학원입니다. 또 그 교육시스템 안에는 교육부인가 교육과정은 아니지만 교단 자체 인정으로 무인가신학교 졸업자들을 위한 목회연구과정(줄여서 '목연'이라고 지칭)도 두고 있습니다. 이곳을 수료해도 신대원을 졸업하는 것과 같은 자격으로 안수를 주고 있습니다.

또 다른 형태는 교단에서 인준하는 교육부 인가 지방신학교 신대원과 비인가 신학교입니다. 대한예수교장로회(통합)의 경우, 장로회신학대를 제외한 인가 지방신학교 신대원은 서울장신대, 한일장신대, 부산장신대, 호남신대, 영남신대, 대전신학대로 6곳이나 됩니다.

대한예수교장로회(합동)의 경우는 인가 신학교가 총신대학교 외에 광신대, 대신대, 칼빈대가 있으며, 8곳의 비인가 신학교도 지방에 두고 있습니다. 감리교의 경우는 감리교신학대 외에도 목원대, 협성대를 두고 있으며, 2015년 예장백석과 대신교단이 통합한 대신총회는 백석대 신대원, 안양대 신대원 외에도 노회가 운영하는 10여개 이상의 비인가 지방신학교를 교단에서 인정하는 교육기관으로 두고 있습니다.

지방신학교의 경우 자체적으로 목사안수를 주는 곳도 있지만, 부교역자 양성을 위한 특화된 교육을 실시하는 곳도 있습니다. 각 지방에서 필요한 부교역자 양성을 위해 해당 지역에 신학교육 기관이 필요하다고 주장하는 것도 이런 이유에서입니다.

기독교대한성결교회가 인준하고 있는 지방교역자양성원이 바로 이런 교육기관입니다. 양성원 등 교육과정을 마친 부교역자들도 교단 산하 신학교 연구과정을 거치면 목사안수를 받을 자격이 주어지기도 합니다. 기독교대한감리회 등의 교단들도 유사한 교육기관을 운영합니다. 몇몇 교단들이 두고 있는 성서신학원도 평신도 신학교육 과정이기도 하면서 부교역자를 양성을 위한 역할도 하고 있습니다.

중장기적으로 볼 때 지방신학교이든 부교역자 양성 교육기관이든 교육경쟁력 약화와 학생수 감소로 구조조정이 불가피할 전망입니다. 교인 수 100명이 채 안 되는 교회가 담임목회자, 또는 부교역자를 청빙하더라도 수십 통의 지원자 이력서가 도착할 정도로 임지는 부족합니다. 이런 가운데 예비 사역자들이 대책 없이 증가해서는 안 된다는 지적입니다.

신학대학원이 400여 곳인데 인가 학교는 20%도 안 되는 것도 문제입니다. 실천신학대학원대학교 정재영 교수가 연구조사 한 바에 따르면, 1990년대 초 신학교는 약 250개 수준이었습니다. 2014년 기준으로 근래에는 400여개에 달하고 있습니다. 20여 년 전 당시 전체 신학교 중 인가

신학교는 18개, 대학 학력이 인정돼 대학원 진학을 할 수 있는 학교까지 합하면 42개였습니다. 학력이 인정되는 학교는 채 20%가 되지 못했습니다.

지금은 400여개 신학교 중 인가받은 곳은 57개교, 나머지는 모두 비인가 신학교라 할 수 있습니다. 인가 신학교가 늘어난 것은 1997년 학부과정 없이도 전문인을 양성할 수 있도록 신설된 대학원대학교의 영향으로 보입니다. 제도가 생긴 이후 세워진 신학대학원대학교는 20여개 가량 됩니다.

비인가 신학교 가운데 150여개는 소재파악이 되지만 나머지 200여곳은 그마저도 안 되고 있는 실정입니다. 인터넷이 보편화되면서는 사이버신학교까지 난립하는 데다, 미국 등 해외 신학교들까지 우리나라에 분교 설립에 나서고 있어 목회 일선에 배출되는 사역자 증가세는 지속될 것으로 보입니다.

계속해서 신학교들이 늘어나고 있고, 동시에 모집되는 학생이 줄면서 지방신학교들은 이중고를 겪고 있습니다. 교단 안에서 운영되고 있는 이른바 인준 신학교와 지방신학교간 통폐합 논의가 끊이지 않는 것은 이 때문입니다. 목회현장에서 수용할 수 있는 사역자는 한계가 있는데, 무턱대고 졸업만 시키는 것은 문제라는 인식도 교단 안에서 확산되고 있습니다. 대한예수교장로회(통합)와 대한예수교장로회(합동) 인준 비인가 지방신학교들은 한때 수백 명에 이르는 졸업생을 배출하기도 했지만, 최근에는 불과 20여명도 채 안 되는 졸업생을 배출하기도 합니다. 다른 교단 한 지방신학교는 단 한 명도 배출하지 못해 졸업식을 취소하는 곳도 있습니다. 일부 지방신학교들의 경우 교단 지도를 제대로 받지 않고 불투명하게 운영하거나 불법적으로 목사안수를 주는 경우도 나타나 문제가 되고 있습니다.

신학교 문제, 어떤 타개책이 있을까요? 신학교 문제, 특히 목회자 수급문제는 교단과 관련해 여러 가지로 얽히고설켜 해결이 쉽지 않습니다. 오죽하면 한국교회가 가진 목회현장의 고질적 문제는 신학교 문제부터 해결하면 된다는 말까지 나오고 있을 정도입니다. 벌써 교단 안에서는 신대원 통폐합 논의가 오래 전부터 진행되고 있습니다. 대한예수교장로회(통합)는 7개 신대원 통폐합 안이 정기총회 정식 안건으로 상정되기도 했습니다. 최종적으로는 가결되지 못했지만 이와 관련된 연구가 계속되고 있습니다.

기독교하나님의성회 여의도순복음총회는 2015년 정기총회에서 14개 신학교를 재정비하기로 하고 신학교 통폐합 전권위원회를 신설했습니다. 총회는 지방교역자양성원 학생 수가 줄어들면서 운영이 어려워짐에 따라 양성원 통폐합 기준을 마련하는 데 공감대를 가지고 연구를 진행하고 있습니다.

이미 학교를 통폐합한 사례도 있습니다. 기독교한국침례회는 2006년 수도침례신학교를 통합해 교단 단일 신학대 체제를 유지하고 있습니다. 대한예수교장로회(고신)의 경우도 기존 지방신학교를 천안 고려신학대학원으로 일원화해 목회자를 배출하고 있습니다.

아무리 장점도 있고, 필요성이 인정된다 하더라도 지방신학교 직원과 교수의 고용, 건물 등 부동산 처분, 학교 역사와 동문관계 등의 여러 사안들을 고려하면 통폐합은 더 큰 혼란을 가져올 수도 있습니다. 통폐합이 반드시 필요하다면 감당해야 하겠지만, 우선 학교 간 상생방안, 학교 경쟁력 강화 등을 모색하는 것이 수순일 것입니다.

비인가 지방신학교에서 통제 없이 안수를 주는 것에 대해서는 교단 차원의 개혁 의지가 중요합니다. 교단이 지방 신학교를 제대로 관리·감독하는 것은 물론, 지도를 따르지 않을 경우에는 인준을 취소하는 단호한 조치까지 고려해야 합니다.

또 지방신학교가 목회자 수급을 원할 경우에는 자격을 갖춘 목회자를 배출할 수 있도록 대학원대학교를 설립해 경쟁력과 자격을 갖추고 안수를 주는 것도 적극 검토될 필요가 있습니다. 무자격 목회자 배출보다 교단과 한국교회에 더 긍정적일 것입니다. 무엇보다 교단 차원에서 필요한 사역자 인원을 파악해 신학교 정원을 조절하는 등의 중장기 정책과 계획이 절실합니다.

초교파적인 기구를 설립해 신학교육 방향과 목회자 수급과 분배문제를 함께 논의하는 것도 좋은 방법입니다. 신학교들간 협의체를 통해 신학교 실사를 거쳐 인증제를 도입함으로써 신학교 신뢰도를 높일 필요가 있습니다. 실제 미국 신학교들의 경우 미국신학교협의회ATS: Association Theological Schools를 구성해 이런 역할을 하고 있습니다. 전국신학대학협의회 같은 기구가 그저 이름만은 기구가 아니라, 공신력 있는 역할을 감당해서 신학교육의 질을 높이고 상호 교류를 보다 활성화해서 한국교회 차세대 지도자간의 화합과 교류가 가능하도록 하는 것도 어떨까 싶습니다.

잘못된
교회 용어 개선

─────────────────────── 우리가 쓰는 말과 글이 없다면 어떨까요? 생각만 해도 아찔합니다. 오랫동안 사용해왔기 때문에 우리는 우리 고유의 문자와 언어가 가진 기능과 소중함을 잊고 살아갈 때가 많이 있습니다. 우리 한글은 '아침글자'라고도 합니다. 누구나 아침부터 배우면 저녁에 자기 이름 정도는 쓸 수 있다는 의미로, 그만큼 배우기 쉽다는 뜻입니다.

한글의 우수성은 이미 세계적으로도 입증된 상태입니다. 한글의 제작 원리가 담긴 '훈민정음訓民正音'은 국보 제 70호로 지정되어 있으며, 1997년에 유네스코UNESCO 세계기록유산으로 등록될 정도로 그 우수성을 널리 평가받고 있습니다. 한글날은 1991년 공휴일이 많아 경제발전에 지장을 준다는 이유로 공휴일에서 제외되었다가 2006년 국경일로 지정, 이후 2012년 말에 공휴일로 재지정 되었습니다.

우리나라뿐만이 아니라 이미 세계적으로 독창성과 과학성을 인정받은 한글……. 불과 24개의 모음과 자음만을 이용해 인간이 내는 다양한 소리를 가장 많이 표기할 수 있고, 음소 문자이므로 문자의 활용성을 극대화 할 수 있다는 장점이 있습니다. 특히 스마트 시대를 맞아 공학기기의 융합에 있어서도 한글 사용은 더욱 유리합니다. 세계 문자 중에서도 한글은 가장 독창적이고 과학적이며 우수한 문자로 꼽힙니다. 우리나라의 위상이 높아지는 만큼 한글에 대한 관심과 한글교육의 수요도 급속히 증가하고 있습니다.

하지만 이렇듯 자랑스러운 문화유산인 한글이 정작 우리 땅에서는 제대로 된 대접을 받지 못하고 있는 상황입니다. 잘못된 어법과 언어 파괴 현상에 시달리고 있으며, 젊은 세대를 중심으로 축약어와 외래어, 비속어 등의 사용이 난무하고 있습니다. 이러한 한글 사용은 한글이 가진 고유의 기능을 심각하게 훼손시킬 수 있습니다. 국적을 알 수 없는 언어와 문자, 필요 이상 많이 사용되고 있는 외국어, 인터넷 문자의 홍수 속에서 신음하고 한글의 오용誤用을 바로잡는 일이 무엇보다 시급합니다.

그런데 문제는 교회에서도 이러한 한글의 오용이 빈번하게 발생하고 있다는 사실입니다. 비신자들은 교회를 처음 방문하고 나서 가장 적응하기 어려운 부분이 '낯선' 언어 사용에 있다고 합니다. 교회에서는 자주 사용되고 통용되는 표현이라 할지라도 일반인에게는 어렵고 생소한 경우가 많습니다. 이 때문에 비신자들에게는 교회에 대한 이질감(배타성)을 불러일으킬 수 있습니다. 또한 우리말의 문법과 신학적 교리에 맞지 않는 용어를 무분별하게 사용하는 일도 빈번하게 발생하고 있습니다. 더욱이 공동체로 형성된 교회에서는 많은 사람들의 입에 오르내리면서 자연스럽게 '신앙 용어'로 굳어질 수 있어 각별한 주의가 필요합니다.

교회 내에서 빈번하게 잘못 사용하고 있는 용어의 표현들입니다. 먼저, 한 사람을 가리켜 '형제', '자매'로 부르는 것은 잘못된 표현입니다. 왜냐하면 형제는 형과 아우를 함께 가리키는 집합명사이므로 한 사람을 가리켜 '형제'라고 부를 수 없기 때문입니다. 신학적인 교리가 맞지 않는 용어 형태로는 교회에서 흔히 남용되는 '축복'이라는 표현이 있습니다. 축복은 동사형으로 '복을 빈다'라는 뜻이며, 사전에는 '신의 은혜를 구하여 빎'이라고 명시되어 있습니다. 그러므로 축복의 주체는 어디까지나 사람이어야 하며, 하나님은 '복을 주신다'가 아닌 '복을 빈다'의 주체(주어)가 될 수 없습니다. 그러므로 우리는 '축복'이라는 단어와 '복'의 의미를 구별해 사용해야 합니다.

돈을 바친다는 뜻인 '헌금'도 '봉헌'이 적합합니다. 기독교 신앙인의 헌금은 단순히 돈 이상의 물질과 삶의 총제적인 헌신이라는 의미를 담고 있으므로 '봉헌'이라는 용어를 사용해야 합니다. 일본어에서 비롯된 '성가, 성가곡, 성가대' 등의 표현도, '찬양, 찬양단, 찬양대'로 바꾸어 사용해야합니다. '묵도默禱'라는 표현도 일본 신사참배에서 나온 것이므로 '묵상默想'이라고 하는 것이 맞습니다. 장례 용어로 흔히 쓰는 '소천小天'이라는 단어는 국어사전에도 나오지 않을뿐더러 사용법에도 맞지 않습니다. 소천이 하늘의 부름을 받았다는 뜻이라면, '소천 받다'로 해야 하지만 이것도 사용되는 표현이 아니므로 '별세하셨다, 하나님의 부르심을 받았다'라고 하는 것이 적당합니다. 기독교인에게 맞지 않는 무속적 표현도 주의해야 합니다. '고인의 명복을 빈다'라는 뜻은 '명복'이 어둠의 저승에 있다고 하는 '명부冥府'의 복을 가리키는 불교식 용어이므로 기독교 예식에는 삼가야 합니다.

흔히 전문가들은 잘못된 성경번역, 국어와 어법에 대한 무지, 목회자의 권위주의 문화 등을 원인으로 말합니다. 잘못된 교회 언어의 교정이 시급한 상황에서도 이를 바꾸기를 꺼려하는 풍토가 작용하고 있다는 것입니다. 언어는 생각과 감성을 담아내는 그릇입니다. 교회에서 사용하는 정확하고 성경적인 언어 표현을 사용해야 예배와 기도가 바르게 될 수 있습니다. 잘못된 교회 용어 사용이 갖는 문제는 교회의 언어는 세상과 교회를 쉽고도 올바른 이해로서 연결시키는 귀한 도구가 되어야 하는데 관행처럼 굳어진 잘못된 교회 용어는 교회와 세상과의 간극을 더욱 크게 만들고 있습니다. 문화의 씨앗은 '언어'입니다. 교회와 세상 사이의 언어의 장벽이 크면 클수록 문화의 차이에서 오는 이질감은 더욱 커집니다. 아무리 굳어진 교회 용어라 할지라도 어법과 맞지 않으면 사람들과 소통할 수 없습니다. 일단은 어법에 맞게 써야 합니다. 앞으로 목사양성 과정의 신학 교육기관에서 인문학적인 소양과 국어와 문학에 대한 소양을 쌓을 필요가 있습니다.

특별히 장애에 대한 편견적 용어를 시급히 개선해야할 사안입니다. 한국교회 안에서 평소 사용되는 장애와 관련된 호칭들이 장애에 대한 편견적 가치를 담고 있어 개선이 시급하다는 주장이 제기되고 있습니다. 특히 한국 기독교 130년 역사 가운데 번역됐던 한글 성경들의 영향을 크게 받았다는 점이 근거로 제시되면서 더욱 관심이 쏠리고 있습니다.

1887년 '예수셩교젼서'부터 1999년 '공동번역개정'까지 20세기에 주로 사용된 한글 성경에는 장애인에 대한 무시와 멸시, 차별의 태도를 지닌 표현들이 나타나고 있습니다. 실제 일선 교회에서는 목사들이 설교 중에 '소경', '문둥이', '앉은뱅이', '귀머거리' 등의 표현을 서슴없이 사용하고 있습니다. 이는 교인들이라고 해서 크게 다르지 않습니다. 국어사전을 찾아보면 이런 표현들은 모두 장애인들을 낮춰 부르는 것들입니다. 이와 같은 호칭들은 장애인들에 대한 차별적 표현일 수 있습니다. 앞서 언급한 장애 관련 호칭은 공식 명칭이 아닐 뿐 아니라, 신체적 기능 위주에 초점을 두고 있다는 면에서 성경에 사용하기에는 부적절합니다.

번역 한글성경 본들을 구체적으로 살펴보면 1887년 최초로 한글로 번역된 '예수셩교젼셔'에서는 '앉은뱅이'(안잔방이), '절룩발이', '소경'(쇠경), '벙어리'(병얼이), '귀머거리'(귀먹당이), 심지어 '병신'이라는 호칭까지 사용되었습니다. 1896년 발간된 국내 최초의 한글 신문이자 민간 신문인 '독립신문'에서조차도 '병신'이라는 용어를 사용하고 있는 점을 봐서도 장애인에 대한 구한말 시대적 편견이 상당했음을 알 수 있는 대목입니다. 1938년과 1952년, 1961년 번역된 '개역'본, 1977년 '공동번역'본, 1993년 '표준새번역'본에서도 '문둥이', '앉은뱅이', '귀머거리', '소경' '눈먼 사람' 등 장애에 대한 부정적 표현은 계속해서 나타나고 있습니다. 시대가 지나 1998년 개역개정과 1999년 공동번역개정, 2001년 새번역본에서는 그 이전 시기 한글성경보다 장애인에 대한 인식개선을 크게 이뤄진 것은 그나마 다행스런 일입니다.

장애인 공식명칭	개역개정(1998)	공동번역 개정(1999)	새번역(2001)
한센인	나병환자	나병환자	나병환자
지체장애인	다리 저는 사람 / 장애인	불구자 / 절름발이 / 절뚝발이 / 곰배팔이	지체장애인(자)/ 다리저는 사람
언어 / 청각장애인	벙어리/ 귀머거리	벙어리 / 귀머거리	말 못하는 사람 / 귀먹은 사람(귀머거리) / 듣지 못하는 사람 / 벙어리
시각장애인	시각장애인	소경	눈먼 사람

늦은 감이 있지만, '장애인'이라는 용어를 공식적으로 사용하게 된 것이 1990년 심신장애자복지법에서 장애인복지법으로 개정됐을 때라는 점에서, 교회만 늦었다고 할 수는 없지만 그래도 교회는 장애인에 대한 바른 이해로서 바르게 사용하는 모범을 보여야할 것입니다. 장애인에 대한 공식 명칭을 조금 살펴보면 '나병환자'는 한센인, '절름발이'는 지체장애인, '귀머거리'는 청각장애인, '소경'은 시각장애인입니다. 개역개정

과 비슷한 시기에 나온 표준새번역이나 공동번역에서도 마찬가지로 신체적 기능에 지나치게 초점을 둔 것은 한계입니다.

●

교회지도자들의
나르시시즘

오늘날 이른바 대형교회의 위상은 그 어떤 시대보다 높습니다. 출석교인의 수는 물론 교회당의 규모와 재정적인 측면에서 볼 때, 우리 사회에서 영향력을 미치는 어떠한 조직보다도 강력합니다. 그러다보니 목사들의 학력과 경력 또한 놀라울 정도입니다. 해당 교회홈페이지나 주보를 보면 담임목사의 학력과 경력을 자랑하고 싶어서 안달인 것 같이 느껴지기도 합니다. 대통령을 비롯한 정치지도자들이 아무리 막강한 권력을 행사해도 정해진 임기동안만 그럴 수 있는 것에 반해 대형교회 목사들의 임기는 만 70세까지이고 은퇴이후에도 원로목사라는 타이틀이 주어져 그 위상은 계속되니 대통령도 안 부럽습니다. 그러나 오늘날 대형교회 담임목사는 우리 사회의 정신문화에 영향을 미치는 종교지도자로서 존경의 대상이었던 것에서 사회적 지탄을 받는 대상이 된 것이 사실입니다. 물론 다 그런 것은 아니고 일부이기는 하지만 대형교회 담임목사들이 보여주는 모습은 상식적으로도 이해하기 어려운 모습들을 보여주곤 합니다. 이른바 대형교회의 담임목사직 세습과 재정의 불투명한 집행 그리고 무리한 교회당 건축

등은 이제 한국 사회의 문제로까지 여겨지기도 합니다. 이것이 대중언론에 보도되면서 많은 사람들의 눈살을 찌푸리게 하는 일들이 벌어지고 있습니다. 그러다보니 의식 있는 많은 젊은 세대가 교회를 등지고 있습니다. 도대체 왜 이렇게 된 것일까요? 도대체 어디서부터 무엇이 잘못된 것일까요?

나르시시즘narcissism은 그리스 신화에 나오는 나르키소스의 이름을 따서 독일의 네케가 만든 용어로 자신의 외모나 능력을 병리적으로 사랑하는 과잉된 자기중심성, 즉 자아도취적 자기애를 말합니다. 신화의 한 이야기는 나르키소스는 모두의 사랑의 대상이 되었으나 이를 거부한 결과, 이루어질 수 없는 사랑의 고통을 벌로 받고, 물에 비친 자신의 모습을 사랑하다 물에 빠져 죽는다고 전합니다.

자아도취적 자기애는 인간의 부정성이 지니는 심리적 문제로, 완벽주의에 경도된 채 자만심과 우월감에 빠져 자기에게서 시작과 끝을 이루는 직선적 완결구조를 형성하려는 태도를 포함합니다. 자신의 불완전함에 대해 무지하므로 예수 그리스도가 자기보다 우월하다는 하나님의 판단을 인정할 수 없던 사탄의 본성은 인간의 악한 심성과 행위의 근원이 됩니다. 나르시스적 인간은 자신의 완벽한 자아상 표출에 문제가 발생하면 자기성찰 대신 타인에게 책임을 전가하고 애매한 희생양을 만들어 이를 극복하려 하는데, 이런 악순환의 과정이 반복되면서 인간의 죄악된 문화는 번성해갑니다.

한국교회 안에 내재된 유교적 가부장적 문화는 권위에 대한 무조건적 의존과 복종, 수평적 소통과 민주적 의사결정 과정의 부족, 억압적 감정 절제 등을 조장하기 쉬운데, 이런 환경 속에서 교회지도자들 안에 있는 나르시시즘은 병리적 현상으로 발전되어 표출되기 쉽습니다. 가부장적 나르시스적 교회지도자들이 하나님과 교회를 명분으로 공적 영역에서 자기성취와 자기과시의 욕구를 만족시키는 과정에서 그들의 나르시시즘을 보호하기 위한 비본질적 안전장치들이 설치되고, 구성원들은 반지성주의에 경도된 채 복종적 참여를 강요받습니다.

몇 몇 자수성가형 교회지도자의 경우, 내면 깊숙이 자리 잡은 독점과 사유화의 욕구로 인해 자주 자신을 교회와 기관의 소유주로 생각하고 주변에 유사 '친위대'를 배치하여 운영권을 독점하므로 집단적 지성의 창출과 지도력 이양에 어려움을 자초합니다. 자기 공로와 자기연민을 시계추처럼 오가며 성직자의 특권의식과 영적 권위로 자신들을 포장한 채, 구성원들을 자신들의 욕구 실현의 도구로 전락시키고, 신앙공동체 안에 돈과 권력과 명예를 추구하는 세속화 현상을 가속화시키며, 고뇌하는 신앙인들의 이탈을 방치합니다. 이들은 달을 가리키는 손가락에 불과한 자신의 위치를 망각하고, 자신이 곧 달이 되려 합니다. 교인들에게 자신이 제시하는 하나님만을 주입하고 자신만이 하나님과 소통하는 직계를 자처합니다. 이들은 오직 하나님만 높여야하는 것을 망각한 채, 자신이 하나님의 자리에 앉았습니다. 오늘날 한국교회의 성장둔화와 윤리적 타락과 사회적 신뢰 약화의 뒤안길에는 하나님의 공의와 사랑을 가로막는 교회지도자들의 나르시스적 병리현상이 함께 자리 잡고 있습니다.

나르시시즘을 양산하는 한국교회의 문화와 목회구조의 사슬에서 벗어나기 위해서는 자기 비움과 상호의존성의 자세로 스스로를 성찰할 수 있는 영적 능력이 있어야합니다. 내 안의 완결구조를 통해 내가 모든 것을 판단하고 모든 구성원들을 다스릴 수 있다는 제왕적 대상화의 망상에서 깨어나, 구성원들의 공동체적이고 상호의존적인 은사를 개발하면서 집단지혜를 발전시키는 유기적이고 공동체적인 목회의 돌봄이 필요합니다. 구성원들을 향해 일방적으로 비판하고 지도하고 가르치려는 태도와 신앙의 이름 아래로 모든 것을 환원시키려는 미망에서 벗어나, 더불어 소통하고 공감하므로 함께 배우고 실천하며 성찰하는 모습으로 전환해야 합니다.

목회기술자가 아니라 인생이라는 순례의 여정에 친구로 동행하는 지도자, 일방적 지시와 전달보다는 낮은 자세의 경청과 수평적 대화를 통해 영적 현자로 말씀의 지혜를 나누는 지도자, 자신이 세운 목표와 결정을 중시한 나머지 기존의 다른 것들은 무효화하고 자신의 시간의 흐름과 목표에 추종할 것을 강요하는 대신에 구성원들의 삶과 사역의 자리에서 공존의 상관성을 만들고 치유와 화해의 생명 망을 짜가며 함께 춤추며 이끄는 지도자, 경력과 인맥과 덧칠한 무용담을 과시하며 그것을 권위의 근거로 삼기보다는 언제나 수줍은 첫 만남을 준비하는 아마추어의 자세로 일상을 살아가는 지도자, 모든 일에 문제해결사로 스스로를 자처하며 나서기보다는 공동의 탐구자로 참여하는 지도자, 성급한 자기 판단을 앞세워 자기 방어적 변증과 공격적 처세로 대처하기 보다는 침묵 가운데 사과와 용서로 낮아지며 갈등의 사이에 서서 치유와 화해의 과정을 모색하므로 공동체의 진보를 이루는 포용적 지도자, 독무대를 차리고 나르시스적 원 맨 쇼를 연출하기 보다는 팀워크를 이루며 공동체를 형성해 가는 지도자, 이것이 하나님의 백성공동체의 전 구성원이 하나님의 정치와 선교와 목회에 참여할 것을 요청 받는 교회지도자들의 상식이 되어야 합니다.

신화의 또 다른 이야기는 이렇게 결말을 맺습니다. 나르키소스는 너무 가까이 다가가면 흐트러져버리고 너무 멀리 물러서면 사라져버리는 물속에 비친 자신의 모습에서 떠나지 못한 채, 헛되이 그것을 껴안아보려고 아무 일도 하지 않고 물가에 누워 있다가 점점 힘을 잃고 시들어 결국 숨을 거두고 맙니다. 그 후 수선화가 피었습니다. 오늘 이 '수선화'

는 '나' 자신에 대한 성찰의 징표인 동시에, 예수 그리스도의 길을 따르는 '나'안에 수행의 무거운 짐으로 남아있습니다. '나'안에 '수선화'가 군락을 이룬 채 시들어 가고 있습니다.

요즘 저는 밤하늘의 별을 보면서 저 자신이 '자기애적 성격장애는 아닌가' 자문해보곤 합니다. 저는 분명 대형교회 담임목사가 아닙니다. 그럴 가능성도 없습니다. 전교생이 79명인 작은 농촌중학교에서 아이들과 함께하는 교육자에 불과합니다. 그럼에도 제가 나르시시즘을 생각해 보고 정신병리 중 하나인 자기애적 성격장애를 생각해보는 것은 문득 목사요, 선생인 제가 이럴 가능성이 많겠다는 생각에서입니다. 제 주변에서 보면 지나치게 자기가 중요하다고 강조, 특별한 대접을 받아야 한다는 기대감, 지속적으로 주목받고 싶은 욕구, 허약한 자존감, 다른 사람에 대한 연민이나 보살핌의 결여를 드러내는 목사들과 선생들을 보곤 합니다. 처음에는 제가 잘못 보는 것이겠지, 제가 보는 모습이 다는 아니겠지 하는 생각을 했는데 가만히 보니 그런 모습이 지속되었습니다. 이들의 나이도 중년기나 노년기이기에 성격이 굳어질 대로 굳어진 것으로 보입니다. 이들을 보면서 '혹시 나도 그런 건 아닐까'하는 생각에 심리상담학 책을 뒤적여보았습니다. 거기서 찾아낸 것이 자기애적 성격장애였습니다. 이는 다음의 특징들 중 적어도 다섯 가지를 가지고 있으면 그렇다고 간주할 수 있습니다. 저 자신도 다음의 질문에 여러 개가 해당됩니다.

1. 자신을 지나치게 중요시하는 과대화된 인식, 자신의 업적과 재능을 과장함, 다른 사람들에 비해 자신이 우월하다는 인정을 받고 싶은 욕구가 강함.
2. 무한한 성공, 권력, 아름다움의 환상에 젖어있음.
3. 자신의 전문성과 독특성에 대한 믿음. 다른 전문가나 지위가 높은

사람 또는 단체만이 이를 이해할 수 있다고 생각함.

4. 과도하게 칭송받고 주목받기를 원함.

5. 특권의식을 가지고 있어 특별히 호의적인 대접을 기대하며, 자신의 개인적인 기대에 맹목적으로 복종할 것을 기대함.

6. 다른 사람들을 착취하고, 그들을 이용함.

7. 다른 사람들의 욕구나 감정에 대한 공감의 결여.

8. 다른 사람들을 시기하거나 다른 사람들이 자신을 시기한다고 생각함. (전문성이나 가치가 떨어진다고 생각되는 사람들의 특권이나 업적에 대해 불쾌하게 생각함).

9. 행동이나 태도가 거만하고 오만함.

자기애적 성격장애가 있는 사람들은 흔히 무한한 성공과 총명함, 권력, 아름다움, 이상적인 사랑 등의 상상에 몰두합니다. 그들은 자신의 문제는 워낙 독특한 것이기 때문에 자기처럼 특별한 사람만이 자신을 이해할 수 있다고 생각할 수 있습니다. 저와 같은 목사나 선생들은 자기애적 성격장애의 진단을 받을 만큼의 특징은 가지고 있지 않더라도 나르시시즘이 매우 강합니다. 이들은 많건 적건 그들이 이미 가지고 있는 자기애적인 특징을 증가시킬 수 있습니다. 이들은 자기도취감과 자신이 특별한 사람이라는 감정이 증가할 수 있습니다. 제가 자기애적 성격장애일까요? 정확히 정신과에 가서 진단을 받아본 적은 없으나 제가 그럴 수 있다는 생각입니다. 이 생각에 그만 털썩 주저앉고 싶을 정도로 힘들었습니다. 자 사진이 두렵기도 하였습니다. 그러면서 올린 기도입니다. '아, 하나님, 저는 아무 것도 아닙니다. 저를 도와주옵소서. 저를 불쌍히 여기소서. 조금 안다고 교만하지 않게 하시고 조금 모른다고 주저 않지 않게 하소서. 하루하루 살면서 하나님의 숨결을 느끼면서 호흡하고 반성

하고 다짐하는 은혜를 허락해주소서.'

서울서 살다가 15년 전 작은 농촌 마을에 내려왔을 때는 밤하늘의 별빛이 많아서 좋았습니다. 그런데 이제는 하나둘 어디론가 사라진 것인지 보이지 않습니다. 제가 사는 농촌도 점점 환경이 파괴되었기 때문일 것입니다. 두 눈을 부릅뜨고 밤하늘을 힘껏 쳐다봅니다. 혹시라도 오래 전 곱게 바라보던 그 별빛이 다시금 보일까 싶어서입니다. 억지라도 별빛을 그리워함은 그것들이 제가 다시금 찾아야할 겸손과 진실과 순수와 사랑인 것만 같기 때문입니다. 오늘은 문득 없어진 별빛이 그립습니다.

4

참되고 바른 삶의
목표와 자세

소비사회 속의
기독교

———————————————— 우리 사회를 바라보면, 빈곤
의 사회입니다. 가난한 사람이 자신의 가난을 탈출하기가 갈수록 어려워
지고 있고 빈곤은 고스란히 대를 이어 물려져 내려옵니다. 그러나 다른
한편 우리 사회는 풍요의 사회이기도 합니다. 이전 시대에 비해 분명
풍요를 누리는 사회입니다. 또한 다른 나라와 비교해도 그렇습니다. 특
히 우리의 소비 수준을 살펴보면, 과거 그 어느 때보다도 그리고 우리나
라와 경제 규모가 비슷한 다른 어느 나라보다도 많은 소비를 하고 있습
니다. 이런 면에서 많은 사람들은 빈곤을 부지런하지 못한 개인의 문제
로 돌려버리기도 하고, 끝없는 경제 성장이 모든 사람에게 풍요로움을
가져다 줄 것이라고 믿기도 합니다.

  사실 오늘날 우리가 살아가는 풍요의 '소비사회'는 끝없는 경제성장을
추구하는 후기산업사회의 자연적인 결과이기도 합니다. 대량생산으로
이루어지는 풍요로운 사회는 쌓여있는 생산물을 처리하기 위해 계속적
으로 소비를 인공적으로 부추길 수밖에 없습니다. 소비와 소유에 대한
개인의 욕구와 욕망은 광고와 마케팅 기술에 의해 더욱더 정교해지고

더욱 부풀려집니다. 그렇기 때문에, 우리의 기대나 막연한 믿음과는 달리 인간이 경제적 선택 특히 소비를 할 때도 그러하고 정치적 선택 특히 선거를 할 때도 마찬가지로, 그러한 선택들이 주체적이고 이성적이고 논리적인 것만은 아닙니다. 우리에게 정보가 많은 것 같지만, 실상 그 정보의 대부분은 광고와 정치 선전이 만들어낸 것입니다. 우리는 스스로 주체적으로 선택한다고 생각하지만, 사실은 구조적으로 선택당하고 있는 셈입니다.

오늘날 우리의 풍족한 소비가 과거 어느 때보다도 그리고 다른 어느 곳보다도 더욱 풍요로운 삶을 제공해주는 것처럼 보이지만, 사실은 사회와 시장의 강제에 의해 억지로 요청된 것일 뿐입니다.

또 다른 측면에서 우리의 소비 생활을 돌아보면, 우리의 필요와 자연스러운 욕구를 넘어서서 사물 자체에 가치를 부여하고, 그 가치를 마치 자신인양 생각하거나 또는 그 사물을 가지면 자신이 달라질 것이라 생각합니다. 필요에 의해 소비하는 것이 아니라 욕망과 환상에 기초해서 소비하는 것입니다. 이른바 명품이라고 불리는 옷과 가방이 그러하고, 어떠한 악조건도 뛰어넘을 자동차가 그러하며, '사는 곳이 나를 말해준다'고 광고하는 아파트가 그러합니다. 이런 사물들을 생산하거나 소비하는 것은 판타지fantasy를 생산하고 소비하는 것에 다름 아닙니다. 아주 개인적인 것이라고 생각할 수 있는 맛과 취향도 사실은 명예와 지위 획득의 사회적 '구별 짓기'라는 사회적 관계에서 형성된다는 프랑스 사회학자 부르디외의 분석은 이미 잘 알려져 있습니다. 이런 의미에서 오늘날의 소비사회는 구약성경의 예언자들이 그렇게도 비판하던 우상 숭배, 특히 물신物神 숭배와 맞닿아 있다고 볼 수도 있습니다. 이런 사회의 가장 중요한 가치는 바로 '끝없는 경제 성장'입니다.

끝없이 인간의 욕망을 부추기는 사회 그리고 끝없는 경제 성장 이데올로기의 덫에 걸린 사회를 극복하는 길은 기독교의 가난의 영성으로 돌아가는 길이어야 합니다. 물론 우리 사회의 이데올로기를 개인의 탓으로 돌리거나, 그 극복 역시 개인의 책임이라고 말하려는 것은 아닙니다. 그럼에도 욕망과 이데올로기 위에 세워진 이 사회를 극복하는 것은 개인의 회심으로 시작됩니다. 그리고 복음적 요청으로서 가난은 극단적인 무소유의 요청이 아니라, 소유와 소비에 의존하여 자기 자신을 정립하고자 하는 태도에서 벗어나서 오로지 하나님께 돌아서는 길이고, 하나님이 새겨주신 자신의 참다운 모습을 찾고자 하는 태도라고 볼 수 있습니다. 가난으로의 방향 전환이 이 우상의 사회를 극복하는 길입니다.

얼마 전 들은 이야기입니다. 연세 지긋한 여자 분이 농담 같은 진담으로 하신 말씀입니다. "제가 죽으면, 화장火葬해서, 제 유골을 백화점 옥상에 뿌려주면 좋겠습니다." 그리고 덧붙여 하신 말씀은, 살면서 보낸 시간들 중에 백화점에서 보낸 시간이 제일 재미있더라는 것입니다. 백화점에서 쇼핑도 하고, 밥도 먹고, 친구를 만나 차도 마시고, 백화점은 거의 모든 일이 가능한 곳이라는 것입니다. 이 농담 같은 진담에 모였던 사람들이 크게 웃었다고 합니다만, '백화점에 담긴 소박한 행복 철학'을 우스갯소리 삼아 그저 웃어버리고 말기에는 왠지 서글픈 우리네 자화상이 마음에 그려졌었습니다.

재미와 행복이 우리네 삶에 뒤엉켜, 어느 누구도 그 경계를 명확히 구분하기 힘들어진 세상입니다. 물론 재미가 행복의 요건이 될 수 있는 것도 사실입니다. 하지만 '놀이를 통해 얻는 쾌락적 재미'로부터 그 자체가 목적인 '덕스러운 행복'을 구분하고, 관조觀照하는 삶 안에서 자족自足함이 행복임을 가르쳤던 아리스토텔레스의 지혜가 지금 우리의 현실과는 너무 멀리 떨어져 있다는 느낌이 들었습니다.

소비가 사실 재미난 일이고, 남에게 피해주지 않으면서 홀로 즐길 수 있는 놀이여서, 그나마 답답하고 스트레스 많은 우리나라 사람들 일상에 행복한 일탈逸脫일 수 있을 것 같습니다. 그리고 소비가 그렇게 재미있는 놀이인 만큼, 재화財貨 또한 큰 가치를 발휘하는 사회입니다. 요즘 우리 사회에 만연한 이러한 현상을, 이미 1970년에 프랑스 철학자 장 보드리야르Jean Baudrillard가 학문적으로 정리해 놓았다는 사실이 새삼 놀랍기만 합니다. 그가 그의 책『소비의 사회』에서 말하고 있듯이, 현대사회에서 소비되는 것은 생산물이 아니라 기호입니다. 많은 사람들이 더 이상 필요한 것을 구매하는 것이 아니라, 남들과 나를 다르게 만들어 줄 수 있는 상징물들을 구매합니다. 우리가 유행을 따라야 하고, '유명 브랜드'나 '명품'이 터무니없이 비싸도 사야 하는 이유입니다. 그리고 그렇게 '기호소비'를 통해 만족하고, 남과 나를 차별화시킬 수 있는 도구를 구비합니다.

'소비사회'에서 중요한 것은, 더 이상 '상품의 사용가치'나 '교환가치'가 아닙니다. '소비사회'가 우리에게 중요하다 가르치고 요구하는 것은, 사회적으로 의미가 부여된 '기호가치'입니다. 그 기호는 삶의 수준이 되고, 행복의 척도가 되어버렸습니다. 그렇기 때문에 남들이 이미 지닌 기호를 자기 몸에 치장하지 못하면, 왕따를 당하기도 합니다. 그리고 남들이 소비한 유행을 소비할 수 없으면, 스스로 불행하다 여기기도 합니다.

반대로 그 '기호가치'를 통하여 우리는 남들로부터 부러움을 살 수도 있습니다. 아니 어쩌면 내 자신이 소비를 통해 행복해졌다고 생각할 수 있는 '착각의 기호'를 마음에 인식하고, 타인에게는 '부러워하라!' 강요하고 있는지도 모르겠습니다. 시쳇말로 '갑질'같은 차가운 어리석음이 비롯되는 착각의 장소도, '기호소비'의 허상이 만들어 준 '자화상'일입니다.

우리나라는 불과 얼마 전까지만 해도 물질적 풍요보다 가족이나 이웃과 함께 나눈 정情과 따뜻함의 가치가 더 컸던 사회였습니다. 그 사회 안에서 '희생'이 어리석지 않았고, '인정'이 바보스럽지 않았습니다. '진리'를 위한 투신이 위대했고, 아름다웠던 시대를 우리는 가까운 과거로 여전히 기억하고 있는데, 우리에게 그 기억은 이제 아련한 시간에 대한 향수鄉愁로만 그려집니다.

'헌신의 시대'에 우리가 지녔던 신앙은, 더 이상 우리에게 남아 있지 않은 듯합니다. '진정한 행복'을 관조하지 못한 채, 재미만 남은 사회의 종교가 '소비'로 쏠리는 것은 너무도 당연합니다. 이러한 '소비사회'의 구성원들이 세우는 성전聖戰이 '백화점'이라는 것도 당연한 이치입니다. 썩어질 가치가 아니라 참된 가치를 되새기며 살아가면 좋겠습니다.

●

인스턴트 시대를
거부하는 참된 신앙

─────────────── 어느 통계에 의하면 젊은 세
대는 단 1초의 기다림도 지겨워하고 즉각적인 반응을 기대한다고 합니
다. 우리가 살아가는 현대사회는 음식은 물론 사람들과의 의사소통도
온라인을 통한 인스턴트 대화가 당연시되고 활성화된 시대입니다. 현대
사회를 대표하는 대중문화는 장기적인 안목보다는 단기적인 시각에서,
깊은 울림보다는 단순하고 즉각적이고 감각적인 가벼움으로 인스턴트
에 열광합니다. 이러한 현상은 교회 안에서도 마찬가지입니다. 많은 신
앙인들이 지속적인 교육을 무시하고 신앙적인 삶을 찰나적이거나 즉각
적인 성화, 즉각적인 능력, 즉각적인 치유를 제시하는 사람들의 가르침
에 빠져들고 있는 시대입니다. 겸손한 복종이라든지, 오래 참음으로 기
다린다든지, 꾸준히 참고 견딘다든지 하는 것에 매력을 느끼지 못합니
다. 이처럼 우리는 인내할 줄 모르는 인스턴트 시대에 우리가 살고 있습
니다.

많은 신앙인들이 끈질긴 기도보다는 즉각적인 응답에 더 환호합니다.
신앙의 깊이보다는 즉흥적인 감흥과 감격에 더 열광합니다. 신앙의 깊이

를 잃고 흐려져도 아쉬워하거나 이의를 제기하지 않습니다. 그저 즉각적인 성과나 성공이 주어지면 그만입니다. 신앙의 깊이나 마음은 피폐해져도 물질적인 것이나 육체적인 것만 당장 채워지면 그만입니다. 불순물이 섞이지 않은 순수한 성경이해나 설교보다는 가공된 성경이해나 설교에 더 매력을 느낍니다. 겸손과 인내로 먼 길을 돌아가기보다는 쉽고 편한 길을 택합니다. 무미건조하고 거친 광야보다는 화려하고 쉽고 편한 세속적인 길에 마음이 더 기울어 있습니다. 당장 결과를 보고 싶은 조바심에 마음 조절의 중요성에는 무관심합니다. 오래 참으며 체득해나가는 신앙적 깊이보다는 단 한 순간에 기적적으로 성취하는 조급함을 선호합니다. 어느 순간 교회의 구조와 시스템은 세속적인 가치를 그대로 받아들여 그런 틀에서 운영되기도 합니다. 목사의 권위를 신앙적인 가치나 기준이 아니라 세속적인 개념의 학력이나 기능적 유능함으로 평가하기도 하고, 심지어 최소비용으로 최대효과를 거둘 경제개념으로 목사를 채용하는 양상마저 보입니다.

교회가 모델로 삼고 기준으로 삼는 예수가 걸어간 길은 지속적인 순종의 길이었습니다. 그의 전 생애가 그 길에 바쳐졌습니다. 자신의 사명을 극적이고 초자연적인 단 한 순간에 성취하고 싶은 유혹을 물리치셨습니다. 그는 하나님의 뜻과 목적을 위해 세속적인 권력과 명예와 유익을 단호하게 거부하셨습니다. 참된 가치를 발견하고 그 길을 가는 삶에 이르는 유일한 길은 십자가를 통한 길밖에 없습니다. 예수를 따르고 자기를 부정하는 일은 매일 고통스럽게 많은 대가를 지불해야 하는 삶으로서 한 순간에 성취될 수 없습니다. 그 일은 오직, 하나님이 당신의 백성에게 요구하시고 그 요구를 감당할 수 있도록 구비시키시는 모든 것에 대해 일생동안 새롭게 헌신하고 순종의 반응을 보임으로써만 가능합니다.

구약성경에 나오는 모세는 120세에 모압 땅에서 죽을 때까지 세 번의 큰 삶을 살았습니다. 애굽 왕 바로의 궁전에서 40세까지의 한 생. 미디안 광야에서 처가의 더부살이를 하던 40년의 한 생. 그리고 나머지 이스라엘을 출애굽 시킨 건국의 아버지요 신앙의 아버지로 40년 동안 마지막 한 생을 살았습니다. 그가 출애굽의 영웅으로 등장한 시기는 무려 80세가 된 시기였습니다. 그 오랜 세월을 돌아 돌아 인고忍苦의 삶을 거쳐 숙성된 지도자로 나타났습니다. 그 오랜 세월을 거친 그는 더 이상 왕자라는 특권의식이나 자기애적 성격장애이거나 혼자만이 가쁘게 가는 독불장군이 아니었습니다. 겸손한 자세로 형 아론과 누이 미리암과 협력하고, 이방제사장 출신인 장인 이드로의 조언을 받아 협력적인 조직체계를 만들어 나갈 수 있었습니다. '나 아니면 안 된다'가 아닌 여호수아와 갈렙과 같은 후배 지도자들을 길러냈습니다.

그가 자신의 의로움을 드러내는 사건으로 가나안에 입성하는 결정적인 축복은 허락되지 않았습니다만 40여년에 걸친 참혹한 광야생활에서 그 어떤 처지에 던져지든 상관없이 하나님의 시선에서 벗어나지 않았습니다. 어떤 환경이었거나 그 시간이 얼마나 길었거나 견디고 기다렸습니다. 조급한 이스라엘 백성 모두가 원망과 좌절에 지쳐 쓰러져도 하나님께 대한 신뢰를 저버리지 않았습니다.

그러나 오늘 우리는 응답이 늦어지고 조바심이 일어나면 삶이 흔들리고 기도가 흔들립니다. 당장 손에 잡히는 인스턴트가 더 매력 있게 다가와 내 고집만을 강하게 내세우기도 합니다. 단번에 이루고 싶은 욕망으로 인해 지극히 작은 일들은 하찮게 여기며, 불평불만을 쏟아내기도 합니다. 정답이 없는 인간관계에서 마음고생을 하면서 조심스럽게 가는 게 번거롭게 느껴지기도 합니다. 한국교회의 순교자로 추앙받는 주기철 목사는 이렇게 기도했습니다. "장기간의 고난을 이기게 하옵소서. 단번에 겪는 고난은 이기기 쉬우나 오래 끄는 장기간의 고난은 참기가 힘이 듭니다. 칼로 베고 불로 지지는 고문이라도 한두 번에 죽어진다면 그래도 이길 수가 있으나 한 달, 두 달, 1년, 10년 계속되는 고난은 견디기가 어렵습니다. 그것도 반드시 겪어야 할 고난이라면 겪게 되겠지만, 옆에서 한걸음만 양보하면 이 무서운 고통을 면하게 해주고 상을 베풀리라 하는 대목에서 많은 사람들이 절개를 꺾었습니다. 말 한 마디만 타협하면 살려준다는데, 그때까지 용기를 잃지 않고 견디던 믿음의 용사도 넘어지게 마련입니다. 하물며 저처럼 연약한 약졸이 어떻게 장기간의 고난을 견디어 배기겠습니까. 다만 주님께 의지할 뿐입니다."

고난과 고통의 시간을 단축하려는 의지가 있다면 그것도 하나님 앞에서는 말할 수 없는 죄악이라고 말한 주기철 목사의 신앙이 인스턴트로 살아가는 우리를 한없이 부끄럽게 합니다. 예수의 뒤를 철저히 따랐던 믿음의 사람들은 모두가 하나님의 때를 기다릴 줄 아는 인내의 대가들이었습니다. 그들은 단순하고 무미건조한 일상생활을 비범하게 살아냈습니다. 순간의 성공보다 손해를 보더라도, 큰 고통과 희생을 치르더라도 불순물이 섞이지 않은 순수한 진리를 찾고 그 진리 안에서 올곧은 믿음의 삶을 살아냈습니다. 극한 시련 가운데 처할지라도 결코 시험을 단숨에 뛰어넘으려고 하지 않았습니다. 그저 묵묵히 오래 참으며 자신에게 주어진 길을 묵묵히 걸어가는 용기와 기상이 넘쳤습니다.

세속적인 것과 다르지 않아 듣기 좋고, 적용이 쉽고 익숙한 신앙은 진짜 같으나 실제는 가짜일 뿐이고(사이비), 참된 신앙을 우롱하는 것(이단)에 지나지 않습니다. 우리는 지금 있는 것을 쟁취하는 것보다 장래 것을 기다림이 가장 좋은 일인 줄 알아야합니다. 세속적인 유익이나 현실적인 것을 조급하게 탐하기보다 참된 것을 갈망하며 진리 안에서 자유로운 삶으로 나아가야합니다. 금방 화려하게 타오르다가 시들어가는 신앙과 인격이 아니라, 깊고 깊은 신앙과 인격으로 올곧은 길을 지속적으로, 꾸준히, 묵묵하게 걸어가야 합니다. 그러기에 인스턴트 시대에, 물질이 우상화된 현대사회에 이를 단호히 거부하면서 참된 신앙을 지킨다는 것은 불가능 할지도 모릅니다.

무늬만 기독교신앙이 아니려면 어쩌면 순교자의 자세가 요구되는 지도 모릅니다. 그럼에도 이 길을 가려는 결단과 결행은 끊임없는 자기부정에서 출발합니다. 즉각적으로 쉽게 뭔가를 얻으려는 것은 우리의 삶 속에서 주어지는 십자가를 외면하는 것과 같습니다. 예수를 따르려면 매일매일 십자가를 삶 가운데 짊어져야 합니다. 지쳤다고, 지루하다고, 힘들다고, 남이 알아주지 않는다고, 현재 하는 일들이 작고 초라해 보인다고 멈춰서는 안 됩니다. 끝까지 끈기 있게 예수가 걸어간 길을 따르기 위해 지속적인 겸손, 지속적인 온유, 지속적인 충성, 지속적인 인내가 필요합니다.

단번에 해결하고 싶은 조급한 욕심은 우리 안에 불평불만을 가져와 전인적인 영역의 조화와 균형을 잃게 합니다. 무미건조하고 척박한 광야 길을 걸으며 자아중심적인 욕망을 철저히 부정하면서 깨뜨려야만 우리 삶 가운데 인내의 열매를 풍성히 맺을 수 있습니다. 어떤 처지에 던져질지라도 하나님의 시선에서 벗어나지 않고 인내의 열매를 지속적으로 맺으며 견뎌야 합니다. 일시적인 감정과 감흥이 아닌 일생동안 새롭게 헌신하며 순종의 길을 따라가야 합니다.

영적인 힘은 고통을 인내하며 고통 받는 데서 성장하고 강해집니다. 작고 평범한 일들처럼 보이는 일들을 꾸준히 해나가는 것이 무엇보다 값진 삶입니다. 지극히 단순한 일들을 끈기 있게 묵묵히 견디며 감당하는 이들이 복됩니다.

성탄을 맞이하는
두 가지 자세

─────────────────────────────── 아기 예수가 출생할 때는 헤롯왕이 통치하던 때였습니다. 동방박사들이 큰 별의 인도를 받아 헤롯왕을 찾아왔습니다. 이 소식을 들은 헤롯왕과 장관들은 놀라 소동했습니다. 헤롯왕은 성경을 잘 아는 서기관들을 불러 메시아가 어디에서 태어날 것인지 물었고, 동방박사들을 불러 베들레헴으로 보내면서 그 집을 찾으면 자신에게 꼭 말해줄 것을 부탁했습니다.

동방박사들은 별의 인도를 받아 아기 예수가 누운 곳을 찾자 크게 기뻐하고 또 기뻐했습니다. 그들은 아기 예수에게 경배하며 보배함을 열어 황금과 유향과 몰약을 예물로 드렸습니다. 그리고 그들은 헤롯왕의 음흉한 속내를 모르기에 당연히 헤롯왕에게 아기 예수의 출생을 알리려 하기에 이들에게 천사가 꿈에 나타나 헤롯왕에게 가지 말고 다른 곳으로 알려줘, 이들은 다른 곳으로 돌아갔습니다. 이에 헤롯왕은 박사들이 그냥 돌아간 것을 알고 분개하면서 예수가 태어난 베들레헴성의 두 살 아래의 모든 사내아이들을 죽였습니다. 이 일은 마치 400여년 노예생활로 처참한 고통 속에 있던 이스라엘 백성들을 구원할 사람으로 출생하는 모세 이야기를 떠올리게 합니다.

　모세가 태어난 때는 이스라엘 백성들에게 매우 어려운 시기였습니다. 조상 요셉이 애굽의 총리대신으로 애굽 전역을 다스릴 때에는 야곱의 가족들이 제법 대접을 받았지만, 이제 요셉을 알지 못하는 새 왕이 일어 났고, 야곱의 후손들이 번성하게 되어 애굽인들에게 위협으로 느껴지게 되었습니다. 이에 애굽왕 바로는 이스라엘에게 모진 고역을 시키기 시작했습니다.

　모세 출생 당시의 애굽(이집트)의 바로(왕)는 투트모스 1세Thutmose I, B.C.1539~1514였습니다. 그는 매우 포악한 왕으로서, 히브리인들이 낳은 남자아기를 학살할 것을 지시한 인물입니다. 모세의 형 아론이 무사한 것으로 보면 아마도 이 명령은 모세의 출생 직전에 내려진 것으로 보입니다. 모세가 태어났을 때, 그 어머니는 석 달 동안 목숨을 걸고 아기를 숨겼습니다(출애굽기 2장 2절). 이것은 매우 위험한 행동이었습니다. 만일 당국에 발각되는 날이면 온 가족이 위험에 처할 수 있었습니다. 이처럼 포악한 지배자 밑에서 노예계급의 연약한 아기로 출생해서, 그것도 죽임을 당해야만 하는 운명에 직면했던 모세가 결국은 자기 백성을 구원할 사명을 감당했습니다.

　모세의 이야기는 아주 유명한 이야기로 헤롯왕도 알고 있었을 것입니다. 아무리 막으려 해도 하나님의 뜻은 결국은 실현된다는 사실 말입니다. 헤롯왕은 하나님의 큰 복을 받을 기회를 가졌던 사람이었습니다. 헤롯왕은 많은 예언자들이 수백 년 동안 메시아가 올 것을 예언하며 기대해온 메시야를 자신의 눈으로 확인하고 함께할 역사의 현장에 있었습니다.

　헤롯왕은 애굽의 바로 투트모스 1세가 아닌, 요셉을 인정하고 맞이해서 나라를 부강하게 한 바로처럼 좋은 왕이 될 수 있었습니다. 그러나 그는 위대한 축복의 기회를 저주로 바꾸고 말았습니다. 그 옛날 투트모스 1세와 같은 포악한 길을 선택했습니다. 헤롯왕은 신하들과 함께 놀라 소동했습니다. 이 소동은 당황과 거부감 그 자체였습니다. 그가 선한 일을 선택하지 않고 악한 일을 선택한 이유는 자신의 자리를 빼앗길까 두려웠기 때문이었습니다. 그는 결국 자신의 권력으로 연약한 아기로 등장한 메시아를 죽이려고 하다가 실패하고는 아무 힘없고 영문도 모르는 많은 아기들을 죽임으로써 출산으로 기뻐하는 기쁨의 장소를 통곡의 장소로 바꿔놓고 말았습니다.

아기 예수 출생을 기쁨이 아닌, 두려움과 불의로 여긴 이들은 헤롯왕만이 아니었습니다. 성경에 대한 해박한 지식을 자랑하는 서기관과 바리새인들은 메시아의 탄생을 잘 알고 있었습니다. 오랜 세월 기다려온 메시야가 탄생했으니 기뻐하며 찾아가 경배했어야 했습니다만 그들은 헤롯왕과 함께 소동하며 거부하는 무리였습니다. 이들 또한 자신들의 기득권을 빼앗길까봐 그러했습니다. 이처럼 헤롯왕과 서기관들과 바리새인들은 자신들의 권력과 기득권이 우선이었습니다. 이를 위해서라면 그 어떤 행위도 마다하지 않을 사람들이었습니다. 새로운 희망으로 오는 메시야가 이들에게는 달갑지 않은 두려움과 불안과 도전으로 여겨졌습니다. 이 헤롯왕과 서기관과 바리새인들의 모습이 오늘 우리의 시대, 우리의 모습 속에도 있는지 모릅니다. 오늘 우리의 시대에도 헤롯왕과 같은 이들이 있습니다. 이들은 자신의 기득권을 지키기 위하여 무슨 짓이든지 할 사람들입니다.

아기 예수는 가난한 사람, 병든 사람, 약한 사람들을 위해 온몸을 바치려고 오는 의로운 왕입니다. 힘 있는 사람들, 헤롯왕처럼 자신이 가지고 있는 권력과 명예와 지위로 인해, 아기 예수를 멀리하고 하나님의 뜻을 거부하는지 모릅니다. 그러기에 아기 예수의 오는 것이 별로 반갑지 않을 수 있습니다. 아니 아기 예수가 오는 것을 거부하는지도 모릅니다.

왕의 출생은 당연히 왕이나 귀족의 혈통으로 그 나라의 가장 중심지인 수도에서 많은 사람들의 축하를 받으며 출생하는 것이 당연합니다. 동방박사들이 그렇게 생각했습니다. 그러나 이들이 맞이한 모습은 정반대였습니다. 로마 제국 통치하의 유대땅 베들레헴은 작고 연약한 곳이었고, 아기 예수의 신분은 가난한 목수의 집안이었고, 출생지는 냄새나고 초라하기 이를 데 없는 짐승들의 먹이통이었습니다. 이런 어이없는 상황에 이들은 자신들의 지식과 상식이 아닌 정반대의 상황에 자신들의 생각과 의견을 다 내려놓고 겸손히 무릎 꿇고 순종했습니다. 아무런 혜택이나 대가도 바라지 않고 정성껏 준비한 예물을 드리고는 돌아갔습니다.

성탄을 맞으면서 오늘 우리의 입장을 되새겨봅니다. 아기 예수의 출생을 기뻐하고 감사하는 삶인지, 아니면 알량한 기득권에 취해 겉으로는 성탄을 축하하며 기대하는 체하지만 속으로는 마땅치 않아하며 믿지도 않고 꺼리는 지도 모릅니다. 오늘 우리가 가진 기득권이 무엇인지, 내려놓지 못해서 어쩌면 우상이 되어버린 조건이 무엇인지 생각해봐야합니다. 오늘 우리에게 그 옛날 아브라함에게 "네 아들 이삭을 내게 번제로 바치라"고 하신 하나님의 음성이 들릴지도 모릅니다. 오늘 우리에게 예수가 "네가 가진 것보다 나를 더 사랑하느냐?", "네가 가진 모든 것을 다 버리고 나를 따르라"고 하신다면 오늘 우리는 "네, 당연합니다. 그 말씀을 기다렸습니다."라고 자신 있게 말할 수 있을까 싶습니다.

성탄을 맞으면서 가만히 머릿속에 떠올려봅니다. 남들은 다 잠에 빠진 늦은 시간에 자신에게 주어진 별을 관측하는 일에 충실하다가 큰 별을 보고는 귀한 보배함을 준비해서 "왕이 어디 계시냐"하고 먼 곳을 찾아나선 동방박사들처럼 우리에게 성탄은 기쁨과 감격과 희망으로 가득한 기다림과 갈망이어야 합니다. 가진 것이 많고 누린 것이 많을수록 우리는 성탄의 기쁨을 누리지 못할 지도 모릅니다. 하늘에 보물을 쌓아두지 않고, 이 땅의 권세와 명예와 부귀영화에 마음을 빼앗긴지 오래인 것은 아닌지 생각해봅니다. 예수의 제자가 되려고 찾아온 부자 청년은 "가진 것을 다 팔아 나를 따르라"는 말에 결국 그렇게 하지 못하고 돌아가 버렸습니다. 이 청년이 오늘 우리의 모습은 아닐는지요? 어디선가 성탄성가가 귓가에 들려오는 것만 같습니다. "기쁘다. 구주 오셨네. 만백성 맞으라~"

●

앎이 아니라
삶으로 기독교답게

————————————— 오늘날 한국교회의 현실은 그리 밝지 못합니다. 개신교의 성장세를 예측하는 사람은 많지 않습니다. 대부분의 국가에서 성장세가 꺾인 종교가 반등을 하는 경우는 좀체 찾아보기 힘듭니다. 교회는 전도를 하려고 해도 전도가 되지 않는 상황이 되어버린 지 오래입니다. 이러한 상황에서 한국교회가 침체기를 벗어나기 위해서는 개별 교회들이 연합하고 참된 종교의 모습을 보여줄 수 있어야 합니다. 초기 한국개신교는 교회나 기독교인이 숫자로는 많지 않았고, 주류 종교가 아니었음에도 사회를 선도하며 큰 역할을 감당했습니다. 그러나 전체 인구의 20% 가까이 차지하며 주류 종교의 위치로 올라선 지금 오히려 여러 가지 위기 징후를 보이고 있습니다.

종교宗敎, religion의 어원은 불교가 중국에 들어와 산스크리트(범어梵語)의 불교 경전을 번역할 때 불교용어 '싣다아안타siddhānta'가 '종宗: 마루, 으뜸'으로 번역되면서부터입니다. '싣다아안타'는 '완전한 성취'의 '싣다siddha'와 극치(최고)를 의미하는 '안타anta'의 합성어로써 '종'은 진리의 궁극적인 경지를 뜻하며, 이러한 '종'에 이르도록 하기 위한 가르침 즉 '으뜸(최고)의 가르침敎'이 바로 '종교'입니다.

사실 종교란 원시사회에는 없는 용어이고 후대에 만들어진 개념입니다. 인류 초기에 성인聖人들은 글을 쓴 적도 없거니와 종교를 만든 적이 없습니다. 오로지 세상의 진실과 진리, 인간의 길道을 밝혔을 뿐입니다.

'존 프롬John Frum'은 오세아니아(호주)주 인구 23만 명의 작은 섬나라 '바누아투Vanuatu'의 '탄나Tanna' 섬에서 창조자, 구원자, 메시아로 숭배되는 인물입니다. '바누아투'공화국은 1980년 전까지는 영국과 프랑스의 공동식민지였습니다.

영국과 프랑스가 식민지 국가에 대해 늘 그렇듯 그들은 선교사를 앞세워 원주민들을 강제로 기독교인으로 개종시키려 했습니다. 원주민들이 기독교로 개종하게 되면 원주민들을 좀 더 손쉽게 지배할 수 있게 되고, 본토인들이 식민지로 이주해 살아가기에도 쉬운 환경이 되기 때문입니다.

'바누아투'에 파견된 영국의 선교사들은 원주민들의 전통을 미신이라며 탄압하고 금지하기 위해 '탄나법'이라는 법을 만들고, 이 법을 지키지 않는 원주민들을 가두고 폭행하고 고문까지 서슴지 않았습니다. 원주민들은 이제 식민지 이전 과거의 원시적인 미개상태로 되돌아갈 힘도 용기도 남지 않았습니다.

이 시기에 그들에게 미국에서 '존 프롬'이란 선교사가 왔습니다. 그가 다른 선교사들과 다른 점은 다른 선교사들처럼 백인들 입장에 서서 "이래야 한다"고 가르치지 않았습니다. 또한 그 섬의 모순된 현실이 바로 현대문명의 모순을 집약해 놓은 것이라고 가르쳤습니다. 다른 선교사들이 그들에게 와서 구원과 선善을 가르치겠다고 했지만, 정작 그들 뒤를 따라 같이 들어온 것은 타락과 악惡이었던 것과 분명히 달랐습니다.

그는 원주민들에게 "물질과 먹고사는 지식을 위해 노예로 사느니 영혼을 위해 자유인으로 살라.'고 가르쳤습니다. 그는 솔선수범해서 살기 좋은 해안을 떠나 숲속으로 들어가 아무런 물건이나 백인 문명에 대한 지식들도 가르치지 않은 채, 다만 그들이 어떻게 하면 물질 없이도 더 자유롭고 다 같이 행복하게 살 수 있는지를 실제적인 삶으로 보여 주었습니다. 이렇게 그는 원주민들과 십년을 하루같이 살았습니다.

그러자 그들은 다시 예전의 원시상태 같은 마음으로 돌아갔습니다. 그 상태에선 서로 특별히 가진 것이 없었으므로 그 누구도 서로 시기질투하지 않았고, 숲속에서 서로 협심해서 사냥을 하고 농사를 지었습니다. 그들에겐 백인들이 가지고 온 문명사회의 유용한 물건들은 없었지만 서로 사랑하게 되고 행복했습니다.

백인들은 섬의 노동인력이 존 프롬 때문에 부족해지자 그를 모함하고 괴롭히고 온갖 구실을 만들어 결국 그는 본국으로 추방되었습니다. 존 프롬이 떠나던 날, 그는 원주민들 앞에서 눈물을 흘리며 이렇게 말했습니다. "저는 반드시 돌아옵니다. 비록 제 몸은 떠나가도 제 마음과 제 정신은 항상 여러분과 영원히 같이 있습니다."

원주민들은 그가 떠나간 뒤에 그가 남긴 말들을 정리해서 나름대로의 '경전'을 만들었습니다. 그리고 그들은 그를 점점 구세주로 추앙하고 믿기 시작했습니다. 그들에겐 그들을 이용하고 혹사시킨 백인들의 신神인 '예수'란 이름보다는 그들을 실제로 사랑하고 그들의 삶을 노예상태에서 해방시켜 그들을 다시 자유인으로 만들어 주면서 그들과 동고동락했던 존 프롬을 깊이 신뢰하고 사랑했습니다.

미국으로 돌아간 존 프롬은 그만 병으로 죽게 되어, 돌아가겠다는 약속을 지키지 못했습니다. 세월이 한참 지난 오늘날 '바누아투공화국'에서는 '존 프롬교'가 번창하고 있습니다. 그들은 이렇게 말합니다. "말만 앞세우는 선교사들보다 서로 돕고 살아가는 원주민들의 삶이 더 성경에 가깝습니다. 그리고 우리를 이렇게 만들어 준 것은 바로 '존 프롬'의 위대한 사랑과 정신이었습니다. 우리는 바로 그 사실을 가슴으로 믿는 것입니다." 존 프롬의 이야기는 참된 종교의 의미를 되새겨보게 합니다.

비슷한 이야기로 성 토마스 섬의 성자라고 불리는 아브라함 비닝거 Abraham Bininger의 이야기입니다. 스위스 취리히 출신의 소년 비닝거는 어렸을 때에 부모를 따라서 스위스에서 미국으로 이민을 가게 되었습니다. 그런데 불행하게도 가는 도중 배에 심한 전염병이 돌게 되어서 부모님이 모두 돌아가시고 졸지에 고아가 되었습니다. 비닝거는 아는 사람 하나 없는 낯선 땅에 홀로 남았습니다. 그는 노동을 하며 학비를 벌어 공부했고, 또한 성경학교를 졸업하고 전도사가 되었습니다.

그러던 어느 날, 덴마크령으로 되어 있는 성 토마스 섬의 흑인들에 대한 이야기를 들었습니다. 그들이 매우 비참하게 혹사당하고 있다는 것이었습니다. 청년 비닝거는 선교본부를 찾아가서 자신을 그곳으로 보내달라고 했습니다.

그렇게 해서 성 토마스 섬에 선교사로 간 비닝거는 그곳에서는 노예 이외에는 그 누구도 노예들에게 선교할 수 없도록 법으로 규정하고 있음을 알았습니다. 그 당시 성 토마스 섬은 덴마크의 식민지였는데, 자유인이 흑인 노예에게 직접 접촉하는 일이 금지되어 있었습니다.

그 섬의 총독은 노예들은 사람이 아니기 때문에 복음을 전할 수 없다고 말했습니다. 농장주들이 흑인들을 무지와 맹종 상태에서 부려먹기 위해 고안해낸 정책이었습니다. 흑인들이 교육을 받지 못하게 막아 계속 부리려는 속셈이었습니다. 그러나 청년 비닝거는 포기하지 않고 이 섬의 노예들에게 복음을 전하여 불쌍한 흑인들의 영혼을 구원하고자 스스로 노예가 되기로 결심했습니다.

덴마크 왕에게 그는 편지를 보냈습니다. "저를 토마스 섬의 노예가 되게 해주십시오. 그들과 똑같은 일을 하겠습니다. 부디 제 남은 생애를 노예로 살 수 있도록 허락해 주십시오. 성 토마스 섬의 충실한 노예로 봉사할 것을 약속합니다. 다만 복음을 전할 수 있게 허락해주십시오."

그의 열성에 감동을 받은 덴마크 국왕은 곧 총독에게 그 섬에서 어떤 사람도 비닝거의 선교활동을 방해하지 말라는 칙령을 내렸습니다. 비닝거는 스스로 자유를 포기하고 노예의 신분이 되어, 노예 속에 들어가서 모든 고통을 참으며 그들과 함께 노동하며 틈틈이 노예들을 삶으로 전도했습니다.

이 소식이 본국에 전해졌고, 이를 들은 덴마크의 국왕이 감동해서 식민지의 법을 개정해서 자유인과 노예의 접촉을 허가했으며, 비닝거도 전문적으로 전도 사업에 종사할 수 있도록 해주었습니다. 그 후 비닝거는 본국으로부터 여러 명예로운 자리로 부름을 받았지만 정중히 사양하며, 평생을 흑인 노예의 전도와 복지에 힘쓰다가 그 섬에서 사망했습니다.

예수가 이 땅에 낮고 천한 곳에 아기로 온 것처럼, 존 프롬과 아브라함 비닝거가 자신을 낮추고 자신을 내어준 것처럼, 진정 낮아지고 자신을 희생하고 손해 볼 때 진정한 기독교 정신은 시작될 것입니다.

더 늦기 전에 한국 교회가 자기교회중심성을 극복해야 합니다. 지역 교회들 사이에 잠재적인 경쟁의식이 있고, 심지어는 '교인 뺏어가기 전쟁'을 하고 있음이 현실입니다. 우스갯소리로 전해지는 이야기입니다. 어느 젊은 목사가 교회에 담임목사가 되어 주변 교회 목사들에게 인사를 하러 갔더니, 어느 목사가 아주 냉소적으로 바라보며 이렇게 말했다고 합니다. "각자 잘합시다!" 이 이야기가 실제라면 한국교회의 가슴 아픈 현실로 충격입니다.

이제는 더 이상 자기교회 중심의 자기 교인 만들기에서 벗어나야합니다. 성숙한 자세로 전체 한국 기독교인들의 신앙과 의식을 높일 수 있는 보다 큰 그림을 구상하고 이를 위해 여러 교회들이 협력할 수 있어야합니다. 요즘 교회 생태계라는 말을 많이 씁니다. 건강한 생태계라면 다양한 개체가 균형을 이루어야하는 것처럼 큰 교회나 작은 교회, 도시 교회와 시골 교회가 모두 건강하게 제 역할을 하는 것이 바람직합니다.

또한 한국 교회가 참된 종교의 모습을 갖추기 위해서는 초월성을 회복해야 합니다. 한국교회가 다소 쇠락하기는 했지만, 900만 명에 가까운 신자를 보유하고 있고, 교회 자산도 엄청난 규모입니다. 그러다보니 지금의 한국교회는 130여 년 전에 신흥종교로서 가졌던 순수함과 절박함을 상실했습니다. 기독교가 하나의 기성 종교가 되어버린 것입니다. 참된 종교라면 이 세상의 가치와는 구별되는 초월의 가치를 선언할 뿐만 아니라 실제로 모범이 되어야 합니다. 이미 예수가 그 모범을 보였다는 것은 기독교인이라면 누구나 알고 있는 사실입니다.

예수는 2천 년 전에 로마 식민지배 시대에 땅에서 출생해서, 낮은 모습으로 살면서 이들과 함께했습니다. 예수는 당대의 수직적인 질서와는 전혀 다른 하나님 나라의 가치와 정신을 선포했습니다. 한국 교회는 예수 정신을 증언하고 재현하는 공동체여야 합니다. 신자유주의가 당연시되고 부익부빈익빈富益富貧益貧이 일반화된 우리 사회에 이를 견제하는 세속적인 가치나 욕망을 초월할 수 있는 기독교 본연의 정신을 회복해야 합니다.

한국 교회는 이제 진정한 공동체의 모습을 회복해야 합니다. 참된 진리 안에서 다양한 생각과 신앙관을 가진 사람들을 포용하면서 서로에 대한 책임과 의무를 다하는 도덕 공동체가 되어야 합니다. 그리고 이러한 공동체는 자기들끼리 위하며 서로 만족해하는 닫힌 공동체가 아니라 주위의 다양한 사람들과 함께 하는 열린 공동체여야 합니다.

외부와는 단절된 채 안으로의 결속에만 치중한다면, 교회는 더욱 더 폐쇄적인 곳으로 인식되어 '끼리끼리'의 집단으로 전락하고 말 것입니다. 이러한 폐쇄적인 공동체는 다원화된 현대 사회의 지평에서 어떠한 기여도 할 수 없습니다. 오늘날 현대인들은 한국 교회를 통해 존 프롬과 아브라함 비닝거와 같은 사람들을 기대하고 있습니다. 말로만이 아닌 실제 공동체다운 모습을 한국교회가 보여줄 수 있기를 기대해봅니다.

탈북자는 통일조국의 산파랍니다

흔히 남북통일을 이야기 할 때 일반적인 의미의 '정치적 통일'을 일컫는 경우가 많습니다. 반면 체제를 구성하고 있는 개개인들의 통합인 '내적 통일', '사람의 통일'에 대해서는 상대적으로 그 중요성이 잘 알려져 있지 않습니다.

그러나 저는 '사람의 통일'이라는 측면에서 우리 곁에 와 있는 3만 명의 탈북자들의 역할이 매우 중요하다고 생각합니다. 뿐만 아니라 이들의 성공적인 재사회화 그리고 이들에 대한 남한사회의 수용을 통한 '내적 통일'이 선행되지 않는다면 훗날 이뤄질 '정치적 통일'이 한반도의 위험요소가 될 수 있다고 생각합니다. 그러므로 우리는 탈북자들이 정착을 넘어 통일의 주역으로서 역동성을 가질 수 있도록 산파의 역할을 감당해야 할 의무가 있다고 생각합니다.

2015년은 분단 70년, 광복 70년의 해입니다. 이토록 오랜 세월이 흐른 지금 우리는 통일을 이루지 못한 안타까움을 느끼면서 이전에 '화해가 먼저'임을 잊지 말아야합니다. 탈북자들의 자립 실태를 살펴보고, 이들이 통일 시대의 일꾼으로 성장해 가도록 노력해야 합니다.

탈북자 3만 명 시대.

우리 곁에서 조금만 주의를 기울인다면 적응의 어려움을 겪는 탈북자들을 찾는 것은 어려운 일이 아닙니다. 우리 사회 곳곳에서 통일에 대한 열망이 그 어느 때보다 뜨겁습니다. 그러나 통일은 구호만 있다고 되는 것이 아닙니다. 통일 시대를 일구어갈 '일꾼'이 그 어느 때보다 절실한 시점입니다. 그런 측면에서 3만 탈북자들은 통일 한반도의 남과 북을 연결해줄 '연결고리'로 주목받고 있습니다.

탈북자, 그들은 누구인가? 이들을 지칭하는 명칭은 시대에 따라 변해 왔습니다. 분단 이후 1980년대까지는 북한을 탈출해 남한에 온 사람들을 '귀순용사'라고 불렀습니다. 군대용어가 붙은 것은 이들이 주로 군인이었기 때문입니다. 1990년대부터는 상황이 달라지기 시작했는데, 군인들 외에도 다양한 계층의 북한주민들의 탈출이 늘어나며 이들을 '귀순자'로 부르게 됐습니다.

그러다 1990년대 후반 북한이 최악의 경제 위기에 직면하면서 '생계형' 탈북자가 늘어나기 시작했고, 문민정부 말기인 1997년 1월부터는 이들의 호칭이 '북한 이탈자'로 바뀌었습니다. 참여정부에서는 '새로운 터전에서 삶을 시작하는 사람'이라는 뜻의 순우리말인 '새터민'이라는 호칭이 붙었습니다. 하지만 이 말뜻에 재외탈북자를 배제한다는 목소리가 높아지며 이명박 정부 출범 이후 다시 '북한이탈주민'이라는 용어에 힘이 실렸습니다.

현재 국내 탈북자의 수는 2006년 9717명이던 것이 2010년에 2만400명, 2014년에 2만7518명으로 증가했습니다. 2000년 초반부터 그야말로 '쏟아져 들어오기' 시작했습니다. 하지만 김정은이 정권을 잡으면서 탈북자들의 증가세는 급격하게 줄어들었고 2015년 현재 탈북자 수는 2만8000명 선에서 정체돼 있는 상태입니다.

흔히 탈북자들은 '미리 온 미래'로 불립니다. 이 말은 이들의 존재가 통일한국의 미래를 위해, 남북통일의 예행연습을 위해 그만큼 중요하다는 것을 의미합니다. 탈북자는 단순한 지원의 대상이 아니라 남한의 자본주의 문화와 북조선의 주체문화 사이의 경계에 서 있는 제3의 문화적 주체입니다. 남북의 문화적 통합과정에서 새로운 문화적 주체를 세우는 데 중요한 기여를 할 수 있는 사람들입니다.

이와 같은 관점에서 볼 때, 남한 사회와 탈북자의 관계는 우열을 따져 한쪽은 받기만 하고, 다른 한쪽은 주기만 하는 일방적인 관계가 아니라 피차 서로에게 도움을 주고받을 수 있는 상호 보완적인 관계입니다.

현재 남남갈등이 사회통합에 많은 걸림돌이 되는 것이 사실입니다. 통일 이후 남북갈등 또한 우리가 우려해야 할 과제입니다. 탈북자들은 사람들에게 쉽게 마음을 열지 않습니다. 이들은 스스로 자신이 이방인이라고 생각하며 살고 있습니다. 그것은 우리 남한 사람들에게서 나타나는 부의 갈망과 가난의 외면과 무관하지 않습니다.

탈북자는 통일의 '예행연습'이 될 수 있습니다. 우리가 이들과 함께 어우러져 살아가지 못하고, 양측의 다름을 극복하고 연습하지 않은 채 통일이 되기 원한다면 말도 안 되는 일일 것입니다. 우리 안의 2만 8000명의 탈북자를 받아들이지 못한다면, 통일 이후 북한의 1천 4백만 동포들 역시 받아들이지 못할 것입니다.

안타깝게도 남한 사회에서 탈북자들에 대한 배타와 배제가 심각한 수준입니다. 단순히 지원하는 차원을 넘어 함께 통일 시대를 준비해 나가야함에도 서로의 보폭이 잘 맞지 않고 있습니다. 이 문제는 단순히 문화와 계층의 문제가 아닙니다. 이들에게 물질이 필요한 것은 맞지만 결코 돈으로만 관계를 풀어나가려고 해서는 안 됩니다. 탈북자들은 차별과 함께 탈북자들이 겪는 또 하나의 어려움은 '외로움'입니다. 요즘 경제적 문제도 있지만 외로움과 이로 인한 우울증으로 극단적인 선택을 하는 탈북자들이 늘고 있습니다. 탈북자들의 자살률은 국내 평균 자살률보다 3배가 높습니다.

탈북자들은 남한사회에 대해 치열한 경쟁 속에서 밀려난 사회적 약자에게는 무정하고 이기적인 사회, 약육강식의 논리가 지배하고 물질만능주의가 팽배한 사회로 인식하고 있습니다. 이러한 남한사회의 비정함으로 인해 남한사회를 떠나기도 하고, 목숨을 끊기도 하는데 이는 남한사회에서의 적응이 얼마나 어려운가를 잘 보여주는 사례일 것입니다.

돈의 논리와 사회 문화적 갈등보다 상위의 개념인 종교적 이념이나 인도적 차원의 관점에서 이 문제를 해결할 수 있어야합니다. 현재 종교계 등 여러 민간단체들이 탈북자들의 정착을 돕기 위해 가재도구나 생필품, 정착 보조금이나 장학금 등을 지급하고 있습니다만 이는 단순히 탈북자의 정착을 돕는 도구적 가치에만 초점이 맞춰질 우려가 있습니다. 이제는 정착 지원이 지향하는 근본 가치를 되짚어보고, 보다 넓은 의미의 통일지향적 사회통합을 지향해야 합니다. 이를 위해 우선 필요한 것은 탈북자의 역량 강화로, 탈북민 스스로가 단순히 수혜자라는 인식을 넘어 자신의 문제를 해결해 나갈 능력을 키우는 일입니다.

탈북자들은 대부분 수도권과 광역시 등 도심 지역에 살고 있습니다. 이들은 북한 거주 시절부터 남한에 오기까지 과정들로 인한 정신적·육체적 건강 문제를 겪고 있습니다. 이들은 취업이 잘 되지 않습니다. 취업이 된다 해도 단순노동이나 비정규직인 경우가 많습니다. 서로 다른 정치체제와 경제제도로 사회 구성원들의 행동양식과 규범, 사고방식과 역사 해석, 삶의 가치나 일상생활에 이르기까지 문화와 가치관의 차이도 매우 큽니다. 이러한 문제는 결국 '사회화'의 문제로 귀결됩니다. 새로운 체제와 문화 속에 편입된 이들에게는 일종의 재사회화가 필요합니다.

이들 탈북자가 남한에 적응하는데 많은 어려움으로 첫째, 북한에 두고 온 가족에 대한 죄책감입니다. 다시 볼 수 없을 것 같은 그리움과 열악한 북한에서의 삶에 대한 큰 걱정이 많습니다. 이로 인해 많은 탈북자들은 그 가족들을 경제적으로 보상하려고 노력합니다.

둘째, 건강상의 어려움입니다. 특히 치과, 산부인과, 내과적 질환을 많이 앓고 있으며 건강검진에서 이상소견이 없는 경우도 두통, 소화불량 등 신체화 증상*을 많이 보이고 있습니다. 이러한 신체화 증상은 북한에 거주할 당시 경험한 인권침해, 탈북과정에서 어려움, 남한 적응 스트레스로 인해서 나타나는 현상 중에 하나입니다.

셋째, 취업능력의 부족과 직업유지의 어려움을 꼽을 수 있습니다. 남북 간의 차이가 큰 상황에서 탈북자가 가진 기술은 남한의 산업현장에서 필요로 하는 것과 차이가 매우 커서 정부에서 직업훈련 등의 인적자본을 축적하기 위한 지원을 함에도 그 차이를 줄이는데 어려움이 큽니다. 이뿐 아니라 취업을 한 이후에도 북한식 사고방식과 생활방식, 남한의 높은 노동 강도와 직장의 문화, 다양한 영역에서의 차이가 직장 생활을 유지하는데 장애물로 나타나고 있습니다.

넷째, 경제적인 어려움입니다. 탈북자들 중 노인, 학생, 질환자, 초기 정착자 등 35%는 국민기초생활보장법에 의해서 최저생계급여를 받고 있습니다. 나머지 65%는 직장생활 등을 통해 스스로 가계를 책임지고 있는데, 이들의 월평균 소득은 우리나라의 하위층 수준의 소득입니다. 따라서 북한에서보다 경제적 여건은 나아졌지만 남한 생활에 필요한 생활비, 자녀 교육비 등이 커서 경제적으로 어려워하고 있으며 상대적 빈곤을 크게 느끼고 있습니다.

* 신체화 증상이란 몸이 아파서 병원에 가서 진료를 하고 검사를 해보면 아무 이상이 없다고 하는데 통증을 느끼는 것으로 이는 마음이 만들어내는 몸의 고통이다.

다섯째, 최첨단의 남한 사회 그 자체라고 할 수 있습니다. 외래어(영어)가 많이 사용되고 컴퓨터(인터넷)가 중심이 되는 사회, 정치·경제·사회·문화적으로 매우 큰 차이를 보이고 있는 남한은 탈북자에게는 문화적인 충격일 뿐 아니라 배워야 할 것이 많은 복잡한 곳입니다. 이러한 어려움은 지역의 지리나 교통편 이용, 공공기관이나 봉사기관 이용, 자녀 교육 및 진로지도, 생활용품 구입, 합리적인 소비생활, 결혼과 이성교제, 이웃과의 관계, 의사소통, 의사결정 및 진로결정 등 매우 다양한 영역에서 영향을 미칩니다.

탈북자! 이들은 수령절대주의에 물들어 '당이 결심하면 우리는 한다'라는 사고로 기계적인 삶을 살아온 사람들입니다. 다시 말해 수령이라는 우상에 자신의 목숨을 내맡기고 살아온 사람들입니다. 그러나 그 수령은 우리의 부모형제를 굶겨죽이고 우리 삶의 몸부림마저 무참히 짓밟아 버렸습니다. 이런 아픈 상처를 안고 '자유'라는 꿈을 안고 두만강을 건넌 사람들입니다. 북한을 경제적으로 도와주는 것은 중요합니다. 그러나 여기서 그치지 말고 사람을 키우는 일에도 눈을 돌려야 합니다.

우리가 잊지 말아야할 사실은 체제의 통일보다 '사람의 통일'이 더 어렵다는 것입니다. 이미 통일을 이룬 독일이지만, 구舊 동독 사람들에게 새로운 가치체계의 적응은 가장 힘든 일이었습니다. 이들은 자본주의 시장경제 체제로 편입된 이후, 사회주의 체제에서는 전혀 경험하지 못했던 실직의 문제와 대량실업의 문제를 직면하게 됐습니다. 현재까지도 동독의 경제력은 서독에 비해 실업률이나 생산성 면에서도 열세를 면치 못하고 있습니다. 베를린 장벽이 무너진 지 25년이 지났지만 독일 사람들에게 양측의 격차 해소와 '재사회화' 문제는 계속 풀어나가야 할 숙제입니다.

독일의 이 같은 경험처럼 우리도 물질적 격차를 극복하는 데만도 적어도 한 세대는 걸릴 지도 모릅니다. 경제 격차 못지않게 더 큰 것은 사고방식의 차이입니다. 남북 간 사회 통합과 격차 해소가 장차 큰 문제로 다가올 것입니다. 남북 간의 물질적 격차 혹은 사고방식의 차이는 현재 탈북자들의 상황만 봐도 쉽게 가늠할 수 있습니다. SBS뉴스 2015년 5월 1일자 보도에 따르면, 북한이탈주민의 고용률은 53.1%, 실업률은 6.2%로 남한 전체의 고용지표보다 낮았고, 월평균 소득은 147만 원으로 남한 전체 평균보다 76만원이 적었습니다.

탈북자들은 분단된 우리 사회에서 특별한 존재이면서 한편 평범한 대한민국의 국민이기도 합니다. 탈북자가 가진 특수성은 정치 · 경제 · 사회 · 문화적으로 차이가 큰 북한 출신이라는 점과 통일을 꿈꾸는 한반도의 사회적 상황이 부여한 특수성에 있습니다. 탈북자가 가진 존재의미의 다양성을 고려하면서 정착을 돕기 위해서는 여러 차원의 노력이 필요합니다. 이를 위해 먼저, 정부 차원의 과제로 정착지원의 내용에 변화가 필요합니다. 정착지원의 주된 내용은 주거 · 의료 · 교육 · 생계 · 취업 등 초기 정착단계에 집중 지원하는 것으로 안정적 정착이 남한 정착기간을 단축시키고 향후 발생 가능한 여러 문제들을 예방하는 차원에서 고안된 지원 정책입니다.

이러한 정책은 탈북자의 정착시기를 앞당기는 등의 긍정적인 성과도 있었으나, 정착의 이슈가 많아지고 요구들이 세분화되면서 문제를 해결하는데 한계도 보이고 있습니다. 따라서 이제는 정착초기의 생계 지원형 수준을 넘어선 정착시기별로 정착과정에서 발생하는 문제에 대한 개입 및 탈북자의 개별화된 역량을 계발하는 형태의 정착지원 내용의 변화가 필요합니다. 특히, 우리나라에서 5년 이상 10여 년 정도의 정착경험이 있는 탈북자들 중에는 남한에서 전문영역에서 일하고 싶은 욕구나 조건은 갖추고 있으나 전문적 영역 및 제도권 영역 안으로 진입하는데 어려움을 호소하고 있습니다. 이를 위해 필요한 제반 여건들을 마련하고 불필요한 혹은 현재까지 다뤄지지 않았던 제도 및 법, 규정들에 대해서 점검하고 그것을 보완해서 사회 여러 영역에서의 걸림돌들을 제거해서 탈북자들이 우리 사회전반에서 역할과 기여를 할 수 있도록 지원하는 정책방향이 필요합니다.

또한, 정부 차원 및 시민사회의 노력이 병행되어야 할 영역으로 정착지원의 방법에 변화가 필요합니다. 탈북자가 우리사회의 구성원으로 자리매김하기 위해서는 당사자들의 사회적응을 위한 노력과 더불어 시민사회의 탈북자에 대한 긍정적인 인식이 필요합니다. 이를 위해 정부가 이것이 가능하도록 변화해야 할 것입니다.

구체적으로 탈북자 당사자들에 대한 집중적인 지원을 넘어서서 지역주민들과 함께 어우러지고 상호간의 경험 속에서 이해와 배려를 축적할 수 있는 남북한 주민통합 측면의 지원이 필요합니다. 그동안 탈북자의 취약한 인적자본을 보충 및 확대하기 위해서 다양한 지원(직업훈련 및 사회적응 프로그램)을 했다면 이제는 탈북자들의 사회적 자본을 축적할 수 있도록 지원해야 합니다. 탈북자들이 지역주민들과 긍정적인 관계를 형성하고 그 관계를 통해서 남한사회의 다양한 삶의 모습을 습득하고 새로운 삶의 터전에서 지역사회의 네트워크를 형성할 수 있도록 정착지원의 방향성이 변화되어야 합니다. 구체적인 정착지원 서비스 제공방식의 변화를 통해 남북한 주민들이 섞여서 함께 서비스를 제공받는 형태의 정착지원이 확대되어야 합니다. 이러한 정착지원은 통일 한국의 중요한 바탕이 될 수 있는 사람의 통일을 이끌어내는 중요한 원동력이 될 것입니다.

탈북자 통일운동의 현 주소는 어떠할까요? 다가올 통일시대의 주역이 될 탈북자들의 통일운동은 어디쯤 와 있을까요? 탈북자가 남한사회에 잘 정착할 수 있느냐는 평화통일의 시금석입니다. 이들을 잘 품을 수 있느냐에 따라 남한사회가 북한을 품을 수 있을지가 달려 있습니다. 탈북자가 남한사회에 잘 정착하려면 무엇보다 직업을 갖고 스스로 소득을 창출하면서 가정을 이루고 살 수 있도록 지원해야 합니다. 그리고 통일 이후 북한으로 돌아가서도 여러 분야에서 일할 수 있는 일꾼으로 키워야 합니다.

지난 2012년 북한에서 나와 남한에 들어온 김 모 군(17세). 북한에 있을 당시, 일정한 주거지 없이 유랑하며 구걸을 일삼는 속칭 '꽃제비' 생활을 했던 김 군에게 남한은 '꿈에 그리던 안식처'였습니다. 남한 목사의 도움으로 국경을 넘나들며 남한에 들어온 그는 하나원*을 거쳐 현재 탈북 청소년들을 위한 학교를 다니고 있습니다. '성공한 사업가'가 되고 싶다는 김 군. 돈을 많이 벌어 북한에 있는 어머니를 모시는 것은 물론이고 통일에 기여하고 싶어 합니다.

그러나 워낙 기초 학력이 부족한 데다 대학 진학은커녕 학업을 따라가기도 벅찬 상태입니다. 문제는 학업뿐이 아닙니다. 남한에 온지 5년이

---

* 북한이탈주민정착지원사무소北韓離脫住民定着支援事務所:약칭 하나원는 우리나라에 망명한 북한이탈주민의 사회 적응을 도와주기 위해 운영하는 통일부 소속 교육기관입니다. 1999년 7월 8일 북한이탈주민정착지원사무소로 북한이탈주민정착지원사무소장(약칭 하나원장)은 고위공무원 가급(1급 상당)의 일반직 공무원입니다. 북한이탈주민이 우리나라에 입국해서 일정 기간 동안 조사를 마친 후 입소하게 되는 기관입니다. 북한이탈주민은 한국전쟁 이후 매년 10명 내외였으나, 1994년 김일성 사망과 북한의 경제난으로 1990년대 중반 이후 규모가 급격하게 증가하였습니다. 그에 따라, 북한이탈주민이 우리 사회에서 건전한 민주국민으로 함께 살아갈 수 있게 하기 위한 조직적이고 체계적인 지원이 필요하게 되었습니다. 북한이탈주민은 탈북 과정에서 겪은 신체적·심리적 문제가 해결되지 않은 상태로 신분 확인을 위해 힘든 조사과정을 거치고, 취업이나 진로, 거주지 등의 미래가 아직 불안하고 체제가 다른 우리 사회에 대한 실제 경험이 없기 때문에 심리적으로 혼란스럽고 불안한 시기에 놓이게 됩니다. 개원 초기북한이탈주민은 입국 후 국군정보사령부가 운영하는 신문기관인 대성공사에서 탈북동기, 신원, 위장입국 여부 등과 관련한 정부합동조사를 7일에서 1개월 정도 받은 후, 하나원에서 3개월간 사회적응교육을 받습니다.

나 됐지만 남한 친구는 한 명도 사귀지 못했습니다.

"따뜻한 밥에 편안한 기숙사, 전과 비교하면 황송할 정도이지요. 그런데 뭔가 허전하고 불안합니다. 주변 어른들이 저더러 통일의 주역이라고 하는데 막상 제가 뭘 할 수 있을지 막막합니다."

저는 교육자라서 그런지 부모나 가족 없이 혼자 국내에 들어온 무연고 탈북청소년에 대한 관심이야말로 더욱 시급하고 중요하다고 생각합니다. 이들 중 상당수는 북한에 있는 부모가 "내 아이만큼은 미래가 있는 남한에서 살게 하고 싶다."며 중개인을 통해 혈혈단신 탈북 시킨 경우입니다. 하지만 '나 홀로' 탈북청소년들은 어린 나이에 '가족'이라는 울타리 없이 낯선 환경에 던져지다 보니 일반 탈북가정 청소년보다 사회적응에 어려움을 겪고 있습니다. 매년 국내 입국하는 탈북자 가운데 평균 40~50명이 이같이 무연고 청소년들인 것으로 알려져 있습니다.

이들은 성년이 되기 전까지는 임대주택을 배정받지 못하고, 따로 의지할 곳이 없기 때문에 대부분 그룹홈이나 기숙형학교, 대안학교 등 보호시설에 들어갑니다. 하지만 이들을 이끌어줄 가족 같은 후견인이나 보호자는 없습니다. 이들은 가족걱정과 남한사회 부적응 등으로 정서불안증상을 보이다 탈선하는 경우도 적지 않습니다.

이 때문에 중·고등학교 탈북학생의 학업중단율은 일반학생에 비해 4배 이상 높습니다. 무연고 탈북청소년들의 '심리적 방황'이 그만큼 심각합니다 이들은 나중에 정부에서 임대아파트와 생활비를 지원받은 후에도 어떻게 관리할지 몰라 탕진해버리는 경우도 많습니다.

제3국에서 출생한 탈북자녀들의 문제에도 관심 갖고 대책을 마련해야 합니다. 이들은 중국이나 러시아 등의 현지인과 낳은 아이들로 국내에 입국하면 탈북자가 아닌 다문화가정 출신 한국인으로 분류됩니다.

이들이 겪는 정체성혼란도 심각합니다. 이들의 어머니는 대부분 중국 등지를 떠돌던 탈북자이고, 아버지는 중국·러시아 현지인인 경우가 많습니다. 중국·러시아 정부는 이들이 불법입국자의 자녀라는 이유로 출생신고를 받아주지 않았기 때문에 국내에 입국 전에는 무국적자로 떠돌았습니다. 이들은 외국인도 아니고 탈북자로 인정도 못 받으면서 우리사회의 주변인으로 전락하고 있습니다. 이들에게 가장 필요한 것은 정서적 안정을 주면서 세심하게 배려해줄 가족과 같은 역할을 할 수 있는 후견인입니다. 이들이 정서적으로 안정감을 갖고 우리사회에 잘 적응하도록 관심 갖고 가능한 지원방안이 무엇인지 모색해 나가야 합니다.

우리는 미국, 유럽과 같은 부자나라에는 아주 우호적이고 존경하지만, 동남아 등 가난한 나라에서 근로자로 온 사람들에게는 무시하고 가까이 하지 않으려는 경향이 있습니다. 이런 경향이 탈북자들에게도 해당됩니다. 탈북자들은 스스로를 '이방인'으로 생각하며 사람들을 멀리 합니다.

제가 아는 탈북자의 이야기 경우입니다. 그가 어느 교회에 출석하게 되었습니다. 예배 후 목사가 강단 앞으로 불러 신자들에게 탈북자이니 유념해서 잘 도와주라고 강조했습니다. 그런데 그는 자신을 앞에 세워 탈북자라는 사실을 알려준 것이 마음에 썩 내키지 않았다고 합니다. 그는 교회에서 나름대로 신앙생활을 해나갔습니다. 어느 날 예배 후 식사 시간에 그 교회 장로가 자신을 불러 옆자리에 앉게 했습니다. 식탁에는 고기반찬 같은 맛있는 반찬들이 차려져 있었습니다. 장로가 그에게 말했습니다.

"북한에서 고기반찬 마음대로 먹을 수 없었지. 우리나라 사람들은 다이어트에 신경 쓰느라 고기반찬은 잘 먹지 않아. 북한에서 배곯으며 살았는데 여기서는 많이 먹어."

이렇게 말하면서 식탁의 고기반찬을 그에게 몰아주었습니다. 그는 마치 자기가 거지 취급당하는 느낌이었다고 했습니다.

사랑을 전하는 사람과 사랑을 받아들이는 사람의 입장과 생각의 차이가 자칫 서로의 감정 대립으로 될 수 있습니다. 그는 그때부터 그 교회를 다니지 않게 되었다고 했습니다. 한 사람의 탈북자 경험은 어떻게 보면 통일 이후 남한 사람과 북한 사람들 사이에서도 있을 수 있는 일이라고 생각합니다. 고故 김수환 추기경은 그의 책에서 이렇게 말했습니다.

"사랑이 내 머리에서 가슴으로 내려오는데 70년이 걸렸다."

한 사람의 마음과 머리가 하나가 되는 데도 오랜 시간이 걸리는데, 우리가 바라는 통일이 언제, 어떤 방법으로 이루어질지는 아무도 예측할 수 없는 일입니다. 하지만 통일을 준비하는 주체는 누가 되어야하는지 압니다. 한반도의 통일주체는 미래통일을 준비하는 탈북자들과 남·북 간의 국민이어야 할 것입니다.

참되고 바른 삶의
목표와 자세

━━━━━━━━━━━━━━━━━━━ 몇 년 전 미국 경제 전문 잡
지 〈포브스〉가 발표한 세계적인 부자들을 선정한 기준은 단순히 돈이
많은 사람이 아니었습니다. 돈이 많은 것보다는 '그 돈을 얼마나 사회적
인 나눔으로 실천 하는가'를 중요한 선정기준으로 삼았습니다. 그렇습니
다. 돈이 많으면 부러움의 대상이 되기는 하지만 존경의 대상은 아닙니
다. 옛말에 "빈 수레가 요란하다"는 말이 있습니다. 같은 말로 옛 사람들
은 "외화내빈外華內貧" 즉, 겉으로는 화려하나 속이 비어있는 것과 같습니
다. 안타깝게도 우리 사회에는 이런 사람들이 많습니다. 돈이 많음만
자랑하며 나눌 줄 모르는 사람은 오히려 천박한 부자로 질시를 받습니
다. 이처럼 주위 사람들을 배려하거나 사회적으로 부의 환원을 할 줄
모르는 사람들을 가리켜 경제학자들은 "천민賤民 자본가"라고 비난하기
도 합니다.

그런가 하면 하루에 수천만 달러를 버는 빌 게이츠 회장은 평소 "딸에
게 생활비 정도만 물려주고 나머지는 모두 사회에 환원 하겠다" 고 공언
公言했고, 꾸준한 자선활동을 벌이고 있다고 합니다. 이런 사람이 바로

'신독愼獨'*의 덕목을 갖춘 사람 즉, 속이 꽉 찬 사람입니다. 옛 사람들은 이런 사람을 '외유내강外柔內剛'**이라고 존경했습니다. 바로 이런 사람이 신의 있고 성실한 사람입니다. 뭔가 듬직하고 믿음이 가고 자기 삶에 성실한 사람 그래서 어디를 가나 환영받고 존경받는 사람이 바로 이 시대가 요구하는 참다운 인재상입니다.

모든 사람은 저마다의 빛깔과 향기에 알맞은 인생이라는 집을, 그리고 인격이라는 집을 지어나가고 있습니다. 그런데 어떤 사람들은 좀 더 빨리, 좀 더 쉽게 지으려고 모래 위에 집을 짓습니다. 그러나 어떤 사람들은 시간이 좀 걸리고 좀 힘들더라도 반석 위에 집을 지으려고 오래 참으며 정성을 다해 노력합니다. 모래 위에 지은 집이나 반석 위에 세운 집이나 평소에는 그 차이를 알 수가 없습니다. 그러나 비가 내리고 바람이 불고, 홍수가 나고, 폭풍이 몰려오면 분명한 차이를 나타냅니다. 성경 마태복음 7장 26-27절에 이런 말씀이 있습니다.

"내 말을 듣고서도 그대로 행하지 않는 사람은, 모래 위에 집을 지은 어리석은 사람과 같다고 할 것이다. 비가 내리고, 홍수가 나고, 바람이 불어서, 그 집에 들이치면 무너진다. 그리고 그 무너짐은 엄청날 것이다."

그 앞 절입니다. 24-25절입니다.

"내 말을 듣고 그대로 하는 사람은, 반석 위에다 자기 집을 지은, 슬기로운 사람과 같다고 할 것이다. 비가 내리고, 홍수가 나고, 바람이 불어

* 신독은 남이 알지 못하는 자신의 마음속에서 일어나는 욕심에 빠지지 않고 삼간다는 뜻을 지닌 유교의 중요한 수양방법 또는 실천덕목이다.
** 외유내강은 겉으로 부드럽고 순하나 속으로는 곧고 꿋꿋함을 말한다.

서, 그 집에 들이치지만 무너지지 않는다. 그 집을 반석 위에 세웠기 때문이다"

우리는 참됨을 배우고 깨닫고 이를 기초로 해서 바른 목표와 삶의 자세로 살아가야합니다. 아무리 바빠도 기초를 튼튼히 하지 않으면 집은 무너지고 맙니다. 참됨을 제대로 배우지 않고 깨닫지 않고 그저 그 때 그 때 이익만을 좇는 삶은 바람에 나는 겨와 같습니다. 처음에는 모래위에 세운 집이 빠르고 보기 좋을 수 있습니다. 그러나 이 집은 오래 가지 못합니다. 이 두 가지 경우는 언뜻 보면 구별할 수 없지만 결정적인 순간에 명확한 차이를 보입니다.

안타깝게도 많은 사람들이 모래 위에 집을 짓는 삶을 삽니다. 그것이 쉽고 빠르기 때문입니다. 쉽고 빠르게 얻으려고 합니다. 그 길은 크고, 널찍하여 그리로 들어가는 사람들이 많습니다. 그러나 반석 위에 집을 짓는 삶은 힘이 들고, 오래 걸리고 험난한 길입니다. 때로는 두렵고 떨리고 마음으로 예수를 닮아 가는 십자가의 길과도 같습니다. 이 길은 결코 쉽지 않습니다. 쉽지 않기에 가치가 있고 의미가 있고 깊이가 있습니다. 우리 모두 반석 위에 세운 집과 같은 참된 삶의 실천자들이 되기를 간절히 소망합니다.

가장 위대한 능력,
용서

──────────────── 잘 알려진 소설인 빅토르 위고의 『레 미제라블』에는 두 사람이 소개됩니다. 한 사람은 성실하게 살아가면서 이웃들에게 덕을 베푸는 주인공 '장발장'과 그를 집요하게 따라다니면서 평생을 괴롭히는 형사 '자벨'입니다. 다른 사람들은 장발장의 과거에는 별다른 관심이 없었습니다. 장발장의 현재 모습을, 그리고 그에게 기대되는 미래를 보려고 하였습니다. 그러나 자벨은 정반대로 장발장의 과거만을 파헤치는 데 온 힘을 다했습니다. 아무도 모르는 장발장의 과거를 오랜 세월 지칠 줄 모르는 열정과 끈기와 집념으로 찾아다녔습니다. 장발장은 사람들의 신뢰 속에서 시장이 되었습니다. 장발장을 비롯하여 많은 사람들이 축하하며 기뻐하였습니다. 그러나 단 한 사람은 그렇지 않았습니다. 그런 장발장을 예의주시하면서 더욱 더 그의 과거를 찾아다녔습니다. 그는 드디어 장발장의 과거를 찾아냈습니다. 그가 바로 빵 한 조각을 훔친 죄로 19년의 감옥살이를 하고 탈옥수로 숨어 살아온 사람임을 공개하여 장발장의 인생을 끝장내려하였습니다. 이제 이 일을 공개하면 장발장의 최후가 어떻게 될까하는 생각에 자벨은

기뻐했습니다.

그런데 바로 그 때 마침 프랑스혁명이 일어났습니다. 장발장을 존경하던 청년대원들은 눈에 가시 같던 자벨을 잡아왔습니다. 청년들은 그를 총살시키려 하였습니다. 이 사실을 안 장발장은 그의 사형을 중지시켰습니다. 그리고 그를 풀어주며 자유인이 되게 하였습니다. 그때 자벨 은 장발장을 향해 소리쳤습니다.

"당신이야말로 나를 가장 죽이고 싶을 텐데 왜 나를 살려주는 거요, 왜?"

그 때 장발장은 이렇게 대답했습니다.

"이 세상에는 넓은 것이 많이 있소. 바다가 땅보다 더 넓고, 하늘은 그보다 더 넓소. 그러나 하늘보다 더 넓은 것이 있소. 그것은 바로 용서라는 관대한 마음이오."

이 말에 차갑고 냉혹한 자벨의 얼굴에는 뜨거운 눈물이 흘러내렸습니다. 그는 깊은 상념에 아무 말도 하지 못하였습니다.

우리는 살아가면서 뭔가 힘과 능력을 갖기를 원합니다. 남보다 뛰어난 능력을 갖고 이를 과시하고 싶어 합니다. 그리고 자신이 지니지 못한 힘과 능력을 가진 사람을 부러워하고 존경하고 자신도 그것을 가지려고 부단히 노력합니다. 흔히 이런 것들이 한자로 힘 '력力'으로 끝나는 용어들일 것입니다. 이 중 대표적인 것이 권력勸力, 학력學力, 경력經力 등일 것입니다. 정신적이거나 신체적인 능력도 있습니다. 이것이 지구력持久力, 순발력瞬發力, 추진력推進力 같은 것들입니다. 그런데 이것들보다 더 위대한 능력이 있습니다. 이것이 바로 용서의 능력입니다. 이것은 쉬운 게 아닙니다. 공부를 잘해서 얻어지는 것도 지위나 경력이 우수하다고 얻어지는 것도 아닙니다. 꾸준한 운동이나 정신수양으로도 이루어지는 것도 아닙니다. 이런 점에서 저는 이것이야말로 세상에서 가장 위대한 능력이라고 생각합니다. 용서는 그냥 쉽게 이룰 수 없습니다. 그만한 인격적 그릇이 되고, 용기가 있어야 가능한 깊이 있는 능력입니다.

혹시 살아가면서 다른 사람의 욕심으로 인해 마음을 상한다면, 너그러운 웃음으로 응해주십시오. 다른 사람의 거친 말이 마음을 언짢게 한다면, 부드러운 말로 응해주십시오. 다른 사람의 오만불손함이 화나게 한다면, 예의바른 공손함으로 되갚아 주십시오. 그러면 우리의 마음과 삶은 미움은 뿌리를 내리지 못하고 사랑이 더해질 것입니다. 미움은 단지 순간의 실수일 뿐 지니고 있어야 할 아무런 가치와 의미가 없습니다. 용서는 우리를 더욱 성숙하게 만들어줄 것입니다. 미움은 늘 우리의 마음 어딘가에 서성이고 있습니다. 마음 깊은 곳의 미움이 자라지 않도록 하기 위해서 용서라는 이름의 지우개를 만들고 이를 잘 사용해야합니다. 용서의 지우개로 우리 가슴 속에 채워진 것들 중 분노, 미움, 다툼, 시기, 질투를 지워 나가야합니다. 그것은 상대방을 위한 것이 아니고, 그저 상대방과 잘 지내려는 처세가 아닙니다. 상대방이 힘이 세서 어쩔 수 없어서는 더더욱 아닙니다. 그것은 결국 우리 자신이 마음에 상처를 갖지 않으려는 자기 사랑, 자기 보호, 자기 치유의 시작이고 자기 성숙의 좋은 방법입니다.

제가 참 인상 깊게 본 영화로 ≪내 머리 속의 지우개≫가 있습니다. 이 영화의 명대사입니다. 남자 주인공이 자신을 버리고 떠난 어머니가 자신에게 큰 빚을 떠안겨주고 감옥에 갇힌 어머니를 도저히 용서할 수가 없다고 하는데 그에 대해 어머니를 용서해드리고 빚을 갚자고 애원하는 여자 주인공의 말입니다.

"용서는 어려운 게 아니야. 용서는 그냥 미움한테 방 한 칸만 내주면 되는 거야. 우리 할아버지가 그러시는데, 훌륭한 목수는 자기 마음의 집을 잘 짓는 사람이래. 그런데 자기는 지금 그 마음의 집속에 미움만 온통 들여놓고 정작 자신은 집밖에서 떨고 있잖아"

여자 주인공의 말에 결국 남자 주인공은 어머니를 용서하고 받아들이면서 오랜 세월 아무에게도 말 못한 마음의 상처가 치유되었습니다. 결국 어머니를 마음에 품으면서 자신도 자유로워지고 어머니의 사랑을 얻게 되었습니다. 이렇게 자유로워지고 사랑이 깊어지니 그의 아내를 더욱 사랑하게 되고 자신의 꿈을 이루는 데도 더욱 힘을 내게 되었습니다. 그렇습니다.

지나간 과거의 쓴 뿌리가 현재를 가두는 감옥이어서는 안 됩니다. 과거를 바꿀 수는 없습니다. 우리는 어떻게 해서든 과거의 아픈 기억을 해소할 길을 찾아보아야 합니다. 용서는 과거를 받아들이면서도 미래를 향해 움직일 수 있도록, 감옥 문의 열쇠를 우리 손에 쥐여 주는 것입니다. 용서하고 나면, 두려워 할 일이 적어집니다. 용서는 미래로 나아가는 징검다리입니다. 과거를 털어내고 새로운 미래를 향해 건너가게 합니다. 맺히고 막힌 관계를 풀고 다시 어깨동무하며 함께 걸어가게 합니다. 용서를 하고나면 자유로워집니다. 먼저 자신이 자유롭게 되고, 그 다음에 상대방을 자유롭게 하여 어제보다 더 좋은 사이로 만듭니다. 그 어떤 사람도 용서 못할 사람은 없습니다. 왜냐하면 우리는 먼저 용서받은 하나님의 사람들이기 때문입니다.

독사의 눈처럼 독기를 품고 맹수처럼 달려들어 어린 동생을 구덩이에 던져 넣은 형들은 무섭기만 했습니다. 끄집어내는가 싶더니 헐값으로 애굽의 노예로 팔아넘긴 저들에 대한 원한은 영원히 잊지 못할 복수심으로 남았을 것입니다.

오랜 후 죽은 줄 알았던 동생이 애굽의 총리로 앉은 그 위풍을 봤을 때 그들은 기절했을 것입니다. 그러나 요셉은 그 동안 겪은 고통과 수모를 섭리로 볼 줄 알았습니다. 창세기 45장 5절입니다.

하지만 형님들이 저를 이곳에 팔았다고 해서 근심하거나 자책하지 마십시오. 이는 하나님께서 생명을 구하시려고 저를 형님들보다 먼저 여기로 보내신 것이기 때문입니다.

계속 불안해하는 형들을 간곡한 말로 위로했습니다. 창세기 50장 21절입니다.

그러니 두려워하지 마십시오. 제가 형님들과 형님들의 자식들을 기르겠습니다.

3천 명 군사를 동원해서 다윗의 목에 칼을 꽂으려고 추격해 온 사울 왕이 용케도 그들이 은닉하고 있는 캄캄한 굴속에 홀로 들어왔습니다. 원수를 처치할 절호의 기회를 다윗의 수하들은 놓치고 싶지 않았습니다. 모든 고통이 일순간에 끝날 수 있는 행운이었습니다. 그러나 다윗은 원수 갚을 권한은 사람이 아니라 하나님께만 있다는 신념으로, 살려준 흔적으로 그의 옷자락만 베고(사무엘상 24장 4절) 그를 안전하게 돌려보냈습니다. 그의 말입니다. 시편 109편 4절입니다.

내 사랑에 대해서 그들은 미움으로 보답합니다. 그러나 나는 기도할 뿐입니다.

자기 목숨 빼앗기 위해 돌질하는 폭도들을 위해 "저들에게 죄를 돌리지 마옵소서."(사도행전 7장 60절)하며 예수가 했던 용서의 기도를 스데반은 할 수 있었고 그 거룩함이 해맑은 천사의 얼굴을 만들었습니다. 나를 손상시킬 찌꺼기는 버려야 내가 삽니다. 아내와 남편을 용서하십시오. 부모와 형제로부터 받은 상처를 하나님께 토설하고 씻어내십시오. 동료와 사람들로부터 받은 한 서린 것을 감사함으로 녹여내십시오. 잠언 19장 11절입니다.

> 노하기를 더디 하는 것이 사람의 슬기요 허물을 용서하는 것이 자기의 영광이니라.

에베소서 4장 32절입니다.

> 서로 친절하고 인자하며 하나님이 그리스도 안에서 여러분을 용서하신 것처럼 서로 용서하십시오.

하나님께서는 그 아들 예수가 우리 죄를 짊어지고 십자가에 피 흘리게까지 하면서 우리 죄를 용서해 주셨습니다. 하나님께서 우리 죄를 먼저 용서하셨기에 하나님의 자녀된 우리는 마땅히 우리에게 잘못한 사람들을 용서해야 합니다. 하나님을 사랑하는 것이 곧 사람을 사랑하는 것입니다. 요한일서 5장 20절입니다.

> 또 우리가 아는 것은 하나님의 아들이 오셔서 우리에게 지각을 주셔서 참되신 분을 알게 하시고 또 우리가 참되신 분, 곧 하나님의 아들 예수 그리스도 안에 있다는 것을 알게 하신 것입니다. 그분은 참 하나님이시며 영원한 생명이십니다.

우리가 하나님을 사랑한다고 하면서 우리와 관계 맺는 사람들을 용서하지 않으면 이는 거짓된 믿음입니다. 진정한 사랑의 능력은 바로 사람을 용서하는 것입니다. 사람을 사랑한다는 것은 그 사람의 허물을 덮어주고 그 사람의 과거를 묻지 않는 것입니다. 우리 예수는 이러한 용서의 모범을 보여주었습니다. 예수는 자신을 십자가에 못 박는 사람들을 위하여 이렇게 기도하였습니다. 누가복음 23장 34절입니다.

> 예수께서 말씀하셨습니다. '아버지, 저들을 용서해 주소서. 저들은 자기들이 하고 있는 일을 알지 못합니다.' 그때 군인들은 제비를 뽑아 예수의 옷을 나눠 가졌습니다.

진정한 사랑은 용서입니다. 용서하기 어려운 사람, 용서할 수 없는 사람을 하나님의 사랑으로 용서할 때 우리는 참된 하나님의 자녀가 될 것입니다. 용서를 하고, 안하고는 우리의 몫이 아닙니다. 그것은 하나님의 영역일 뿐, 우리는 우리에게 잘못한 사람을 정죄할 명분이나 이유나 자격이 없습니다. 그저 우리는 한없이 용서해야합니다. 그리고 그 사람을 위하여 간절히 기도해야합니다. 이것이 어렵고 힘든 일이기에 우리는 기도해야합니다. 예수는 주기도문을 통해 우리의 기도를 분명하게 일깨워주었습니다. 마태복음 6장 12절입니다.

> 우리가 우리에게 잘못한 사람을 용서하여 준 것같이 우리 죄를 용서하여 주시고

이 기도는 우리가 우리 죄를 용서해주시기를 바라려면 먼저 우리가 우리에게 잘못한 사람을 용서해 주어야한다는 말씀입니다. 우리가 용서하지 않으면 우리 또한 용서해달라고 기도하기 어렵게 되고 맙니다. 그러니 용서는 결국 우리를 위한 것으로, 하나님의 선물입니다.

두 친구가 사막을 걸어가고 있었습니다. 여행 중에 문제가 생겨 서로 다투게 되었습니다. 급기야 한 친구가 다른 사람의 뺨을 때렸습니다. 뺨을 맞은 친구는 당황스럽고 화가 나고 기분이 나빴지만 그 순간을 참고 아무 말을 하지 않았습니다. 그리고는 모래에 이렇게 적었습니다.

"오늘 나의 가장 친한 친구가 나의 뺨을 때렸다."

두 친구는 아무 말도 없이 오아시스가 나올 때까지 그저 걷기만 했습니다. 마침내 오아시스에 도착한 두 친구는 그곳에서 목욕을 하기로 했습니다. 뺨을 맞았던 사람이 목욕을 하러 들어가다 늪에 빠지게 되었습니다. 갑작스런 상황에 어쩔 줄을 몰라 하는데 구해줄 사람은 자신에게 화가 난다고 뺨을 때린 친구밖에 없었습니다. 무섭고 두려운 상황에 차마 구해달라는 말은 못하고 바라보면서 눈만 껌벅거렸습니다. 그 순간 뺨을 때렸던 친구가 그를 구해주었습니다. 늪에서 빠져 나왔을 때 그 친구가 이번에는 돌에 뾰족한 돌을 가지고 어렵게 어렵게 이렇게 썼습니다.

"오늘 나의 가장 친한 친구가 나의 생명을 구해주었다."

이를 본 친구가 의아해서 물었습니다.

"내가 너를 때렸을 때는 모래에다가 적었는데, 왜 너를 구해준 후에는 돌에다가 적었어?" 그 때 이 친구가 한 말입니다.

"상한 마음은 모래에 새기고 은혜는 돌에 새겨라"

오늘 우리의 교육 현장에서 자라나는 세대에게 그 어떤 것보다 용서를 가르치고 실천하도록 해주어야합니다. 그 어떤 교육보다 먼저 순간적인 화를 못 이겨 폭력을 행사하거나 폭언을 일삼는 아이들에게 마음을 가다듬고 용서하는 성숙한 사람됨을 가르쳐 주어야 합니다. 이를 위한 소중한 보고寶庫가 바로 성경입니다. 성경에는 용서를 실천했던 사람들이 많이 나옵니다. 요셉은 자기를 붙잡아 구덩이에 넣었다가 노예로 팔아넘겼던 형들을 용서했습니다. 모세는 자신을 고생 끝에 출애굽으로 이끈 자신을 원망하고 배신한 사람들을 위해 하나님께 그들을 용서해달라고 간절히 기도하였습니다. 다윗은 자신을 기를 쓰고 죽이려는 사울왕을 미워하지 않고 그를 존중하고 그의 권위를 높였습니다. 스데반은 자신을 돌로 치는 무리들을 위해 기도했습니다. 바울은 1차 선교여행에서 마음을 상하게 하였던 마가를 그가 감옥에서 쓴 편지에서 용서한 것뿐만 아니라, 선교사역의 동지로서 존중함을 기록하였습니다. 이러한 성경의 사람들 이외에도 수많은 기독교 역사에 길이 빛나는 성인들의 용서 이야기, 우리나라의 대표적인 '사랑의 원자탄'이라 불리는 손양원 목사의 이야기는 귀한 용서교육의 자료가 될 것입니다. 이에 손양원 목사를 간략하게 소개하고자합니다.

전남 여수 애양원에 가면 손양원 목사 기념관이 있습니다. 2층에는 손양원 목사의 유품이 가지런히 정리되어 있습니다. 그 가운데서 특이하게 눈에 띤 것이 헌금 봉투 한 장입니다. 두 아들을 잃고 오히려 감사 헌금을 한 증거물입니다. 거기에는 순교자를 둘이나 주신 하나님께 감사하는 글귀와 함께 '일만원야'라는 액수가 적혀 있습니다. 일만 원을 헌금한다는 말입니다. 당시 손양원 목사의 월 사례금이 50원쯤이었다 하니 200개월 월급을 감사 헌금으로 낸 것입니다. 여기서 중요한 것은 액수가 아니라 그의 마음일 것입니다. 한국교회가 세계에 자랑할 만한 경건한 신앙인……. 손양원 목사. 그를 아는 것도 중요할 것입니다.

손양원 목사는 1902년 6월 3일, 경남 함안군 칠원면 구성리 653번지에서 손종일 장로와 김은주 집사 사이에 장남으로 출생하였습니다. 1908년 7세 되던 해에 부친이 신앙을 갖게 되었고 그를 교회에 데리고 갔습니다. 이때부터 그는 부모를 따라 새벽기도회까지 참석해야 했습니다. 자연스럽게 기도 생활을 시작하게 된 것입니다. 1914년 4월 1일, 칠원

공립 보통학교에 입학했으나 일본의 천황이 살고 있는 동쪽을 향하여 절을 할 것을 강요하는 동방요배東方遙拜 문제로 많은 어려움을 겪었습니다. 소년 손양원은 부친이 동방요배가 십계명 중에서 제 1계명을 범하는 것이라는 말을 듣고 동방요배를 하지 않다가 결국 3학년 때 퇴학을 당했습니다. 맹호은 선교사의 도움으로 복학을 했으나 일요일(주일)에도 학교에 출석하라는 요구에 대해 주일은 하나님께 예배를 해야 한다는 이유에서 출석하지 않았습니다. 18세인 1919년 칠원보통공립학교 졸업과 함께 서울 중동학교에 진학했습니다. 그는 낮에는 학업에 임하고 밤에는 만두 장사를 하면서 고학했습니다. 이런 어려움 가운데서도 안국동교회를 다니며 주일을 지키고 십일조 생활을 철저하게 했습니다.

중학생 손양원이 서울에서 어렵게 공부를 하고 있을 때, 1920년 4월 3일 칠원 읍내에서 부친이 독립 운동을 주도했습니다. 결국 이 때문에 손양원은 중동중학교에서 퇴학을 당했습니다. 그는 마지막으로 남아 있던 70전을 출석하던 안국동교회에 헌금으로 바치고 낙향했습니다. 1921년에는 일본에 건너가 동경의 스가모巢鴨중학교 야간부에 입학했습니다. 이번에는 아침과 낮에는 우유와 신문 배달 등을 하고, 밤에 공부를 했습니다. 그는 일본 동양선교회의 노방 전도에 큰 감명을 받고, 동경의 판교板橋성결교회 중전중치中田重治 목사의 설교에 감동을 받았습니다. 1923년 졸업과 함께 귀국 했습니다. 1924년 1월, 손양원은 함안군 대산면 옥열리에서 자란 정양순(19세)과 결혼하고, 그 해 3월 23일에 일본에 다시 건너가 학업을 계속했습니다. 그러나 그는 학업에 임하는 도중 신앙의 새로운 도전과 확신에 찬 마음으로 거듭남을 체험하고 10월에 귀국했습니다. 귀국한 그 해 10월 23일에는 봉사하던 교회에서 집사로 피선되어 봉직하였습니다.

1926년 3월, 경남 성경학교에 입학했고 부산 감만동한센병자교회 전도사로 부임하였습니다. 이때 장남 손동인은 한 살이었습니다. 감만동 교회는 600여 명 교인 대부분이 한센병자들이었습니다. 손양원의 첫 사역지가 이렇게 한센병자교회였던 것은 사랑의 순교자가 되기 위한 첫걸음이었습니다. 그는 감만동교회에 시무 중이던 1929년 3월 6일 경남 성경학교를 졸업했습니다. 원래 감만동교회는 1934년까지 매견시 선교사가 목회를 했으며 손양원 목사님은 외지 전도를 위해 청빙 되었습니다. 그는 경남 울진 방어진과 남창, 부산 서구 부민동에도 교회를 개척했습니다. 교회 개척에 전념을 했지만 시간이 나는 대로 감만동교회에서 설교도 하고 환우들을 보살폈습니다.

감만동 교회에서 열심히 봉사를 하던 1932년, 교회를 사임하게 되었습니다. 그에게 은혜를 받은 문신활이란 교인이 김교신에게 보낸 편지 가운데 손 전도사가 감만동 교회를 사임하게 된 이유가 나옵니다.

"1932년, 감만동교회에서 손양원 전도사님은 성조지聖朝誌를 가지고 사경 공부처럼 일주일간 설교한 일이 있었습니다. 그래서 비로소 그 시로부터 부산 감만동 나병원의 배후에도 복음의 꽃송이들이 드문드문 피게 되었지요. 암흑에 잠겨 있던 감만동교회는 광명을 맞이하게 되었지요. 굶아졌던 생명들은 생생하게 소리를 쳤더이다. 아! 모든 법과 의식에 결박되어 고통과 번민으로 예수를 뜻 없이 믿는 소생은 날로 때로 생명적으로 자라는 참 진리로 해방을 받아 한없는 희열이 넘쳤나이다. 뭇 생명들이 그처럼 자비스럽게 해방을 받아 나가던 중도에 불행하게도 소위 목회자라고 하는 몇 사람의 시기로 인하여 손양원 전도사님도 감만동 교회 일을 못 보게 되었습니다."

그는 1935년 4월 5일, 33세에 평양신학교에 입학했습니다. 그리고 평양 대동강변의 능라도 교회에서 전도사로 시무했습니다. 이때는 한국교회가 일본이 강요하는 신사 참배 문제로 온통 뒤흔들리던 시기였습니다. 그래서 그를 비롯한 신학생들은 시달림을 받았습니다. 그는 신사 참배를 강력히 반대하였습니다. 그러나 이 신사 참배 문제는 신학교 교수들 사이에도 견해의 차이가 심했습니다. 평양신학교 교장 나부열R. L. Roberts 목사는 끝까지 강경한 태도로 신사 참배를 반대했습니다. 그래서 결국 1938년 3월 제33회 졸업으로 이 신학교는 문이 닫혔습니다.

그가 애양원교회와 연관을 맺게 된 것은 평양신학교 2학년 때 애양원 교회에 사경회 강사로 가게 된 것입니다. 당시 애양원교회는 외부 사람이 예배를 인도할 때나 방문했을 때는 하얀 가운을 입고 장갑을 끼고 들어가는 것이 상례였습니다. 한센병을 두려워했기 때문이었습니다. 그런데 그는 교회에 들어가면서 흰 가운을 입는 것조차 거절했습니다. 또한 그렇게 하는 사람들에게 호통을 쳤다고도 합니다. 이 때 애양원 교인들은 그의 설교에 은혜를 받았지만 이러한 태도에 더 큰 감동을 받았다고 합니다. 후에 애양원 교인들은 그를 담임 교역자로 청빙했습니다.

1938년 신학교를 졸업한 후 1년간 부산 지방 선교사 대리로 지방 순회 전도를 하면서 신사 참배 반대 운동을 펼쳤고, 1939년 7월 14일에 여수 애양원교회로 부임했습니다. 그는 신학교 시절부터 신사 참배를 반대했으며 그가 졸업하던 해에 신사 참배가 총회에서 가결되는 것을 직접 목격하면서 눈물을 흘렸습니다. 그는 신학교 졸업 후 1년간 부산 지방에서 신사 참배 반대를 외쳤고 이로 인해 경남 노회에서 순회 강도사 사역도 하지 못하게 되었습니다.

그는 애양원교회에 부임해서도 설교 때마다 신사 참배반대를 외쳤으며 가는 곳곳마다 신사 참배에 대한 부당성을 카랑카랑한 목소리로 지적하였습니다. 그의 이러한 외침은 가는 곳곳마다 회개의 눈물바다를 이루는 역사를 낳았다고 합니다. 그는 기회가 있을 때마다 주님의 뜻이 아닌 신사 참배를 강요하는 일본은 망하다고 주장했습니다. 일본 경찰에게 있어서 그는 눈에 깊이 박힌 가시와도 같은 존재였습니다. 그러나 그가 시무하고 있는 교회가 한센병자들의 교회라는 특수성 때문에 함부로 건드리지는 못했다고 합니다. 그러나 그런 세월이 오래 계속될 수는 없었습니다. 1940년 9월 25일, 그는 수요 예배를 드리고 집으로 돌아오자마자 여수 경찰서에서 나온 형사 두 명에 의해서 연행되었습니다. 처음에는 1년 6개월 형을 받았으나 구속 기간까지 하여 거의 3년의 세월이 흘러갔습니다. 그의 죄는 신사 참배 거부와 백성 선동이었습니다.

1943년 5월 17일, 만기 출옥할 날이 가까이 왔을 때 담당 검사는 그를 불러 놓고 사상의 전환을 시도한 적이 있었습니다. 담당 검사는 그에게 "덴꼬轉向" 해야 나간다는 위협을 하였습니다. 그러나 그는 그 검사에게 "당신은 덴꼬가 문제이지만 나에게는 신꼬信仰가 문제"라고 했습니다. 이 때문에 종신형을 선고받게 되었습니다. 그는 끝내 그들의 신사 참배의 유혹과 핍박의 손길을 뿌리치고 광주 형무소에서 경성 구금소, 청주 구금소로 옮겨 다니면서 해방이 될 때까지 6년간의 옥고를 치렀습니다. 그러나 그는 옥중에서도 기도, 찬송, 성경 읽기를 게을리 하지 않았고 옥중에서도 사랑을 실천하여 옥중 성자로 그 이름이 높았으며 간수들까지 전도하였습니다. 그러나 그의 종신형으로 가족들은 뿔뿔이 흩어져 살 게 되었습니다. 청주에서 아버지를 면회하고 귀가하던 동인이 기차 안에서 일본 순사를 만나 자기 이야기를 한 것이 화근이 되어 징집 통지서를 받게 되었습니다. 징집되어 군인이 되면 매일 동방요배를 할 수밖에 없으므로 차라리 기피를 하고 숨어 버렸습니다. 당시에는 기피자가 체포되면 사형을 당하는 상황이었습니다. 그의 가족은 뿔뿔이 흩어져서 끼니를 제대로 이어가지 못하는 고초를 겪게 되었습니다.

애양원은 전남 여수시 율촌면 신풍리에 위치한 한센 병자들의 마을입니다. 미국 남장로 교회 선교회의 사업으로 1909년 광주 양림에서 시작되었고 1925년 이 곳으로 이전 확장되었습니다. 처음에는 9명이었으나 그가 부임하던 시절에는 1천 명 이상을 수용하는 마을이 되었습니다. 그는 36세에 신학교를 졸업하고 이곳에서 순교할 때까지 목회를 했습니다. 그는 환우들과 함께 음식을 먹었으며 잠자리도 같이 했습니다. 당시 애양원 사람들 가운데는 병에서 완쾌된 사람들도 있었지만 심한 병마와 투병 과정에서 눈을 잃어버린 사람, 손이 꼬부라진 사람, 걸음걸이가 부자유한 사람, 얼굴이 알아볼 수 없을 형태로 일그러진 사람들도 많았습니다. 그들은 부모 형제가 없는 사람들도 아니었습니다. 그러나 이 세상 어디에서도 그들을 따스한 사랑으로 감싸주면서 인간다운 대접을 해 주는 곳이 없었기 때문에 애양원에서 일생을 살아가고 있었습니다.

그는 그들에게 있어 신체적인 병을 치료해 주는 의사 못지않은 희망이었습니다. 당시 우리가 살고 있던 애양원에 딸린 병실로 쓴 가옥은 모두 17개였는데 1호실부터 10호실까지는 비교적 건강한 사람들이 지내고 있었고, 11호실부터 13호실은 경환자실, 14호실부터는 중환자실로 되어 있었습니다. 이 중환자실에 거주하는 몇 명은 차마 눈뜨고 볼 수 없을 만큼 흉측한 모습으로 병마와 싸우고 있었습니다. 이들의 상처를 한 번 치료하려면 간호원 둘이 매달려도 두 세 시간이 소요되었습니다. 온 방 안에 진물과 핏자국, 땀들이 엉겨 붙어 도저히 그냥 들어갈 수 없으므로 상처를 보려면 방바닥에 신문지 세 장 정도를 깔고 들어가야 했습니다. 그래서 신문을 깔고 들어가려고 하면 그 환우들이 목침을 던지면서 같은 환자끼리 차별을 한다 하여 화를 내곤 했습니다. 이러한 방을 그는 서슴지 않고 들어가서 맨손으로 방바닥을 치우고 그 곳에 앉아서 그 흉측한 환자의 목을 껴안고 이마를 대고 기도를 해 주었습니다. 그리고 기도 후에 그 곳에서 음식을 나누어 먹기도 했습니다.

이러한 그를 누구나 할 것 없이 사랑하게 되었습니다. 따라서 모든 교인들이 그를 너무나 좋아하고 따르니까 그것을 시기해서 그를 지독스럽게 미워하고 헐뜯는 부인이 한 명 생겼습니다. 그 부인은 폐병 환자였는데 그는 새벽 기도를 드린 후, 자기를 가장 미워하는 그 부인의 집에 매일 들러서 그의 머리에 안수 기도를 해주었고, 좋은 음식이 생기면 그 집에 가지고 가서 그를 대접했습니다. 이러한 그의 모습을 교인들이 보고 "목사님을 그렇게도 미워하는데 뭐 하러 가느냐?"고 묻자, 그는 "사랑으로 녹여 내야 합니다."라고 간단하게 대답했다고 합니다. 그는 8·15해방으로 감옥에서 나오게 된 후 곧바로 애양원교회를 다시 찾았습니다. 그와 함께하면서 신자들의 신앙은 더욱 불타오르게 되었습니다.

1946년 3월 경남 노회에서 목사 안수를 받고 나서는 더욱더 심혈을 기울여 한센병자들과 생사를 같이하면서 그들을 위하여 일하고 있을 때 여순 반란 사건이 있었습니다. 1948년 10월 19일이었습니다. 당시 제주 폭동 사태를 진압하기 위해서 여수에 집결했던 군인들 중 공산주의 사상에 물든 남로당 계열의 군인 일부가 반란을 일으켜 무고한 양민을 학살하는 반란군이 된 것입니다. 이 세력에 동조했던 반란군들은 불과 4시간 만에 여수 시내의 경찰서와 각 파출소, 군청, 역 등 주요 기관을 장악할 정도로 기세가 등등했습니다. 순천까지도 반란군에 의해서 점령되면서 두 도시는 삽시간에 무법천지가 되고 공산 폭도들의 세상이 되어 버렸습니다. 반란군들은 그 동안의 불만 세력과 좌익 추종 세력을 한데 묶어 인민위원회를 만들어 자기들에게 동조하지 않는 사람이나 단체는 무조건 잡아 죽이는 천인공노할 민족 대학살의 광란극을 벌렸습니다. 어제까지의 친구가 원수가 되었고 이웃이 적이 되어 고발하고 보복하는 공포가 일어났습니다.

이 때, 그의 두 아들 동인과 동신은 각각 순천사범학교와 순천중학교에 다니고 있었습니다. 신앙과 민족정신에 불타는 이 두 형제는 학교 안에서 기독교 복음을 전하며 기회가 있을 때마다 공산주의의 허구를 폭로하였습니다. 자연히 학교의 공산 프락치들은 그들을 색출하여 체포하였습니다. 그리하여 두 형제는 인민재판에 회부되었습니다. 이때에 두 형제는 서로 대신하여 죽기를 자원하였습니다. 그러자 잔인한 폭도들은 형제를 한꺼번에 총살하고 말았습니다. 애양원교회에 그의 두 아들이 반란군에 의해서 순교되었다는 소식이 전해진 것은 사고 후 나흘이 지난 10월 25일이었습니다. 두 아들이 한꺼번에 변을 당했다는 급보를 전해 들은 그의 내외는 물론 애양원식구들이 충격을 받았습니다.

반란군이 어느 정도 진압된 26일에 애양원 교인들은 그의 두 아들의 시신을 거두어 교회 앞에 시신을 안치한 후 다음날 27일, 애양원 교인들이 보는 앞에서 장례식을 치른 후 지금의 애양원 동산에 안장하였습니다. 그의 두 아들이 순교될 때 애양원교회에서는 이인재 전도사를 초청하여 부흥회를 열고 있을 때였습니다. 부흥회 도중에 이런 변을 당하게 되자 부흥 강사는 장례식의 주례까지 맡게 되었습니다. 장례식은 간단했으나 이 땅에서 하나님께 드리는 최고의 산 제사를 올리는 엄숙한 순간이었습니다. 이 날 그가 장례식 끝 부분에 고백했던 마지막 인사는 또한 번 그 자리에 참석한 모든 사람의 심금을 울리는 한 편의 복음과도 같은 것이었습니다.

"여러분, 내 어찌 긴 말의 답사를 드리리요. 내가 아들들의 순교를 접하고 느낀 몇 가지 은혜로운 감사의 조건을 이야기함으로 대신할까 합니다. 첫째, 나 같은 죄인의 혈통에서 순교의 자식들을 나오게 하였으니 하나님께 감사합니다. 둘째, 허다한 많은 성도들 중에 어찌 이런 보배들을 주께서 하필 내게 주셨는지 그 점 또한 주께 감사합니다. 셋째, 3남 3녀 중에서 가장 아름다운 두 아들 장자와 차자를 바치게 된 나의 축복을 하나님께 감사합니다. 넷째, 한 아들의 순교도 귀하다 하거늘 하물며

두 아들의 순교이리요. 하나님 감사합니다. 다섯째, 예수 믿다가 누워 죽는 것도 큰 복이라 하거늘 하물며 전도하다 총살 순교 당함이리요. 하나님 감사합니다. 여섯째, 미국 유학 가려고 준비하던 내 아들, 미국보다 더 좋은 천국 갔으니 내 마음 안심되어 하나님 감사합니다. 일곱째, 나의 사랑하는 두 아들을 총살한 원수를 회개시켜 내 아들로 삼고자 하는 사랑의 마음을 주신 하나님께 감사합니다. 여덟째, 내 두 아들의 순교로 말미암아 무수한 천국의 아들들이 생길 것이 믿어지니 우리 아버지 하나님께 감사합니다. 아홉째, 이 같은 역경 중에서 이상 여덟 가지 진리와 하나님의 사랑을 찾는 기쁜 마음, 여유 있는 믿음 주신 우리 주 예수 그리스도께 감사 감사합니다. 끝으로 나에게 분수에 넘치는 과분한 큰 복을 내려 주신 하나님께 모든 영광을 돌립니다. 이 일들이 옛날 내 아버지, 어머니가 새벽마다 부르짖던 수십 년간의 눈물로 이루어진 기도의 결정이요, 나의 사랑하는 한센 병자 형제자매들이 23년간 나와 내 가족을 위해 기도해 준 그 성의의 열매로 믿어 의심치 않으며 여러분께도 감사드립니다."

사랑하는 두 아들을 떠나보내는 장례식장에서 그들을 총살한 원수를 찾아서 아들로 삼겠다는 그 뜨거운 의지는 가히 인간적이라고 할 수 없었습니다. 그것은 예수 사랑이었습니다. 이것은 당시 참석한 사람들의 마음은 물론 손양원이라는 이름을 듣는 모든 사람의 마음을 녹일 수 있는 것이었습니다. 오랜 세월이 흐른 지금의 우리 마음까지……. 여수, 순천 반란이 진압된 후 정세는 바뀌었고 동인, 동신을 죽인 자들 중의 하나인 '안재선'이라는 사람도 체포되어 총살을 당하게 되었습니다. 그 소식을 들은 그는 계엄 사령관에게 찾아가서 "나의 죽은 아들들은 결코 자기들 때문에 친구가 죽는 것을 원치 않습니다. 그 애들은 친구의 죄 때문에 이미 죽었습니다. 만일 이 학생을 죽인다면 그것은 동인, 동신

형제의 죽음을 값없이 만드는 것입니다." 라고 하면서 그 학생의 석방을 간청하였습니다. 그의 간청은 받아들여지게 되었습니다. 그는 그 학생을 손재선이라 하여 자신의 아들로 삼았습니다. 그는 재선이를 부산의 고려성경고등학교에 수학하도록 하여 전도사로 키워내는 놀라운 사랑을 보여 주었습니다. 양아들로 삼았던 안재선은 성경학교 졸업 후 잠시 부산의 어느 교회 전도사로 있다가 말년에는 제주도에서 어물 도매 사업을 하다 1979년 12월 서울에서 사망하였습니다. 안재선은 그의 용서를 받았지만 평생 사람을 죽인 죄책감에 사로 잡혀 불안한 삶을 살았다고 합니다. 그의 자녀들도 그런 삶을 살았다고 하니 안타까운 일입니다.

1950년 한국전쟁(6 · 25)이 일어났습니다. 파죽지세로 38선을 넘어 서울로 쳐들어 온 북한군은 한강을 넘어 수원을 점령하고 대전을 빼앗고 대구로 진격하는 한편, 일부는 호남으로 진격하여 호남 일대도 점령하게 되었습니다. 이 때 교회도 문을 닫고 피난을 했습니다. 그러나 그는 피난하지 않고 교회에 남아 계속 교회 종을 치게 했으며, 자신이 강사가 되어 교회에서 특별 집회를 했습니다. 집회의 주요 내용은 '잘 죽자'라는 것이었습니다. 이 때 애양원교회의 교인들은 그를 피난시키려고 갖은 노력을 했으나 허락을 하지 않자 결국은 교회의 제직들과 교역자들 모두 함께 떠나자고 간청을 하였습니다. 우선 몸부터 피하고 보자는 제직들의 간청한 부탁을 거절할 수 없었던 그는 함께 송별 예배를 드리고 배에 올라가 마지막 찬송을 부른 후 갑자기 혼자만 배에서 가방을 들고 뛰어 내렸습니다. 교인들이 "목사님, 왜 피난을 가지 않고 다시 배에서 내려가시는 겁니까?"라고 묻자, 그는 "나는 원래 피난을 가지 않는다고 했지 않습니까? 주의 이름으로 죽는다면 얼마나 영광스럽겠습니까? 그리고 만일 내가 피신한다면 일천 명이나 되는 양떼들은 어떻게 합니까? 내가 만일 피신을 한다면 그들을 자살시키는 것이나 다를 것이 무엇입니까?" 하며 피신하기를 완강히 거부하고 제직들만 보냈다고 합니다.

그는 마침내 1950년 9월 13일 공산군에게 체포되어 1950년 9월 28일 저녁 11시 여수 근교 미평 과수원에서 총살을 당하여 순교했습니다. 그의 나이 48세였습니다. 그는 마지막까지 양들을 보호하고 자기를 죽이려는 자들에게 예수의 복음을 전하다가 총의 개머리판으로 입을 맞아 얼굴이 피투성이 되었으며 마지막 죽음의 자리에서 두 손 모아 하나님께 간절히 기도하다가 공산군이 쏜 총에 맞아 순교했습니다.

비정규직 문제,
우리 모두의 문제입니다

————————————————— 우리 사회의 비정규직 문제
가 심각합니다. 국가가 현재 2년인 비정규직 고용기간을 4년으로 늘리
는 방안 등 비정규직의 처우를 개선하기 위한 대책 마련에 고심 중이라
고 하는 소식도 들려옵니다. 2014년 한 20대 계약직 여직원이 스스로
목숨을 끊는 안타까운 사건이 있었습니다. 중소기업중앙회 계약직 여직
원 25살 권 모 씨가 스스로 목숨을 끊었습니다. 권 씨는 여러 중소기업
대표들을 모아 교육하는 프로그램의 보조 업무를 해왔습니다. 권 씨의
유서입니다.

"24개월 꽉 채워 쓰고 버려졌다."

"부장한테 그 메일을 안 보냈다면 이렇게 됐을까?"

권 씨가 보냈다는 메일은 교육 중 중소기업 대표들로부터는 성추행을,
부장에게는 성희롱을 당했다는 것이었습니다.

유가족들은 권 씨가 성추행을 당하고도 2년간 참고 일했는데, 지난
8월 약속받았던 정규직 전환이 되지 않자 극단적인 선택을 한 것이라고
추측하기도 합니다.

권씨는 '지금 내가 이 위치가 약간 불안정한 위치이니까 이분들이 더 쉽게 보고 그런 것이다.' 라고 생각해서 '조금만 참자, 조금만 참자…' 해 오다가 극단적인 선택을 하고 말았습니다. 불쾌한 농담 수준의 희롱이든 범죄에 가까운 추행이든, 피해자들은 쉽게 말하지 못했습니다. 정규직이 되고 싶은 절박함이, 비정규직 자리마저 잃지 않을까 하는 두려움이, 그들을 가로막기 때문입니다.

그런가 하면, 직장인의 애환을 담은 만화로 〈미생〉이 출판계에서 2014년 최고의 베스트셀러에 올랐습니다. 그동안 좀 낯선 소재로 여겨졌던 비정규직 문제가 만화와 드라마, 영화로 다뤄지면서 더욱 관심을 모았습니다. 바둑이 인생의 모든 것이었던 주인공이 프로 입단에 실패한 뒤 종합상사에 입사하면서 벌어지는 이야기를 그린 만화 〈미생〉 2년 계약의 비정규직부터 10년차 이상 직장 상사까지 치열한 직장생활을 현실감 있게 다뤘습니다. 이른바 '극사실주의 만화'라는 공감을 이끌어내며, 200만 부 이상 팔려나가며 화제를 모았고, 드라마로 만들어지기도 했습니다.

대형 마트에서 일하는 비정규직 노동자들의 얘기를 다룬 상업영화 〈카트〉입니다. 5년간 일해 온 마트에서 여주인공은 정직원 전환을 앞두고 있었습니다.

"3개월 후에 드디어 정직원 되십니다. 열심히 일하면 정직원 되는 거에요."

정직원이 돼 월급이 오르면 가족을 위해 전보다 더 많은 것을 해 줄 수 있을 거라는 기대에 부풉니다.

"그거 엄마가 바꿔줄게. 핸드폰. 곧 정직원 돼서 월급 오르거든."

그래서 수당도 없는 연장근무도 마다하지 않았습니다.

하지만, 그녀에게 정직원 전환 대신 돌아온 것은 해고 통보였습니다.

"계약직이 암만 파리 목숨이라도 이건 아니다."

다시 일하고 싶다는 아줌마들의 외침은 현실 앞에서 녹록치 않았습니다. 드라마 속에서, 자신의 근무지인 성형외과의 원장에게 성추행을 당하다 끝내 스스로 목숨을 끊은 비정규직 간호조무사는 친구에게 마지막으로 유언과도 같은 전화 통화를 남깁니다.

"그까짓 정규직이 뭐라고 정직원이 꿈이었을까. 대통령도 아니고, 가수도 아닌 정직원이. 그거 돼 봤자, 좋아하는 가수의 콘서트 티켓도 마음 놓고 살 수 없는 정직원이. 고작 그거 되려고 죽기보다 싫은 짓을 참아왔는데…그냥 평범하게 사는 것도 나에게는 너무 멀다."

'정직원'이라는 절박한 꿈 앞에 자신의 삶을 걸고 이 시대를 살아가는 수많은 '을'들, 만화와 드라마는 그 서글픈 현실을 반영하고 있습니다.

지난 1997년 외환위기 이후 기업들이 구조조정에 나서면서, 비정규직 근로자가 급증했습니다. 지난 2007년 정부는 비정규직을 보호하기 위한 법을 마련했지만, 비정규직은 더욱 늘었습니다. 비정규직 노동자는 보호법이 마련된 뒤에도 계속 증가하고 있습니다. 어느 조사 기관에 따르면 2015년 현재 비정규직은 6백만 명이 넘어섰습니다. 13년 전 관련조사가 시작된 이후 처음입니다. 7년 전과 비교해보면, 비정규직이 37만여 명 증가한 것으로 나타났습니다. 정규직 전환은 여전히 하늘의 별 따기였습니다. OECD가 16개 나라를 대상으로 비정규직이 1년 뒤에 정규직이 되는 비율을 조사했더니, 우리나라가 최하위였습니다.

우리나라의 비정규직을 10명이라고 가정하면 1년 뒤에 정규직으로 전환된 비율이 1명 그리고 7명은 여전히 비정규직으로 남습니다. 실업자인 사람이 2명으로 나타난 것으로 조사됐습니다. 비정규직 보호법은 "비정규직으로 2년 이상 근무할 경우 정규직으로 전환된다"는 내용을 담고 있습니다. 하지만, 정규직으로 전환되기보다는 2년이 되기 전에 해고하고 다른 비정규직을 고용하면서 법의 취지가 무색해졌습니다.

보호법이 오히려 비정규직을 손쉽게 해고할 수 있는 수단으로 악용되고 있는 겁니다. 앞서 2년 동안 계약직으로 일했던 권 모 씨의 경우를 살펴보면 24개월 동안 반복적으로 2, 3개월 단위로 무려 7번이나 일명 '쪼개기 계약'을 했던 것으로 드러났습니다. 계약서대로라면, 2년을 계속 근무하지 않았으니, 퇴직금을 지급할 필요도 없고 정규직 전환도 막는 꼼수인 셈입니다.

비정규직으로 일할 수 있는 기간을 '2년'으로 정해놓은 이 법이 오히려 비정규직의 안정적인 고용을 돕기는커녕 오히려 반대 결과를 가져왔다는 지적이 끊이지 않습니다. 2015년 이번에 고용기간을 2년에서 4년으로 늘리는 방안이 논의되고 있습니다. 국가가 노동시장의 구조 개혁안과 함께 내놓은 비정규직 대책입니다.

국가가 추진하고 있는 비정규직 대책은 먼저, 35살 이상의 비정규직 근로자의 경우, 근무 기간을 2년에서 4년으로 늘려주는 것입니다. 또한 이른바 '쪼개기 계약'을 막기 위해 계약 횟수를 2년에 세 번까지 제한하기로 했습니다. 이와 함께 비정규직으로 3개월 이상 일하면 퇴직금을 받을 수 있게 하는 안을 포함하고 있습니다. 현재는 1년 이상 근무한 사람만 퇴직금을 받을 수 있기 때문에 11개월만 근무하도록 하는 등 편법이 난무하고 있기 때문입니다. 2년이라는 시간 동안 불안했으면 이제 보장받을 수 없으면 다른 새로운 일을 찾을 텐데 4년을 하고 나서 만약에 또 다른 일을 찾아야 한다면 너무 더 불안할 것 같다는 의견도 있습니다. 비정규직 문제는 '희망고문'이라고 말할 수 있습니다. 한마디로 보장을 해주지는 못하더라도 기간만 늘리는 게 그들한테 어떤 도움이 될지 차라리 대우가 좀 더 좋아지게 유도를 한다거나 하면 모르겠는데 단지 기간만 늘어나는 것은 문제입니다.

비정규직 6백만 시대를 맞은 지금, 노동시장의 양극화는 우리 사회가 풀어가야 할 큰 숙제입니다. 고용 불안과 저임금 등 비정규직이 당면한 문제, 결코 남의 얘기일 수만은 없습니다. 비정규직 문제에 대한 논의와 대책이 실효성을 거두려면 노사정 모두의 합의와 양보와 국민적 공감대 그리고 종교계와 시민단체는 물론 우리 모두의 성숙한 시민사회윤리의식이 있어야만 가능할 것입니다. 하나님은 사람을 기능으로 평가하거나 이용가치로 평가하는 것을 악한 것으로 규정하셨습니다. 모든 사람은 하나님의 존귀한 자녀들로 사랑받기에 합당한 존재들입니다. 이것이 오늘날 인권의 개념이기도 합니다. 또한 하나님은 평균선보다 낮은 위치에서 고통 받는 사람들을 보호하고 사랑하는 것을 사람으로서 행할 마땅한 의무라고 명령하셨습니다.

우리 사회에 수많은 기독교지도자들과 시설들 그리고 신앙인 기업가들에게는 더 큰 책임과 사명이 수반될 것입니다. 세상이 이 지경인데 개별 교회당 건축과 성장에만 급급해한다면 그야말로 교회가 세상을 향한 사명에 감당하기는커녕 역행하는 일로 사회적 지탄을 받을 것입니다. 교회는 세상과 격리된 진공 상태에 있지 않습니다. 교인들의 삶의 현장이 이처럼 피폐해져가고 비인간화되는 지경입니다. 교인들이 교회에 십일조를 내는 것이 의무이듯 교회는 세상을 향해 섬김과 나눔으로 십일조를 해야 할 것입니다. 또한 신앙인들은 교회에서 예배드리고 봉사하는 시간 못지않게 사회 정의를 위한 시민단체에 기부하고 봉사하고 감시하고 감독해 나가는 시민정신도 가져야합니다. 안타까운 비정규직 문제를 함께 지혜를 모아 이 문제를 풀 수 있는 해법을 속히 마련할 수 있기를 기도해봅니다.

청년노동의
시급현실을 바라보며

"법으로 정한 대한민국 최저시급은 5580원입니다." "이런 시급 쬐끔 올랐어요." 우리나라 대표적인 아이돌 그룹 '걸스데이'의 멤버 혜리가 등장한 아르바이트몬 광고 덕분에 요즘 청소년들은 전태일의 근로기준법은 몰라도 최저시급 5580원은 안다고 합니다. 2015년 2월 2일 유튜브에 업로드된 이 광고 영상에 대한 '좋아요' 숫자만 해도 300만 건을 넘었습니다. 시리즈로 제작된 이 광고에 쏟아진 뜨거운 호응과 소상공인들의 반발은 우리 사회에서 노동법 교육이 얼마나 무시되고 있는지를 역설적으로 말해줍니다.

지난 2014년 한국청소년정책연구원의 조사결과에 따르면 학교에서 노동 인권에 대해 설명을 듣거나 교육받은 적이 있다고 응답한 중·고교생은 전체 조사대상 3906명 가운데 16%에 불과했습니다. 그러니 노동자들은 '미생' '송곳'과 같은 웹툰이나 드라마를 통해 노동법을 익히게 됩니다. 한 외국계 양품점의 노동조합 결성과정을 상세히 묘사한 '송곳'에는 노무사 구고신이 나이 든 노동자에게 "이런 건 학교에서 가르쳐야 되는 건데…"라며 한숨을 쉬는 장면이 나옵니다.

더욱이 우리 교육은 노동 자체를 외면하거나 부정적으로 가르칩니다. 중·고교 사회 교과서를 검토한 전문가들에 따르면 고교 법과 정치 교과서에는 최저임금, 노동조합, 노동법 등이 언급되지 않습니다. 경제 교과서 가운데는 최저임금을 설명한 것들이 있지만, '기업에 과도한 부담을 주지 않는 적정한 선에서 결정돼야 한다'는 식으로 서술되어 있습니다. 일본의 사회과 교과서는 노동관련법을 헌법만큼의 비중으로 소개하고 있습니다만 노사갈등은 시장경제에서 가장 첨예한 갈등인데도 교과서는 마치 갈등이 없는 것처럼 서술합니다.

청년들의 취업난과 일자리 질 저하가 뜨거운 이슈로 떠올랐지만, 꼬일 대로 꼬인 매듭을 어디서부터 풀어야 할지에 대한 근본적 고민은 부족합니다. 대기업 정규직이 근로시간과 임금을 양보하는 것도 해법의 일부이긴 하지만, 노동의 몫으로 한정된 파이를 놓고 갈라먹으라는 식이라면 난국은 좀처럼 개선되지 않을 것입니다. 더 큰 그림 속에서 노동과 임금의 위상을 높이려는 노력이 중요합니다. 노사정위원회의 사회적 대화가 결렬되곤 하는 것도 크게, 멀리 보면 정부나 사용자를 비롯한 당사자들에게 노동의 존엄에 대한 인식이 부족하기 때문이기도 합니다.

2014년 8월 22일 충남 서산 피자가게에서 아르바이트를 하던 여대생이 스스로 목숨을 끊은 사건이 있었습니다. 고용주의 성폭행과 협박에 못 이겨 극단적인 선택을 한 것이었습니다. 고용주는 자신의 우월한 지위를 이용해 아르바이트생을 지속적으로 괴롭히고 횡포를 일삼았습니다. 그럼에도 아르바이트생은 소리 한 번 낼 수 없었습니다. 아르바이트생이라는 비루한 처지 때문이었습니다.

이 사건이 이슈화되면서 사각지대에 놓인 아르바이트생들의 인권에 관심이 높아지고 있습니다. 실제로 2011년 말 기준 청소년들 중 15~30%가 아르바이트를 경험하고 있을 정도로 청소년 아르바이트는 광범위하게 이뤄지고 있습니다. 그러나 노동권 침해에 대한 보호는 제대로 이뤄지지 않고 있습니다. 최근에는 경기불황이 지속되면서 대학생은 물론 졸업자, 40~50대 장년층까지 아르바이트 구직에 뛰어들어 아르바이트 인구는 점차 증가하고 있어 아르바이트생들의 인권보호가 사회문제로 대두되고 있습니다.

청소년 상담센터를 비롯한 관련 기관에는 아르바이트 피해 상담을 요청하는 글들이 끊임없이 이어지고 있습니다. 피해 사례도 가지가지입니다. 임금 체불은 가장 많은 상담주제이기도 합니다. 갖가지 이유를 들어 아르바이트생들에게 정당한 임금을 주지 않고 있는 사업장이 많기 때문입니다. 최저임금을 지키지 않는 사업장도 많습니다. 올해 법정 최저임금을 못 받고 있음은 물론 2000원도 채 되지 않는 시급을 받고 근무하기도 합니다. 실제로 편의점의 경우 두 곳 중 한 곳이 최저임금 규정을 어겼을 정도로 사업주들의 횡포가 심각한 상태입니다. 또한 '학비 마련을 위한 아르바이트'로 가장해 대학생들을 판매원으로 모집하는 불법다단계도 성행하고 있습니다. 불법다단계 업체들은 학생들에게 돈을 요구하거나 대부업체로부터 대출을 받아 물건을 사게 하는 등 갖가지 방법을 동원해 아르바이트생들을 울리고 있습니다.

청소년 아르바이트생들의 피해는 더욱 큽니다. 고용주들은 온갖 현란한 문구로 청소년들을 현혹합니다. 하지만 막상 아르바이트를 시작하면 경제관념과 법적 제도에 무지한 청소년들의 노동력을 착취하는 곳이 너무 많습니다. 뿐만 아니라 고용주로부터 폭언과 폭행을 당한 청소년 아르바이트생들도 적지 않습니다. 그러나 안타까운 것은 충남 서산 피자가게 아르바이트생 사건처럼 성폭행, 성추행 등의 사건들이 최근 빈번하게 일어나고 있지만 이와 관련된 담당기관이 없습니다. 이 때문에 아르바이트생들은 부당한 대우를 받고도 대응 방법을 몰라 참거나 혹은 아르바이트를 그만두는 것으로 문제를 해결하고 있습니다.

　우리 시대의 사회적 약자인 아르바이트생들을 위한 관심은 기독교계에서도 주의를 기울여야합니다. 예수는 일꾼이 품삯을 받는 것은 당연한 일이라고 하였습니다. 누가복음 10장 7절입니다.

　　그 집에 머물면서 그들이 주는 것을 먹고 마시라. 일꾼은 자기 삯을 받는 것이 마땅하다. 이 집 저 집 옮겨 다니지 말라.

야고보서 5장 4절도 유념할 구절입니다.

　　보십시오. 여러분이 밭을 가는 일꾼들에게 지불하지 않은 품삯이 소리 지르며 추수하는 사람들의 울부짖는 소리가 만군의 주의 귀에 들렸습니다.

　무엇보다도 노동자의 양도할 수 없는 존엄성을 옹호하는 동시에 재산권, 사회 계층 간 협력 원칙, 약자와 가난한 이들의 권리, 노동자와 고용주의 의무는 아무리 강조해도 지나치지 않습니다. 이를 위한 기본적으로 알아야할 것들을 정리해보면 다음과 같습니다.

1 근로계약서 작성은 필수

　근로계약서를 작성하는 것은 아르바이트를 시작할 때 가장 먼저 해야 합니다. 2015년부터는 근로계약서 작성이 의무화 되어 근로자가 요구하지 않더라도 사업주가 교부해야 합니다. 이는 18세 미만의 청소년 근로자에게도 해당됩니다. 근로계약서를 작성하지 않으면 500만 원 이하의 벌금을 물게 됩니다. 근로계약서는 반드시 서면으로 작성해야 하며, 만약 사업주가 거부할 경우에는 고용노동부 홈페이지 e–고객센터 '기타진

정신고서'를 작성, 신고할 수 있습니다.

② 임금을 지급하지 않는다면?

아르바이트생들의 피해사례를 종합해보면 임금 체불과 최저임금 위반 사례가 가장 많습니다. 이 경우에도 해결 방안이 없는 것은 아닙니다. 임금 체불과 관한 피해를 당했을 경우, 고용노동부를 통해 밀린 임금을 지급받을 수 있도록 요구하거나, 사용자를 근로기준법 위반으로 처벌해 달라고 요구할 수 있습니다.

진정서를 접수하면 고용노동부에서 사업주와 근로자 간 합의를 시도합니다. 실패할 경우에는 소송으로 이어지지만 근로자는 근로감독관과 상담을 통해 해결 방안을 찾을 수 있습니다. 진정서 접수 시에는 사업자 정보를 입력해야하는데, 전화번호로도 신분 조회가 가능합니다.

③ 부당대우를 받으면

최근에는 아르바이트생에 대한 폭언, 폭행, 성희롱 등 부당대우 문제가 심각해지고 있습니다. 이 경우에는 고용노동부를 직접 방문하거나 우편, 온라인 접수로 상담을 받을 수 있습니다. 또한 고용노동부 고객상담센터(국번 없이 1350)에서 상담 받을 수 있습니다.

④ 청소년 아르바이트들이 알아야 할 것들

아르바이트 관련 법규를 모르는 청소년 아르바이트생들은 성인 아르바이트생들보다 더 큰 피해를 입고 있습니다. 아르바이트를 하기 위해서는 만 15세 이상이 되어야 하지만 중학교 재학 중이거나 만 13~14세 청소년들은 고용노동부 취직 인허증을 받아 일할 수 있습니다.

청소년도 성인과 마찬가지로 근로계약서를 작성해야하며, 청소년 중

15~17세는 하루 7시간, 18세 이상은 하루 8시간 근무 초과 시 50% 할증된 연장근로 수당을 받을 수 있습니다. 일하다 다친 경우 산재보험법 또는 근로기준법에 따라 치료와 보상을 받을 수 있습니다. 도움이 필요할 때는 청소년사이버상담센터(국번 없이 1388) 혹은 고용노동부에서 상담 가능합니다.

천주교를 바라보는
개신교의 개혁

─────────────── 1885년 천주교 제7대 조선 대
교구장인 블랑 주교는 불편한 심정으로 파리외방선교회에 보낼 편지를
써내려갔습니다. 당시 조선 천주교인의 수는 1만4039명이었습니다.

"우리가 위협받고 있는 또 다른 곤경은 프로테스탄트 목사들의 내한
입니다. 이미 10여명 이상의 목사와 2~3명의 여전도사들이 들어와 있
습니다."

그는 100년 늦게 전래된 개신교가 순교를 경험한 천주교보다 활발하
게 포교하는 데 대한 무거운 심정을 가감 없이 편지에 담았습니다.

"오류를 설교하는 이 신교新敎 목사들은 활보하고 다니는데, 반면 진리
와 참된 자유의 설교자인 우리들은 나쁜 짓을 저지른 사람처럼 숨어서
돌아다닐 수밖에 없는, 말하자면 손과 발이 묶여 있는 상태입니다."

이는 개신교를 '열교' 즉 분열로 떨어져 나간 종교로 비하하며 견제한
심리를 그대로 보여준 것입니다. 블랑 주교의 불편한 심기는 천주교의
순교역사와 직결되어 있습니다. 한국 천주교는 이승훈이 1784년 베이징
에서 영세를 받으면서부터 시작됐습니다. 그러나 조상제사를 반대한다

는 이유로 '임금도 없고 아비도 없는 종교無君無父'라며 공격을 받았습니다.

"천주교는 다만 천天이 있는 줄만 알고 임금과 어버이가 있음을 모르며 천당과 지옥이 있다는 설로서 백성을 속이고 세상을 의혹케 함이 큰 물이나 무서운 짐승의 해보다 더하다."(1785년 유하원의 〈상소문〉에서)

이런 분위기에서 수많은 신자들이 억울하게 체포돼 투옥되거나 처형됐습니다. 조선 최초의 신부 김대건도 1846년 참수형을 당했습니다. 학자들은 조선후기 천주교인 1만여 명이 순교한 것으로 추정하고 있습니다.

천주교는 이처럼 한국에서 많은 희생을 치렀습니다. 반면 개화기에 입국한 개신교 선교사들은 천주교에 비해 자유롭고 개방적인 분위기 속에 선교를 시작했습니다. 개신교가 의료, 교육, 신분의 자유를 앞세워 단기간 급성장하자 조선에서 기득권을 갖고 있던 천주교는 조바심을 드러내며 개신교를 견제하기 시작했습니다.

이런 갈등관계는 신도 충돌 사건으로 표출됐습니다. 천주교인과 개신교 청년들이 맞붙은 명동성당 구타사건(1894년), 천주교에 대해 부정적으로 서술한 개신교 입장의 기사에 불만을 품은 천주교인들의 황성신문사 난입사건(1899년) 등이 대표적입니다. 중요 선교지였던 황해도와 전라도에서도 재령군 향내동사건(1898년), 장연사건(1901년), 고부 덕촌 충돌사건(1905년) 등 충돌이 잇따랐습니다.

갈등의 골은 교세가 역전되면서 더욱 깊어졌습니다. 1905년 천주교와 개신교 신자 수는 각각 6만4070명과 3만7407명이었으나 1907년엔 개신교가 7만2968명으로 천주교 6만3340명을 앞질렀습니다. 자신을 '성교聖敎'로, 개신교를 '열교裂敎'라고 불렀던 천주교는 위기의식을 느끼고 개신교 비판서인 『신교지기원新敎之起原』(1923년) 등을 제작해 내부단속에 나섰습니다.

　그러던 천주교가 사회복지, 민주화·인권운동으로 이미지 쇄신에 성공했습니다. 천주교는 1939년을 기점으로 조상 제사를 전통문화로 수용했습니다. 이후 일제의 종교탄압에도 끊임없는 성장을 했는데 개신교처럼 박해나 순교 없이 타협하는 모습을 보였습니다. 한국전쟁 후에도 개신교에는 미치지 못했지만 꾸준한 성장을 기록했습니다. 인성회(현, 한국천주교주교회의 사회복지위원회)를 출범시켜 사회복지 사업에 뛰어들었고, 70년대 민주화·인권운동, 80년대 쇄신운동, 90년대 성서번역운동을 통해 대내외적 정체성을 찾기 위해 노력했습니다. 가톨릭 신자의 괄목할 만한 증가는 천주교가 호감을 얻었기 때문이기도 합니다. 그 요인은 천주교회의 결속력, 청렴성, 정의·인권활동, 제사수용, 타 종교에도 구원이 있다는 유연한 태도 등일 것입니다.

　한국 천주교가 개신교에 대해 대립관계에서 벗어나 일부나마 화해 쪽으로 방향을 틀기 시작한 것은 1964년 제2차 바티칸공의회부터입니다. 당시 공의회에서는 "적지 않은 단체들이 가톨릭교회와 완전한 일치에서 갈라진 데에는 가톨릭 측의 탓도 있었음을 자인한다"고 선언하고 분열된 형제들을 포용하겠다는 의지를 피력했습니다. 한국 천주교도 개신교와 대화에 나서 68년 성서공동번역위원회를 조직하고 77년 『공동번역성서』를 출간했습니다. 86년부터는 한국기독교교회협의회NCCK, 한국정교회 등과 그리스도인 일치기도주간(1월 18~25일)에 합동기도회를 열고 있습니다. NCCK는 2014년 5월에는 천주교, 정교회 등과 연대해 '한국그리스도교 신앙과 직제협의회'를 창립했습니다.

　보수와 진보의 역할분담에 성공한 천주교입니다. 종교사회학자들은 천주교의 높은 신뢰도의 근저에는 진보와 청렴이라는 외적 이미지가 직결돼 있다고 분석합니다. 1990~2000년대를 거치면서 한국 개신교의 사회적 이미지는 진보에서 보수로 대체됐습니다. 대중의 집합적 기억에서 NCCK의 진보적 이미지가 지워지면서 이제는 그 공백에 '개신교=극우ㆍ보수'라는 새로운 이미지가 채워졌습니다. 천주교 역시 종교권력 구조가 보수로 역전됐지만 보수적인 정진석, 염수정 추기경보다 진보적인 정의구현전국사제단이나 정의평화위원회가 여전히 사회적 이목을 끌며 사회적으로 진보적 이미지를 유지하고 있습니다. 천주교가 소외계층 등 사회적 약자를 대변한다는 이미지는 이렇게 형성되고 유지돼 온 것입니다. 개신교는 대형교회 목회자의 말 한마디로 심각한 타격을 입지만 천주교는 진보와 보수의 다양한 목소리를 보장하며 역할분담을 하고 있습니다. 특히 교단을 움직이는 전략그룹이 대내외적 문제에 효과적으로 대응했기 때문에 과거의 부정적 이미지를 벗는 데 성공했습니다. 지난 2014 8월 교황의 방한으로 한국 종교시장에서 천주교의 긍정적 이미지를 극대화시키는 분수령이 되기도 하였습니다. 교황의 방문은 기독교의 본질이 무엇인지 우리 사회에 다시 한 번 각인시키는 결정적 계기였습니다.

교황의 방한을 통해 한국교회의 개혁과 낮은 자에 대한 헌신의 중요성을 새삼 느끼게 됐습니다. 교황은 서민 속에서 사랑의 실천을 보이며, 중심에서 벗어나 변두리를 향하는 모습을 보였습니다. 이는 부와 권력과 명예를 거부하고 오직 사회적 약자에게 집중한 예수의 모습을 연상시켰습니다. 초기 기독교인들은 박해를 받고 순교를 당하면서도 이러한 예수의 정신을 이어가고 전하는 데 집중했습니다. 그러나 기독교는 이후 '하나님 나라의 확장'이라는 이데올로기로 박해와 살육을 일삼았는데 오늘날 한국의 대형교회와 극단적 보수교회의 모습과 비슷하지 않은지 돌아봐야 합니다. 교황은 약자를 위로하면서 기득권에 안주하려는 천주교 성직자들에 대한 질책을 잊지 않았습니다. 자본주의화된 한국교회는 교황의 "가난해져라, 또 가난해져라"라는 말을 경청해야만 합니다. 교회가 교회로 머물기 위해서는 그 안에 가난한 이들이 설 수 있는 자리가 있어야 합니다. 이를 위해서는 단순히 헌금을 받지 않는 것이 아니라 그 헌금을 어떻게 이용할지가 더 중요합니다.

오래전 독일 발터 벤야민Walter Benjamin이 쓴 '아우라'라는 말이 있습니다. 이는 원본 예술작품에서 풍겨 나오는 품격이나 영감을 일컫는 말입니다. 모조품이나 복사품에서는 도무지 느낄 수 없는 진품, 명품에서만 이 느낄 수 있는 고고함을 말합니다. 발터 벤야민은 기술복제시대 아우라의 붕괴를 한탄하기도 했습니다.

발터 벤야민의 한탄처럼 개신교의 '아우라의 붕괴'를 한탄해야 한단 말인가요? 언론보도가 과장되고 균형감각을 잃어 국민들이 속은 것이라고 하기엔 교황과 우리 국민 사이에 이루어진 교감과 감동이 너무나 진했습니다.

2014년 개봉하여 크게 흥행한 〈명량〉이란 영화가 진정한 리더십을 갈망하는 국민의 눈을 끌어 모았듯이 종교의 향기를 그리워하던 국민의 마음을 교황의 낮은 행보가 집중시켰습니다. 이번 교황의 방한이 아시아 교세 확장을 위한 바티칸의 마케팅 전략의 일부요, 계획된 쇼라고 비판하는 이들이 있지만 그것이 '쇼'라면 분명 거룩한 '쇼'였습니다.

이제 2017년이면 기독교개혁 500주년을 맞게 됩니다. 이제 '아우라' 교회답게 구원의 진리와 함께 종교의 품격도 잘 세워가야 할 요청 앞에 우리는 서있습니다. 교황에게 집중된 시선을 교회의 주인 되신 예수께로 돌이키고 개혁교회 '아우라'를 회복해 가야 할 것입니다.

사실 기독교개혁의 발단은 결코 요란하지 않았으며 사회를 개혁하자고 하는 거창한 뜻도 없었습니다. 다만 진실하고 용기 있는 믿음의 사람 루터의 신앙적 양심이 발화가 되어 엄청난 파장을 일으켰으며, 그 결과 전혀 새로운 형태의 교회가 태동하게 되었습니다. 더 나아가 기독교개혁은 단순히 교회개혁뿐 아닌 사회와 문화에 커다란 변혁을 일으키게 되었습니다. 한국교회의 목회유형은 기복주의 목회, 대형교회지향 목회, 물량주의 목회, 개교회 중심의 목회, 인본주의 목회라고 해도 지나친 말이 아닙니다. 결국 한국교회의 근본적인 문제는 저와 같은 목사에게 일차적인 책임이 있음을 겸허하게 인정하면서, 먼저 목사가 개혁자들의 정신으로 새롭게 변화되어야만 한국교회의 미래는 밝아지게 될 것입니다.

한편 기독교개혁은 보는 관점에 따라서 그 가치와 의미에 대해 평가를 달리하지만 목사의 입장에서 볼 때 기독교개혁은 기독교정신의 재발견이요, 바른 예배의 회복이요, 참다운 교회를 재건하고자 힘쓴 가장 의미 있는 사건으로 평가할 수 있습니다. 그러므로 한국교회의 갱신은 기독교개혁 정신에서 해법을 얻어야 할 것입니다.

따라서 한국교회가 바로 세워지기 위해서는 잘못된 교회 정치체제를 단순히 바꾸자고 외친 것이 아니라 화려한 의식이나 성상숭배 등에 묻혀서 사장되고 있던 성경말씀이 살아난 것입니다. 이를 위한 노력으로 먼저, 예배가 개혁되어야 합니다. 하나님이 기뻐하시는 바른 예배를 드려야 합니다. 중세 교회의 가장 큰 병폐는 잘못된 예배예전에 있었습니다. "미사는 순수하지 못한 미신적 경배 속에 행해졌고, 알지 못하는 언어 속에서 청취를 불가능하게 했습니다."고 언급한 윌리엄 맥스웰의 지적처럼 회중들은 예배자가 아닌 구경꾼으로 전락했습니다. 최근 들어서 한국교회의 예배가 무질서하고, 소란스러워졌으며, 경건성을 잃어가고 있습니다. 따라서 감정만이 아닌 구속의 은총을 깨닫고 성령의 인도하심에 따라 드리는 영적 예배와 하나님께만 온전히 영광 돌리는 거룩한 예배를 회복해야 할 것입니다.

다음으로 올바른 교회상을 정립해야 할 것입니다. 교회의 성패는 조직이나 행정력에 달려있는 것이 아니라 예수의 몸으로서의 생명력에 있습니다. 그런데 최근 한국교회는 대형화, 성장제일주의로 나아가다 보니 자연스럽게 세속적인 요소들이 교회 속으로 침투해왔습니다. 이제 교회 내에 산재해 있는 잘못된 세상의 먼지를 떨어내는 정화작업을 해야 합니다.

"우리는 지금 새 시대의 새벽에 서있습니다."라고 말한 루터의 말을 상기하면서 한국교회는 역사의 새벽을 깨우는 심정으로 내실 있고 차분하게 그리고 성실하게 교회개혁에 매진해야 할 것입니다. 한국교회가 개혁될 때 이 땅의 교회는 우리 사회와 함께할 것입니다.

색色의 원색原色에는 세 종류가 있다고 합니다. '자홍Magenta', '청록Cyan', '노랑Yellow'입니다. 원색이란 가장 기본이 되는 색상이며, 어떤 색을 섞어도 만들 수 없는 색을 뜻합니다. 이 삼원색을 배합하여 여러 가지 색을 만듭니다. 빛에도 삼원색이 있습니다. 그것은 '빨강Red', '파랑Blue', '녹색Green'입니다. 흥미로운 것은 '색의 삼원색'과 '빛의 삼원색'의 차이점입니다. 색의 삼원색은 섞일수록 어두워지는 반면에, 빛의 삼원색은 섞일수록 밝아집니다. 빛의 삼원색이 같은 비율로 섞이면, 흰색에 가깝게 밝아집니다.

이런 사실은 '개혁'이라는 개념을 이해하는데 한 줄기의 빛을 비춰줍니다. '교육'이라는 개념의 역동성에 가장 가까운 단어가 있다면, 바로 '개혁'일 것입니다. 사실 교육은 일종의 개혁이며, 개혁을 목표로 합니다. 개혁이란 어리석음으로 인하여 어두워진 곳에서 그 어둠을 몰아내는 것입니다. 어두워진 삶의 영역을 밝게 비추는 것입니다.

개혁은 저절로 이루어지지 않습니다. 개혁의 횃불을 든 사람을 통해 이루어집니다. 누가 개혁의 횃불을 든 사람일까요? 하나님을 섬기고 올곧게 정의를 외치며 실천하는 사람입니다. 마치 빨강 빛, 파랑 빛, 녹색

빛이 같은 비율로 어느 한 곳에 비춰질 때, 그곳의 어둠이 물러가고 밝아지는 것처럼, 온전한 믿음과 실천이 이루어진 사람을 통해 이 땅의 어두운 곳이 밝게 비춰질 것입니다.

2015년은 유네스코UNESCO가 지정한 '세계 빛의 해'라고 합니다. 점점 더 어두워져가는 이 때, 하나님께서 '생명의 빛'을 통해 곳곳마다 참된 개혁자들을 세우시길 간절히 기도합니다. 이에 한국교회와 기독교인들이 참된 사랑의 실천자들이 되기를 소망합니다.

기독교사회변혁운동의
윤리적 근거

　　　　　　　　　　　　　　　　　　　　　　　　 미국의　기독교사회윤리학자
리차드 니부어는 그의 책『그리스도와 문화』에서 이 세상 문화의 한가
운데 살고 있는 기독교인들의 삶의 유형을 다섯 가지로 구분한 바 있습
니다. 이 다섯 가지는 다음과 같습니다.

　첫째, 그리스도와 문화가 대립된다고 생각하는 기독교인들은 이 세상
의 문화를 무시하거나 적대시하며 삽니다.

　둘째, 그리스도 자신도 문화의 한 부분이라 생각하는 기독교인들은
이 세상의 문화를 있는 그대로 수용하고 적응하며 삽니다.

　셋째, 그리스도와 문화 사이에 연속성과 불연속성, 차이와 통일이 있
다고 생각하는 기독교인들은 이 세상의 문화, 즉 인간의 업적이나 가치
또는 관심에 머물지 않고, 그 이상의 초월적인 것을 추구하며 삽니다.

　넷째, 그리스도와 문화 각각의 권위를 인정하고, 동시에 양자의 상반
성을 생각하는 기독교인들은 역사의 피안과 구원을 희망하면서 이 세상
의 문화를 마지막 때까지는 용납할 수밖에 없다는 식으로 인정하고 삽
니다.

다섯째, 그리스도가 문화를 변혁하는 분이라고 생각하는 기독교인들은 이 세상의 문화가 하나님의 뜻과 대립되어 있다고 해서 분리하거나 초역사적인 구원으로 도피하기보다는 하나님의 뜻에 상응한 문화로 적극적으로 바꾸며 삽니다.

이 다섯 가지 중에서 굳이 선택한다면 다섯째가 바로 종교가 수행할 사회적 역할일 것입니다. 기독교인들이 개개인에게 영향을 미치는 정치, 경제, 사회, 문화를 하나님의 뜻에 상응하도록 변혁해 가는 삶의 모습과 과정이야말로 기독교인들이 세속에 살면서 세속의 가치에 물들지 않고 세속을 정화시켜나가는 사명을 감당하는 길입니다.

라인홀드 니부어는 그의 책 『도덕적 인간과 비도덕적 사회』에서 개인의 사회도덕적 행위가 국가적, 인종적, 경제적 사회집단의 사회도덕적 행위 사이에는 차이가 있음을 밝힌 바 있습니다. 개인은 자신의 행위를 결정할 때 자신의 관심보다 다른 사람의 관심을 먼저 생각하고, 자신의 유익보다 다른 사람의 유익을 선호할 수 있다는 점에서 도덕적입니다. 그러나 사회집단은 집단을 구성하는 개인보다 충동을 견제하는 이성을 결여하고 있고, 자기를 초월하는 능력과 다른 사람의 유익을 이해하는 능력이 미약하다는 점에서 비도덕적입니다. 니부어의 이 같은 인식은 기독교인의 자세를 되새겨보게 합니다. 상호의존적 존재로서의 인간이 다른 사람들과 함께 살아가는 사회를 만들었지만, 시간이 경과하면서 인간에 의해 만들어진 사회가 인간 구성원들을 규정합니다. 그러면서 비도덕적인 사회현실 속에 있는 도덕적인 개인은 자신의 도덕적 결단을 주저하게 됩니다.

지금 우리 사회의 주된 가치는 자본이 최고이고 무한 경쟁이 당연시되는 신자유주의입니다. 이런 사회에서 약자의 설 자리는 없습니다. 공동체의 이익보다는 개인의 이익과 욕망이 당연시됩니다. 그러므로 여기에는 평화를 위협하는 분열이 있습니다. 개인과 개인 사이의 분열, 집단과 집단 사이의 분열, 국가와 국가 사이의 분열, 민족과 민족 사이의 분열, 인간과 하나님 사이의 분열, 인간과 자연 사이의 분열 등 모든 분열의 자리에는 평화가 없습니다. 우리나라 기독교인들은 신앙을 저 세상에 대한 소망이라고 이해하고, 이 세상의 문제들을 해결하는 데 기여하기보다는 무관심과 무책임과 무기력으로 일관해왔습니다. 교회에는 하나님의 사랑 안에서 하나의 교회에 속해 있음을 감사하기보다는 자기 교회만의 물량적인 성장을 추구하였습니다. 예수는 제자들을 이 세상으로부터 선택하였습니다. 그러므로 제자들은 이 세상과 무관한 존재가 아니라 부정부패가 만연한 세상을 썩지 않게 하는 '세상의 소금'이자, 어두움 속에서 갈 바를 알지 못하는 세상에 대해 갈 길을 밝히는 '세상의 빛'으로 존재해야합니다. 이를 위해 이제라도 기독교인들은 만신창이가 되고 있는 우리 사회에 대해 무비판적으로 적응하는 사람이 되기보다는 주체적으로 부적응하는 건강한 사람이 되어야 합니다. 건강한 부적응은 우리 사회의 희망입니다. 죽은 물고기는 물의 흐름대로 그저 흘러가지만, 살아 있는 물고기는 언제라도 물의 흐름을 역류할 수 있습니다.

고대 기독교인들의 평화 '에이레네'는 전쟁과 전쟁 사이의 휴지기를 의미합니다. 그러나 에이레네의 평화는 외형적으로 전쟁을 멈추고 있을 뿐 사실은 전쟁을 준비하는 시간입니다. 로마인들의 평화 '팍스'는 강대국 로마에 의해 모든 약소국의 저항이 잠재워져 있는 상태를 의미 합니다. 그러나 팍스의 평화는 외형적으로 고요하나 내면에는 온갖 갈등과 적대의식이 팽배한 폭풍 전야의 같은 상태입니다. 이 에 반해 성경이 말하는 평화인 '샬롬'은 분열과 전쟁이 종식되고, 긴장과 갈등이 해소된 상태, 그래서 모두가 기쁨과 행복의 충만함을 더불어 누릴 수 있는 상태를 의미합니다. 이 샬롬의 평화만이 진정한 의미의 평화입니다. 샬롬의 평화는 정의를 전제하며 사랑으로 실행됩니다. 갈등과 불안을 야기하는 분열을 극복하고 화해의 세상을 만들어 가야하는 사명이 기독교인들에게 있습니다. 기독교인은 모두가 평화를 누리도록 평화의 기도를 삶으로 실천하는 사람들입니다.

오늘 우리가 살고 있는 세상에서 평화는 삶의 필요, 충분조건입니다. 기독교인들은 하나님이 보증하시는 궁극적인 평화를 소망하며 지금 여기에 평화를 만들기로 작정한 사람들입니다. 세상이 그나마 유지되고 있는 것은 평화를 만들기 위해 노력한 사람들이 이름 없이 빛도 없이 흘린 땀의 결실입니다. 예수가 말한 '부자와 거지 나사로의 비유'에서 부자가 죽은 뒤에 지옥으로 보내져 있던 것은 거지 나사로에게 직접적인 어떤 피해를 끼쳐서가 아닙니다. 선을 베풀 수 있는 위치에서 선을 행하지 않았기 때문이었습니다. 그러므로 기독교인들은 우리 사회의 지극히 작은 사람들로 하여금 인간답게 살만한 삶의 필요충분조건을 사회적으로 배려하고 극대화하도록 독려하고 감시하고 지원해야합니다.

하나님의 나라는 이미 시작되었으나 아직 완성된 것은 아닙니다. 하나님의 다스림이 관철되는 곳에서 하나님의 나라는 즉시 시작되지만, 인간과 사회 자체의 불완전함으로 인해 하나님의 인정한 다스림은 마지막 때가지 기다려야 합니다. 그러나 지금 여기에서 하나님의 나라를 경험할 수 없는 사람은 미래에 완성될 하나님의 나라를 소망할 수 없고, 완성될 하나님의 나라에 대한 소망이 없는 사람은 지금 여기에서 하나님의 다스림을 경험할 수 없습니다. 예수는 우리에게 하나님의 나라가 임하도록 기도할 것을 가르쳤고, 동시에 하나님의 뜻을 이 땅 위에 이루며 살 것을 가르쳤습니다. 이로써 우리는 기독교 신앙이 하나님 나라의 미래에 공허하게 하는 신앙도 아니고, 오늘 이 사회에서의 윤리적인 실천을 공허하게 하는 신앙도 아님을 알 수 있습니다.

하나님 나라의 양면적인 차원은 기독교인들에게 미래에 도래할 하나님 나라에서의 삶을 약속할 뿐만 아니라, 함께하는 사람들과 함께하는 생태계와의 연대 안에서, 그리고 윤리적인 삶을 통해서 미래의 하나님 나라를 지금 여기에서 미리 경험하도록 제시하는 것임을 말합니다. 때문에 기독교인들은 하나님에 의해 완성되어 마지막 날에 선물로 주어질 하나님의 나라를 스스로 만들 수는 없지만, 이 세상 삶의 자리를 문제투성이 그대로 방치할 수 없고 기독교인들이 문제 많은 이 세상 삶의 자리를 하나님에 나라에 근접한 상태가 되도록 개혁해 나가야만 하는 사명임을 알 수 있습니다.

기독교계가 일반 사회보다 더 부끄러운 상황에 있으면서 사회운동을 전개할 수는 없습니다. 아무리 기독교가 문제투성이라 할지라도 사회보다는 더 정의롭고, 더 민주적이며, 더 모범적일 때만이 기독교의 사회변혁운동은 의미를 지닐 수 있습니다. 기독교는 자기 내적인 문제를 면밀히 살펴보고 성찰함으로써 일반 사회보다는 앞서 나가야 합니다. 기독교가 일반 사회보다 뒤쳐져 간다면, 이는 교회가 세상의 빛과 세상의 소금이 아니라, 오히려 세상이 교회의 빛과 교회의 소금이 되는 주객전도가 되고 말 것입니다. 물론 사회변혁운동을 전개하는 기독교가 언제나 완벽할 수는 없습니다.

기독교 역시 부족한 사람들에 의해 구성되어 있는 공동체이니 실수나 문제가 있을 수 있습니다. 그러나 똥 묻은 개가 겨 묻은 개를 나무랄 수 없습니다. 그나마 겨 묻은 개는 똥 묻은 개를 위해 조언해줄 수는 있습니다. 똥 묻은 개를 나무라면서도 자신에게 묻은 겨를 털어 내는 노력을 해야 합니다. 이를 위해 끊임없이 기독교 일반 사회변혁운동을 전개하기 전에 자신을 돌아보는 자기반성의 노력을 수행해야 하고, 사회에 대해 제안하는 모든 사안을 스스로에게 적용하여 모범을 보이는 자기 적용의 노력을 해야 합니다. 사회변혁운동에 참여하는 기독교인들은 이를 자기의 의로움을 드러내는 수단으로 삼지 말아야 하고, 스스로에게 동일한 기준을 적응해야 하며, 겸손히 하나님을 두려워하는 자세로 임해야합니다.

약함이 강함을
이긴답니다

───────────────── 오랫동안 시청자들의 사랑을
받는 프로그램이 KBS 1TV 다큐멘터리 프로그램으로, 월~금 오후 5시
20분, 토~일 오후 5시 10분 방송되는 〈동물의 왕국〉이 있습니다. 다양
한 동물들이 생태를 아주 사실적으로 잘 보여주기에 많은 사람들이 흥미
롭게 봅니다. 자연 속에서 동물들의 생활상을 재미있는 해설과 함께 보
는 재미는 다른 프로그램들이 줄 수 없습니다. 자연의 동물들은 힘 있는
동물이 철저히 상위에 있고, 힘없는 동물들은 하위에 자리 잡고 있습니
다. 힘없는 동물들은 힘 있는 동물의 먹이가 됩니다. 그야말로 양육강식
의 논리가 아주 뚜렷합니다.

　어려서는 이를 당연한 것으로 보고 즐겨보았는데 요즘은 이 프로그램
을 즐겨 보지 않고 있습니다. 이전보다 더 자연 속에서 동물들의 모습은
사실적으로 잘 드러내고 있습니다만 이를 바라보는 제 눈과 생각은 불편
함으로 가득차 버렸습니다. 식자우환識字憂患이라는 말을 실감합니다. 나
이 들어가고 좀 배우고 생각하다보니 동물의 왕국에 비친 모습들이 그냥
재미로만 볼 수 없었습니다. 이는 시청률에 따라 방송이 좌지우지되는데

오랜 세월 이 프로그램이 유지되는 것에 대한 의심마저 생겼습니다. 이는 이 프로그램이 국영방송인 KBS에서 매일 방송하는 것에 대한 의심으로도 이어집니다. 이 프로그램은 약육강식의 논리를 당연시합니다. 그것이 생존이고 자연의 법칙으로 자연스럽게 받아들이게 합니다. 혹시 보수반동세력과 신자유주의 기득권자들이 은연중에 이런 생각을 심어주려고 하는 건 아닌가 싶기도 합니다. 제가 이런 생각을 하게 됨은 분명 자연계의 동물들을 보는 것인데 이것이 마치 우리 사람의 세계를 빗대어 보여주는 것 같기 때문입니다.

약육강식의 논리, 강자중심의 논리는 우리 기독교계에서도 쉽게 찾아볼 수 있습니다. 십자군 전쟁과 식민지 쟁탈전 속에서 강자들과 결탁하고 심지어 그들의 앞잡이 노릇도 마다하지 않았습니다. 힘으로 억압하는 사람 같지 않은 독재자들의 하수인이 되어 그들을 정당화하는데 혈안이 되기도 하였습니다. 그야말로 예수의 삶과는 정면으로 반대되는 태도를 보여 왔습니다. 교회는 강력한 동물들보다 더 악랄하게 약자를 궁지에 몰아 죽이기까지 하였습니다. 그런데 교회의 역사를 보면 힘 있는 교회는 철저하게 타락하고 파렴치한 모습을 드러냈습니다. 수많은 사람들을 하나님을 위한다는 미명아래 죽게 하거나 사람답게 살 수 없게 만들었습니다.

흔히 사람을 생각하는 동물이라고 말합니다. 이는 사람은 동물과는 다르다는 말입니다. 사람이 마땅히 생각을 하고 살아야하는 존재이기에 힘이 있다고 맘대로 그 힘을 휘두르면 안 되는 것이 도리입니다. 그런데 현실에서는 힘없는 사람들이 엄청난 고통을 당합니다. 자신이 가진 힘을 약자를 죽이는데 써서는 안 됩니다. 힘으로 사람들을 억누르고 잠잠하게 하려고 하면 처음에는 별일 없지만 끝내는 수습이 되지 않는 상황에 처하게 됩니다. 이것은 힘으로 사람들을 밀어붙인 독재자들에게서 쉽게 배울 수 있는 교훈입니다. 독재자들의 말로는 처참했습니다. 어떤 사람은 총에 맞아 죽고 어떤 사람은 살아있지만 죽은 목숨처럼 살아갑니다. 자신에게 주어진 힘은 약자들을 억압하고 말없이 자신에게 복종하도록 쓰는 것이 아닙니다. 그 힘은 약자를 보호하고 지키는데 쓰는 것이 옳습니다. 그런데도 많은 사람들이 자신의 욕심과 야망을 성취하기 위해 아무 힘이 없는 약한 사람들을 고통 속에 몰아넣습니다.

예수 믿으면 강하게 되고 성공한다고 가르치는 것은 거짓을 선포하는 것입니다. 만일 그렇다면 예수의 이 말은 무엇일까요? 마태복음 8장 19-20절입니다.

> 그때 한 율법학자가 예수께 다가와 말했습니다. '선생님, 선생님이 가시는 곳이라면 어디든 따라가겠습니다.' 예수께서 대답하셨습니다. '여우도 굴이 있고 하늘의 새들도 보금자리가 있지만 인자는 머리를 둘 곳이 없구나.'

바울의 삶도 예수와 다를 바가 없었습니다. 유대인 중의 정통 유대인 혈통에서 출생하여 탁월한 율법학자에게서 배우고 로마시민권자였으니 요즘 말로 하면 다른 사람의 부러움을 한 몸에 받는 사람이었습니다. 그러나 그는 예수를 만나고 나서 이 모든 것을 배설물로 여기고 스스로 천막 만드는 일을 해가면서 목숨을 걸고 복음을 전하러 다니다가 순교하였습니다. 예수의 정신은 빌립보서 2장 5-9절에 잘 드러납니다.

> 여러분 안에 이 마음을 품으십시오. 이것은 그리스도 예수 안에 있던 마음이기도 합니다. 그 분은 본래 하나님의 본체셨으나 하나님과 동등 됨을 기득권으로 여기지 않으시고 오히려 자신을 비워 종의 형체를 가져

사람의 모양이 되셨습니다. 그리고 그분은 자신을 낮춰 죽기까지 순종하셨으니, 곧 십자가에 달려 죽으신 것입니다. 그러므로 하나님께서는 그를 지극히 높여 모든 이름 위에 뛰어난 이름을 주셨습니다.

그렇습니다. 예수는 누구보다 강력한 힘을 소유하였습니다. 마음만 먹으면 못할 것이 없는, 하나님의 아들로서 전지전능하였습니다. 예수는 전지전능함을 스스로 포기하였습니다. 가장 낮은 자리로 내려오고, 아무 힘없이 살았고 무참하게 십자가에 달려 죽었습니다. 비교조차 안 되는 엄청난 힘을 소유하였던 예수의 무기력하고 무능력한 최후는 무엇을 의미하는 것일까요? 예수를 닮고 따라가는 참된 기독교인은 동물의 왕국에서 당연시되는 강자의 힘을 가지려해서는 안 됩니다. 강하려고 하면 죽고, 약하려고 하면 사는 것이 예수정신입니다. 예수는 힘없이 십자가의 죽음으로 참된 가치를 이루었습니다. 그 보잘 것 없는, 한없이 힘없는 십자가에는 약함에서 솟아나는 강함이 있습니다. 세상의 어떤 강한 것도 그 십자가의 약함에 대적할 수 없는 놀라운 힘이 있습니다. 교회의 바른 자세는 힘없는 사람들을 위한 공동체가 되어야 하고 교회가 힘이 있으면 그 힘을 자신의 영향력을 높이는데 쓰기보다는 약한 사람들을 위해 정의롭게 써야합니다. 고린도전서 1장 25절입니다.

> 하나님의 어리석음이 사람의 지혜보다 더 지혜롭고 하나님의 연약함이 사람보다 더 강하기 때문입니다.

우리 기독교에서 강조하는 것은 힘이 아니라 사랑입니다. 미국의 저명한 작가 월터 반게린에게는 매튜라는 아들이 있었습니다. 매튜가 초등학교 때의 일입니다. 만화책을 무척이나 좋아하던 매튜는 어느 날 도서관에서 만화책을 훔쳤습니다. 그것을 안 월터는 아들에게 도둑질이 얼마나 나쁜 짓인지 얘기하며 단단히 주의를 준 후 만화책을 도서관에 다시 돌려주었습니다. 그러나 그 후로도 매튜의 도벽은 그치지 않았습니다.

"매튜야, 이제까지는 아빠는 너에게 한 번도 매를 들지 않았다. 그건 매를 들지 않아도 네가 그동안 지혜롭게 모든 일들 잘해냈기 때문이다. 그러나 이번만은 그럴 수 없겠구나."

월터는 피가 맺히도록 매튜의 종아리를 호되게 때렸습니다. 이일이 있은 후 매튜는 더 이상 만화책을 훔쳐오지 않았습니다. 어느 날, 어머니가 매튜에게 물었습니다.

"매튜야! 그때 아빠의 매가 무척 아팠나 보구나."

"아니에요. 그날 아빠가 때린 매는 하나도 아프지 않았어요."

"그래? 엄마는 너의 나쁜 버릇이 그 매 때문에 고쳐진 줄 알고 있는데……."

"아니에요. 그날 내 손등으로 떨어지는 아버지의 눈물을 보았기 때문이에요."

그렇습니다. 사람을 움직이게 하는 힘은 권력이나 강압적인 폭력이 아니라 진심을 담은 사랑입니다. 제가 참 좋아하는 말로 『노자도덕경』에 '상선약수上善若水'라는 말이 있습니다. 이 말의 뜻은 가장 좋은 것, 최고의 것은 물과 같다는 말입니다. 물은 낮은 곳으로 흘러가고 흘러감에 모든 것을 품고 가면서 드넓은 바다로 향합니다. 이것이야말로 예수 정신의 방향성일 것입니다. 또한 약함이 강함을 이기는 역설의 지혜일 것입니다. 당장은 지는 것 같으나 결국은 이기는 길입니다. 언젠가 본 어떤 사람의 글입니다. 아버지가 돌아가신 뒤였습니다. 아버지의 유품을 정리하던 중 저는 노트 한 권을 발견했습니다. 거기에는 아버지가 사랑하던 사람들 이름이 적혀 있었습니다. 맨 먼저로 가족의 이름, 다음에는 친구들의 이름이 초록색 잉크로 적혀 있었습니다. 그리고 맨 끝에는 제가 전혀 알지 못하는 생소한 이름들이 이십 여 명 적혀 있었습니다. 저는 노트를 어머니에게 보여 드리면서 이들은 누구인지를 여쭈어 보았습니다.

"그것은 네 아버지의 기도 노트란다. 매일 밤 잠들기 전에 이 노트를 펴고 한 사람씩 이름을 손으로 짚어가면서 네 아비지는 조용히 기도를 했단다."

"그런데 이 분들은 누구지요?"

저는 마지막 명단을 가리키며 여쭈어 보았습니다.

"그들은 네 아버지의 마음을 상하게 했던 사람들이란다."

아버지는 사람들을 위해 기도하였습니다. 자신에게 해를 입혔던 사람들에게도 기도라는 사랑의 방식으로 응대했었습니다. 기도는 아무런 힘이 되지 못하는 것 같지만 그렇지 않습니다. 진심으로 간절히 기도할 때 그 기도는 이루어집니다. 때로는 미운 사람, 생각이 다른 사람을 위해서도 기도해주는 게 가장 강한 힘일 것입니다. 남을 위해 기도하는 것은 진실과 사랑이 없이는 불가능합니다.

●

세속에 물들지 않은
기독교정신

──────────────── 나뭇잎들은 햇빛이 비추는 한
쪽 방향으로 자라납니다. 그래서 숲속에서 길을 헤맬 때에 잎사귀의 방
향이나 나이테의 모양을 보고 방향을 찾을 수 있습니다. 그런데 그 나무
가 '왜 나는 한 방향으로만 자라는 것일까' 하고는 '좌우의 균형을 맞추어
야지' 하며 굳이 반대방향으로 자라겠다고 결심한다고 해서 그것이 가능
한 일일지요? 그 나무는 자신이 뿌리를 내리고 서 있는 자리에서 살아갈
수밖에 없기에 그런 생각이나 결심은 불가능한 일입니다. 이것은 나무에
게 주어진 숙명입니다. 윤동주의 '서시'의 내용처럼 그저 자신에게 주어
진 길을 걸어갈 수밖에 없습니다.

오늘날 한국 기독교가 일반사람들의 존경과 추앙을 받기보다는 지탄
의 대상이 되곤 합니다. 이런 이유 중 하나는 한국 기독교가 일반사람들
도 쉽게 아는 기독교의 참된 가치를 망각하고 세속의 가치를 지향하기에
그렇습니다. 그 단적인 예가 오늘날 기독교의 모습입니다. 물론 다 그런
것은 아니나 가난하고 병들고 소외된 사람들의 종교요, 그들과 함께하는
종교인 기독교가 어느 순간부터 기독교는 기득권으로 인식되고 있습니

다. 하늘 높은 줄 모르고 치솟는 예배당 건축비용과 휘황찬란한 시설과 교인수는 성장지향의 자본주의의 핵심처럼 보일 지경입니다. 이제 더 이상 교회는 가난하지도 연약하지도 않습니다. 오히려 부자이고 권력의 핵심집단으로 거론되고 있습니다. 이제는 대놓고 교회성장은 하나님의 뜻이고 명령이라고 하고 경영학적인 마인드와 방법론으로 교회도 경영해야한다고 이야기하기도 합니다. 우리 속담에 "광에서 인심난다"하는 말을 하면서 교회가 재정적으로 풍성해야 거기서 이웃사랑의 힘도 생긴다고 말하기도 합니다. 이런 논리가 일리가 있지만 이런 논리의 근거가 과연 성경적인지, 예수 정신에 맞는 것인지 분명하게 따져보아야 합니다. 만약 그렇다면 이런 논리는 더욱 설득력을 지닐 것이지만 그렇지 않다면 이는 기독교를 왜곡과 변질로 치닫게 하는 위험한 논리이기에 하루속히 벗어나야할 것입니다.

예수는 "나를 믿으면 부자가 되고 만사형통한다."고 말하였을까요? 물론 이렇게 이해할 성경구절이 있기는 합니다만 성경을 주의 깊게 살펴보면 이런 구절은 그다지 많지 않고 성경 전체의 맥락과 예수가 말한 상황과 그의 삶을 염두에 두고 보면 오히려 '거꾸로'였음을 쉽게 찾아볼 수 있습니다. "가난한 사람이 복이 있다"고 하였고, "부자들은 화가 있을 것이다"라고 경고하기도 하였습니다. 신약학자 제임스 로빈슨은 그의 책 『Q 복음서』에서 "예수는 초등학교 교육도 받지 못한 당시로 말하면 백성 대다수에 해당하는 글자를 읽지 못하는 문맹인이었다"고 하였습니다. 이는 이슬람교의 창시자 무하마드도 마찬가지입니다. 오늘날 세속의 성공 기준이 학력學歷이 되고 학식學識이라는 것이 언제나 옳은 것은 아닙니다. 참된 삶, 참된 사람이 되는 조건에 지식이 전제되는 것은 아닙니다. 예수는 높이 우뚝 선, 차가운 예루살렘 돌담을 향해 외쳤습니다.

"성전聖殿을 허물어라 내가 사흘 만에 다시 세우겠다."

사흘 만에 다시 세우겠다는 성전……. 이것이 보이는 성전일까요? 아닙니다. 예수가 함께 하고자 했던 갈릴리의 가난한 사람들, 병든 사람들, 마을 밖으로 쫓겨난 죄인들, 거리의 외딴 곳으로 내몰린 여성들과 어린 이들, 해고와 계약해지의 불안 속에서 하루하루를 살아가는 수백 만 명의 비정규직 노동자들, 단속의 공포 속에 살아가야 하는 수십만이 넘는 이주노동자들… 이들 가운데 이루어지는 자유, 평등, 생명, 평화가 실현되는 공동체가 바가 바로 보이지 않는 성전 곧 하나님 나라였습니다.

자본과 권력에 결탁한 종교, 소수의 성공한 엘리트를 지향하는 종교를 가르치고 그것을 '맞다'고 우기는 한국 기독교는 진짜가 아니라 가짜입니다. 한국 기독교는 자신들이 만들어 놓은 교리에 위배되면 이단異端, 사이비似而非로 몰아세웁니다. 그래서 상종相從도 않으려합니다. 그런데 성경적이지도 않고 예수 정신에도 맞지 않는 가치를 지향하고 당연시하는 오늘날의 한국 기독교의 모습은 과연 정통일까요?

기독교의 정체성은 세속에 속한 사람들이지만 모두가 행복한 세상을 꿈꾸는 하나님의 나라를 소망하며 그 나라의 이상을 실현해 나가는 하나님의 아들과 딸들이어야 합니다. 기독교가 세속에 물들고 부유해지고 권력을 탐하면서 뒤틀린 것에 대해 개혁운동을 일으킨 것에서 시작한 개신교는 끊임없이 성경에 비추어 참인지, 아닌지를 묻고 자신을 돌이켜보면서 끊임없이 개혁해 나가야합니다. 그래서 개혁교회라는 이미 개혁된 교회가 아니라, 앞으로도 계속해서 개혁해나가는 교회를 말합니다. 양적인 승부에 혈안이 된 한국 기독교의 모습은 자본주의 체제에서 살고 있는 국민들에게 '교인=돈'이라는 안타까운 모습으로 비춰지고 있습니다. '그래도 교회는 좀 달랐으면 좋겠는데…' 하는 바람을 갖는 교인들이 교회가 사회와 똑같아서 실망하고는 참된 가치를 찾아 헤매는 교인들은 여기저기 방황하게 되었습니다. 그러다가 이른바 이단으로 규정된 곳들에 쉽게 빠져들기도 합니다. 최근 통계를 보면 부정할 수 없는 사실은 이른바 한국 기독교에서 이단이라고 규정한 곳들이 성장하고 한국 기독교는 감소하고 있습니다.

한국 기독교는 조화와 균형이 없이 외형적인 성장만 이룬 졸부와 같은 모습으로 꼴불견입니다. 더욱이 한국 기독교는 사랑과 화합을 보여주지 못하고 있습니다. 내부에서나 외부인에게나 동일하게 한국 기독교는 분열과 갈등과 반복으로 보입니다. 한국 기독교의 수많은 내부 갈등과 대립이 일반 대중들에게 속옷도 입지 않은 채 노출되다시피 하고 있습니다. 전쟁이 터졌는데, 전쟁 중인 나라 내부에서도 내전이 터진 꼴입니다. 왜 그렇게도 교파와 교단이 많고 분열이 많은지 헤아리기도 어려울 지경입니다. 오늘날 한국 기독교는 개독교로, 목사는 먹사로, 평신도는 병신도로 매도되는 비참한 역사적 현실에 직면해 있습니다. 개신교의 미래는 암담하다 못해 처참하기까지 합니다. 이러다가 오늘 개신교회의 주류를 이루는 6-70대 이상의 교인들이 사라지는 2-30년 후가 되면 지금 숫자의 반 아니 어쩌면 3분지 1 그 이하로 축소될 지도 모릅니다. 이것은 전문적인 미래 연구학자가 아니라고 해도 쉽게 알 수 있고 예측 가능한 사실입니다. 이는 흔한 말로 불을 보듯 뻔한 사실입니다. 교회분쟁, 교회 세습, 목회자의 성문제 등으로 교인이 교회를 떠난다면, 교인이 문제일까요 아니면 교회가 문제일까요?

2014년 말 '땅콩 회항'사건이 뜨거운 감자로 사회적 이슈가 되었었습니다. 어쩌면 진심어린 사과만 제대로 했어도 사회적 이슈가 될 정도로 사태가 커지지 않았을 텐데, 진심이 아닌 보여주기식 사과에 더 큰 여론의 뭇매를 맞았습니다. 급기야 당사자는 수감되어 재판을 받게 되었고 대한항공의 이미지는 추락할 대로 추락했습니다. 그런데 이는 한국 기독교도 마찬가지입니다. 일반 사람들의 기대에 부응하기는커녕 사회적 지탄이 되는 문제를 일으키고는 제대로 된 사과가 없습니다. 그저 사건을 덮기에 급급하고 변명하기에 여념이 없습니다. 이에 그나마 기독교인들도 천사가 아닌 이상 실수도 할 수 있다고 그래도 종교 생활하는 이들이 더 도덕적이지 않냐고 이해하고 그동안 한국 기독교가 우리 사회에 미친 긍정적인 영향력에 좋게 봐야한다고 하던 이들마저 한국 기독교를 향해 등을 돌리고 있습니다. 이제라도 한국 기독교는 사과부터 제대로 시작해야합니다. 각종 교회의 분쟁과 문제를 덮으려고, 변명하기에 급급하기보다는 솔직히 사과하고 이를 개선해나가는 노력을 보여주어야 합니다.

　2014년 '땅콩 회항' 사건이후 우리 사회에서 '갑질' 논란이 뜨겁습니다. '갑질'이란 권력의 우위에 있는 갑이 약자인 을에게 자신의 권력을 무기 삼아 자행하는 여러 가지 부당 행위를 가리키는 말입니다. 몇 년 전부터 세간에서 사용되다가 지난 2014년 말 대한항공 회항 사건 이후 관현악단 경영자의 폭언과 백화점과 마트의 고액 소비자의 이상 행태 등 연이어 사건들이 터지면서 우리 사회는 온갖 권력자들의 갑질이 벌어짐이 보도되었습니다. 사실 권력 불평등은 어제 오늘의 이야기가 아닙니다. 어쩌면 사람 사는 곳에서는 어디나 권력 문제는 언제나 존재할 수밖에 없습니다. 정치권력이 아니라도 권력관계는 모든 인간관계에서 보편적으로 보입니다. 선생은 학생에 대하여, 부모는 자녀에 대하여, 상급자는 하급자에 대하여 권력을 행사합니다. 이는 한국 기독교에서도 마찬가지입니다. 이를 개선해나가는 것도 한국 기독교가 다시금 본질을 회복하는 길일 것입니다. 그러려면 먼저 교회 구조에서 담임목사와는 달리 1년씩 당회나 제직회의 승인으로 재계약처럼 통용되는 부목사와 전도사 등의 목회자 체제를 개선해야합니다. 또한 교인들의 조직을 마치 계급사회의 수직구조처럼 형성된 시스템도 개선해야합니다. 교회 홈페이지나 주보를 보면 담임목사와 교회의 장로가 교회의 주인인양 전면에 이름이 새겨져있고, 이들의 의결기구인 당회가 막강한 교회 권력을 행사하는 방식으로는 오늘날의 소통과 공유가 보편적으로 요구되는 사회에서는 맞지 않습니다. 이런 권력 구조는 은연중에 갑질의 횡포로 작용할 수 있습니다.

우리 사회가 한국 기독교에 대하여 기대하는 것은 사회에서 무시되고 있는 도덕을 바로세우고, 정의롭지 못한 현실과 불확실한 미래에 대하여 한국 기독교가 기준점이 되어주기를 바람일 것입니다. 그러므로 한국 기독교가 우리 사회에서 올바른 역할을 감당하기 위해서는 한국 기독교가 먼저 이러한 세속의 권력구조와 다른 모습을 보여주고, 세속의 삶과는 다른 삶의 방식으로 기존 질서에 도전할 수 있는 힘을 보여주어야 합니다. 한국 기독교는 분명 당연시되는 세속의 논리와 구조와 법칙에서 자유로워야합니다. 한국 기독교가 먼저 갑질 논란에서 자유로워야합니다. 그래야만이 세속을 향해서 정의를 외칠 수 있고 세속을 정화시켜나가는 중심이 될 수 있습니다. 또한 이것이 바로 한국 기독교가 마땅히 보여줄 지극히 당연한 모습입니다.

숲 속의 나무는 해가 비추는 한쪽으로 자라도록 방향이 정해져 있습니다. 그걸 알고 나아가면 그게 자유요, 자기 주체성이요, 성공이요, 행복입니다. 기독교인은 세속에서 삶을 이어가는 세속인입니다. 그러나 그 세속에 물들어 자기정체성을 잃어버려서는 안 됩니다. 올곧은 믿음으로 천박한 자본주의의 달콤한 유혹과 신자유주의의 비인간적인 매정함에 매몰되어서는 안 됩니다. 우리 시대의 기독교 신앙인은 신앙을 지키기 위해 순교할 필요는 없는 세상에서 살고 있지만 바른 신앙을 지키기 위한 몸부림은 필요합니다. 아무리 우리가 사회가 비도덕적이라고 할지라도 여기에 현혹되거나 뇌화부동하지 말고 숲 속의 나무들처럼 해가 비추는 곳으로만 방향을 잡아 나가야합니다. 이것이 당장은 불편하고 어색하며 이상하겠지만 결국에는 자신을 지키고 바른 자신을 만들어가는 참된 길이요, 행복이요, 축복입니다.

사회정의에 민감한
교회를 기대하며

교회가 세상을 걱정하는 게 아니라 오히려 세상이 교회를 걱정하는 시대입니다. 부끄러운 일입니다. 세상이 어려울 때 위로하고 격려해 주어야 할 교회가 거꾸로 세상의 부담이 되는 일들이 늘고 있습니다. 지극히 상식적인 눈으로 판단이 가능한 일들을 처리하는데도 이해가 되지 않는 행태를 보이는 교회가 많습니다. 교회는 일반 사회윤리의 수준을 훨씬 뛰어넘는 높은 경지의 윤리를 가르치고 유지함으로써 세상을 올바르게 이끌어 가는 역할을 해야 합니다. 교회가 나서면 갈등과 다툼의 자리가 화해와 사랑의 현장으로 변화는 능력을 발휘해야 합니다. 그런데 갈수록 화려하고 거대한 건물에다가 수많은 교인수를 자랑하는 대형교회의 위용은 커지지만 그에 상응하는 사회윤리적 권위는 줄어들고 있습니다. 교회가 앞장서서 사회 갈등을 부추기고, 계층 간 위화감을 일으키며 심지어는 교회 내 분쟁으로 지역 주민들의 조롱거리가 되는 진흙탕 교회도 적지 않습니다. 스스로 화해하고 조정할 능력을 상실하여 교회법으로도 해결할 수 없어서 일반 사법부의 판단에 맡기는 사건들도 갈수록 늘고 있습니다. 작은 이권과 독선적 자기중심주의에 빠져 교인들끼리 상대를 적으로 간주하고 필사적으로 싸우는 모습을 보면 그 어디에도 사랑과 자비의 정신은 찾아볼 수 없습니다.

기독교인이라는 이름이 더 이상 상대적으로 더 착하고 정의로운 사람들이라는 사회 인식에서도 많이 벗어나 있는 게 현실입니다. 신앙을 가졌다고 해서 별다를 게 없다거나 오히려 더 심하다는 식의 손가락질을 당하는 경우까지도 있습니다. 이는 교회와 기독교인이 그동안 이웃을 향해 보여주었어야 할 사랑과 자비를 베푸는 기본 사명에 소홀했기 때문입니다. 또한 어려움에 처한 사람들의 입장에서 그들의 소리에 귀 기울이고, 고통과 슬픔을 함께 나누는 일에 보다 민감하지 못했기 때문입니다. 더욱이 어려운 이들을 돕는다는 명분으로 국가의 지원까지 받은 시설 운영자가 부도덕한 처신과 불법을 저질러 구속되는 일까지도 일어나곤 합니다. 그들이 차라리 기독교인이 아니었으면 하는 생각이 들 정도입니다. 입에 올리기조차 민망하고 파렴치한 범죄 행각을 저지르는 유명한 목사나 신학생 또는 교회 중직자들이 사람들의 공분公憤을 일으키는 일도 자주 벌어지고 있습니다.

더욱이 일부 기독교 인사들의 권력 지향적 정치행태는 통탄할 노릇입니다. 힘을 가진 정치권력의 하수인이거나 동조자 역할을 자임하는 기독교인은 더 이상 하나님의 뜻을 따르는 자들이 아닙니다. 수치를 모르는 일부 사이비 지도자들로 인해 한국 교회 전체가 비난을 받는 어처구니없는 세상이 슬픕니다. 정말 걱정스런 눈으로 세상이 교회를 바라보는 안타까운 현실입니다.

교회는 세상의 불의와 부정 그리고 불법에 대해 단호하고 분명하게 말하고 행동할 수 있어야 합니다. 민주와 자유 그리고 정의를 바탕으로 지탱해가는 민주주의를 훼손하거나 가로막는 어떤 시도나 행동에 대해서도 교회가 외면해서는 안 됩니다. 교회는 모든 인간과 그들이 살아가는 세상을 구원하고 행복하게 만드는 일을 위해 쉬지 않고 일해야 하는 곳입니다. 인권을 훼손하거나 자유로운 생각과 행동을 규제 또는 강제하는 어떤 부당한 권력에도 교회는 굴복하거나 비굴해서는 안 됩니다. 정치와 경제가 바로설 수 있도록 교회가 분명하면서도 신속하게 관여하고 입장을 나타내야 합니다. 정치와 경제는 오늘을 사는 우리 모두의 매우 현실적인 조건 그 자체이기 때문입니다. 그런 만큼 평화롭고 정의로운 세상으로 안내를 맡은 교회가 현실 정치와 경제에 관심을 가지는 것은 당연합니다.

이 세상은 악이 분명히 존재하지만, 그렇다고 해서 사탄이 지배하는 세계는 아닙니다. 마태복음 5장 38절입니다. "누가 오른뺨을 치거든 왼뺨마저 돌려대라" 강자가 약자에게 폭력을 휘두를 때 강자는 약자가 공포에 떠는 모습을 보고 즐거워합니다. 반대로 약자가 그 폭력을 두려움 없이 받아들일 때 강자는 불안함에 빠지고 맙니다. 이 구절은 비폭력을 말하고 있는 것이 아니라, 절대폭력을 당당히 받아들여 강자로 하여금 더 이상 폭력이 지배수단이 될 수 없음을 보여주라는 저항적 메시지로 읽을 수도 있습니다. 직면한 폭력을 당당히 받아들이는 자세는 강자로 하여금 더 이상 폭력을 수단으로 사용치 못하게 합니다. 무서워하지 않는 것은 약자가 강자에게 가할 수 있는 가장 최선의 반격입니다. 너를 때리는 사람에게 '더 때려!'하고 나머지를 들이대는 것, 속옷을 강탈하는 세력에게 '겉옷도 먹고 떨어져라 이놈아!'라고 소리치는 것, 강제노역을 시키는 사람에게 '더 시켜라. 난 그 정도로 쓰러지지 않는다!'라며 싸늘하게 웃어주는 것입니다.

약자의 저항은 당장은 연약해보입니다. 그러나 계란으로 바위치기가 언젠가는 성공합니다. 그 이유는 그것이 옳기 때문입니다. 아무리 힘이 있어도 옳지 않으면 자체 모순에 빠져 무너지고 맙니다. 연약한 사람들이지만 옳음으로 뭉치면 강합니다. 잔뿌리들은 서로 단단히 여러 방향으로 얽어가고 얽혀짐으로써 흙이 흩어지지 않게 합니다. 이런 관계 때문에 땅이 된 흙들은 물과 영양을 머금어 생명을 지어내는 창조적 공간이 탄생하게 됩니다. 다른 뿌리가 자신을 감도록 자신을 열고 내맡기는 용기, 다른 뿌리를 확 감아 자신의 삶을 책임 영역 안에 밀어 넣는 진취적 포용……. 이 열린 용기와 진취적 포용의 일상적 실천이 우리가 "존엄한 생명"으로 살아 갈 수 있는 공적 공간을 확보하는 방법입니다.

　톰 조드 일가는 오클라하마 농촌에서 알거지가 되어 신천지로 알려진 캘리포니아로 이주합니다. 하지만 이곳도 백만 에이커를 가진 한명의 대지주를 위하여 십만 명이 굶주리는 지옥이었습니다. 아들 톰은 노동조합을 결성하여 저항하다가 살인죄로 쫓기게 되고 오랜 기간 동안 계속된 굶주림으로 딸 샤론을 출산하면서 그만 딸이 사산되고 말았습니다. 폭풍우가 몰아치는 어느 날 밤비를 피하기 위해 낡은 창고에 들렀다가 거의 굶어 죽어 가고 있는 한 남자를 발견합니다. 두 모녀는 서로를 쳐다보다가 딸 샤론은 고개를 끄덕입니다. 그녀가 줄 수 있는 유일한 것이 있었습니다. 그녀는 비스듬히 누워 자기의 한쪽 젖가슴을 드러내 생면부지의 남자 입에 물립니다. 딱 다물어진 그녀의 입술은 신비로운 미소를 머금고 있었습니다. 때로는 힘들고 어렵지만 의를 위해 올곧은 실천을 감내하는 교회들이 있습니다. 이들 교회들은 이름도 없고 빛도 없고 한국교회의 주류도 아닙니다. 이들 교회들이 왜 우리만 이럴까하며 실망하지 말았으면 좋겠습니다. 작지만 그 안에서 정의가 살아 숨 쉬고 하나님의 뜻이 가득하다면 그것은 아름다움이요, 거룩함이요, 풍성한 생명입니다.

함께 가자 우리 이 길을

김남주

함께 가자 우리 이 길을
투쟁 속에 동지 모아
셋이라면 더욱 좋고
둘이라도 떨어져 가지 말자
함께 가자 우리 이 길을
앞에 가며 너 뒤에 오란 말일랑 하지 말자
뒤에 남아 너 먼저 가란 말이랑 하지 말자
열이면 열 사람 천이면 천 사람 어깨동무하고 가자
가로질러 들판 산이라면 어기여차 넘어주고
사나운 파도 바다라면 어기여차 건너 주고
산 넘고 물 건너 언젠가는 가야 할 길
함께 가자 우리 이 길을
서산낙일 해 떨어진다 어서 가자 이 길을
해 떨어져 어두운 길
네가 넘어지면 내가 가서 일으켜주고
내가 넘어지면 네가 와서 일으켜주고
가시밭길 험한 길 누군가는 가야 할 길
에헤라 가다 못 가면 쉬었다 가자
아픈 다리 서로 기대며.

나 하나라고 말하지 말자

김대영

나 하나라고 외로워 말자
바람에 흔들리는 것이 어디 갈대뿐이냐고 말하지 말자
저 북극의 외로운 별처럼 외롭더라도
그대를 보는 수많은 눈들이 있으려니
밤하늘의 별이 없다면 우리는 어찌 이 험한 길 왔었겠는가?

그대 노란 리본 하나 단다고
그대 집회 한번 간다고 세상이 쉽게 바뀌냐고 말하지 말자
바람이 세차도 나무는 꽃을 피우고 열매를 맺는다네.

현실이 아무리 어려워도 포기하지 않는다면
언젠가는 열매를 맺으려니
그대 밤하늘의 별처럼 외롭다 해도 걸어가야 하나니
진실은 저 멀리에만 있는 것이 아니려니
손에 손잡고 가슴마다 리본 달고 나간다면
진실은 우리에게 오려니
우리 이제 나 하나라고 말하지 말자

●

우리 삶의
광야체험

성경에서 광야는 도시 문명
과는 정반대 개념입니다. 이는 단지 고층빌딩이 있느냐 없느냐가 아닌
인간됨의 근본 차이를 말합니다. 도시는 개인의 존재와 가치를 증명해
줍니다. 명함으로 대변되는 사회적 지위가 있습니다. 부장, 이사, 교수,
의사, 박사, 목사 등은 직업을 넘어 사람의 가치를 결정합니다. 대기업이
냐 중소기업이냐, 목사 또한 교인 수에 따라 존재 가치가 달라집니다.
도시인들은 차종과 배기량의 크기, 아파트 동네 이름과 평수, 그리고 핸
드백 브랜드에 따라 사람의 존재 가치를 평가받습니다.

반면 광야는 자신의 가치를 증명해 줄 수 있는 것이 하나도 없습니다.
만약 백억 원을 현금으로 갖고 있다 하더라도, 장관 아니 대통령이라
하더라도 광야에서는 아무 소용도 의미도 없습니다. 오직 작은 풀포기와
밤하늘에 빛나는 별들만이 유일한 친구입니다. 홀로됨이라는 자기 존재
인식밖에는 없습니다. 광야에서는 자기 안에 숨어 있던 두려움에 맞서야
하고 자기 죽음과도 맞서야 합니다. 피할 길은 없습니다. '홀로'는 사회
적 개념의 '개인'이나 감정 차원의 '고독'과는 다른 말입니다. 광야의 '홀

로'는 하나님 앞에 선 '단독자'를 말합니다.

하나님은 광야에서 모세에게 고통으로 신음하는 노예를 자기 백성으로 여기는 긍휼의 해방자로서 만났습니다. 아브라함에게는 미래의 축복을 위해 미지의 장소로 떠나라는 그리고 노년에 얻은 자신의 전부인 이삭을 바치라는 비정한 모습으로 만났습니다. 광야에 홀로 선 도망자 야곱에게는 하늘 사닥다리의 보호자로 나타나기도 하고 탈진할 대로 탈진한 엘리야에게는 희미한 위로의 소리로 만났습니다. 세례 요한에게는 회개하라는 외침으로 만났습니다. 그리고 예수가 마귀로부터 유혹을 받는 장소입니다.

예수가 40일 동안 광야단식과 시험을 받는 장면은 마태, 마가, 누가세 개의 공관복음서에 다 나옵니다. 마가복음에서는 사탄에게 시험받았다는 얘기만 나오지 어떤 시험을 받았는지에 대해서는 나오지 않지만, 마태복음과 누가복음에는 이것이 세 가지 시험으로 나옵니다. 돌을 떡으로 만들어 먹으라는 배부름의 유혹, 성전 꼭대기에서 뛰어내려 사람들로부터 인기를 독차지 하라는 칭찬의 유혹 그리고 내 앞에 절하면 세상의 보이는 모든 것을 주겠다는 소유와 권력의 유혹입니다.

그런데 사실 마가복음이 마태와 누가복음과 다른 것은 그 시작부터입니다. 마태와 누가는 "예수께서 성령의 인도를 받아 광야로 나아갔다"고 그래서 예수의 자유의지가 반영되어 있습니다. 강제성은 없습니다. 그런데 마가복음은 이렇게 증언합니다.

"그 뒤에 곧 성령이 예수를 광야로 내보내셨다."

세례를 받자마자 하나님의 말씀이 그에게 임한 영성이 최고조로 오른 순간 그 때를 놓치지 않고 광야로 내어몰았다고 증언합니다. 여기에 '내어몰았다'는 희랍어는 엑칼로인데, "예수께서는 온갖 병자들을 고쳐주시고 많은 마귀를 내어 쫓아내셨다." 여기서 예수께서 많은 마귀를 내어

쫓아내셨다는 동사와 같은 동사입니다. 곧 "성령이 예수를 광야로 내보내셨다"는 이 말은 예수가 광야로 가기 싫은 것을 억지로 내쫓았다는 말이 됩니다.

저는 예수에게서 호감과 연대감을 갖습니다. '아 예수도 그랬구나! 그렇다면 우리야 더욱 말할 게 없지 않겠습니까?' 세례는 새로운 인간으로 탄생했다는 종교적 의식입니다. 그것만으로는 충분하지 않습니다. 40일간의 광야생활 그것도 먹지 않고 자기와 싸우는 처절한 고뇌에 찬 훈련의 과정을 통해서만이 참 인간으로 하늘의 사람으로 다시 태어날 수 있다는 것을 말하고 있습니다.

그러면서 마가복음은 예수가 쫓겨 가다시피 간 광야는 허허벌판이 아니라 거기에는 들짐승들과 천사가 함께 있었다고 증언합니다. 천사는 영성이 깊어짐을 상징한다면 들짐승은 무엇을 상징하는 것일까요? 이는 길들여지지 않는 거친 야성野性을 상징합니다. 세상적인 가치에 대한 저항과 부조리를 바꾸는 개혁은 야성에서 나옵니다. 흔히 자연은 순수와 조화를 상징합니다. 그러므로 성경이 증언하는 야성은 자연이 아닌 하늘에 근거한 야성입니다. 광야는 히브리어로 '므드바르'인데, '므'는 장소를 뜻하는 접두사이고 '드바르'는 작은 공간을 뜻하는데, 예루살렘 성전의 깊은 공간, 지성소를 지칭하는 단어이기도 합니다. 곧 광야는 지성소로 번역이 될 수가 있습니다. 민수기는 히브리어로 '뻬 미드바르(광야에서)'입니다. 그리고 드바르와 같은 어근을 갖고 있는 단어가 '다바르'입니다. 히브리어 다바르는 문맥에 따라 '말'도 되고 '물건'이나 '사건'도 됩니다. 창세기 1장에서 하나님의 말씀으로 세상을 만들었을 때 그 말이 '다바르'입니다. 곧 '다바르'는 무無에서 존재를 창조해내는 하나님의 권세, 힘입니다. 따라서 이를 그냥 '말씀'이라고 번역해서는 곤란하고 '말씀권세' 혹은 '말씀사건'이라고 해야 할 것입니다.

광야는 자기 절제와 금욕을 통해 자신과의 싸움을 시작하는 날입니다. 하나님 앞에 홀로 단독자로 서는 공간입니다. 그렇게 함으로 자신의 본래 됨 곧 생 떽쥐베리가 『어린왕자』를 통해 고발하는 '길들여짐'이라는 도시문명에 저항하는 야성을 키우는 공간입니다. 거기에서 기도와 말씀을 통해 '다바르'의 창조사건을 경험하는 곳입니다. 욕망 절제를 통해 자기 성찰을 하는 공간입니다. 하루 한 끼 단식 혹은 일주일 하루 단식 그러면서 하나님의 뜻에 더욱 가까이 다가가기 위한 공간입니다. 공동체는 개인의 집합이 아닙니다. 오히려 개인이 신 앞에서의 홀로됨을 통해 자기의 한계를 분명히 인식하고 자기를 부정할 때 이루어지는 것입니다.

톨스토이는 말합니다. "동물적 생활을 하는 사람에게 온갖 육욕의 만족이 행복인 것처럼, 자신의 영성을 의식하고 있는 사람에게 자기 부정은 바로 행복이다. 정신으로 사는 사람은 그가 겪는 모든 고뇌가 그를 자신이 원하는 완성을 향한 목표지점으로 다가가게 하고 있음을 느낀다. 그런 사람에게는 고뇌도 그 쓴맛을 잃고 달콤한 행복이 된다."

우리가 몸으로는 도시에 살면서 정신으로는 광야의 현존을 찾는 것은 인간됨의 근본을 회복하기 위함입니다. 사람이 무인도에 혼자 살고 있지 않는 한 삶의 번뇌와 고통은 피할 수가 없는 일입니다. 문제는 우리가 고통에 처했을 때, 이를 바르게 극복함으로 자기의 삶을 한 단계 높일 수 있느냐 없느냐 입니다. 번뇌와 고통을 운이 없어 일어난 우연한 일로 여기고 순간적인 자기기만을 통해 이를 피하기만 한다면 그 사람은 가면과 허위의 삶을 살아갈 수밖에 없습니다.

보험은 사고가 일어나기 전까지는 아까운 낭비로 보입니다. 사고가 일어났을 때 비로소 보험의 진가가 드러납니다. 종교도 마찬가지입니다. 우리의 인생 또한 언제 다가올지 모를 고통을 위한 영적 보험입니다.

잘나갈 때 신앙은 거추장스럽기만 합니다. 그러나 인생은 잘나가다 보면 교만하여 나락으로 떨어지는 법입니다. 잘나가던 사람들은 자기 죽음 앞에서 발버둥만 쳐대는 비겁과 어리석음만을 보여줄 따름입니다. 우리는 모두 세상에서 똑똑하기를 갈망하지만, 세상 똑똑이의 말로는 항상 그러한 것입니다.

부산 복음병원을 통해 가난한 사람들을 무료로 진료해 온 한국의 슈바이처라 불리는 장기려 박사 집에 머물던 제자 한 명이 어느 해 설날 초하룻날 세배를 드렸습니다. 세배를 받은 선생은 이렇게 덕담을 해주었습니다.

"금년에는 나처럼 살아보게."

존경하는 스승이었지만, 제자는 이렇게 답했습니다.

"선생님처럼 살면 바보 되게요?"

장기려 선생은 껄껄 웃으시면서 제자의 손을 꼭 잡으며 말했습니다.

"그렇지. 바보 소리 들으면 성공한 거야. 바보로 살기가 얼마나 어려운 줄 아나?"

광야에서 우리를 부르는 하나님의 음성 듣기를 바라면서 오늘 하루는 고요히 보내봅니다.

새로운 변혁을 위한
기독교의 자세

──────────────────── 유럽은 기독교 문명이 탄생한 곳답게 거리 곳곳에 오랜 된 교회들이 가득합니다. 하지만 주일에 교회에 가보면 한산합니다. 신자에게 주일에 신앙생활을 하지 않음을 물으면 이들의 대답은 이러합니다.

"우리는 국가에서 종교세를 걷기에 그것으로 종교적인 의무를 한 것으로 볼 수 있습니다."

이런 자세가 과연 종교생활을 하는 것일까요? 물론 한 푼의 세금이라도 덜 내려고 하고 조금이라도 연말정산에서 혜택을 보려고 아등바등하는 제게 종교세라는 말은 놀랍습니다. 사실 저는 목사임에도 헌금하기가 싫은 때도 있으니 말입니다. 그러나 종교생활을 돈으로 대신할 수 있는지에 대해서는 아니라는 생각이 듭니다.

종교생활은 일상생활 속에서 구체적으로 실천하는 것입니다. 저는 그렇게 배웠고 그렇게 실천하지는 못하지만 그렇게 하려고 노력하며 삽니다. 그런 점에서 믿음이 흔들리기도 하지만 4대를 이어오는 기독교신앙인으로서 명색이 목사로서 기독교를 생각하면 자랑스러움과 함께 떠올려보는 말은 성숙한 변화에 대한 다짐입니다.

옛날 중국 은나라의 어진 임금이었던 탕왕은 세숫대야에 9자의 글자를 새겨놓고 매일 마음을 가다듬었다고 합니다. '구일신 일일신 우일신苟日新 日日新 又日新' 이 말은 진실로 하루가 새로워지려면, 나날이 새롭게 하고, 또 날로 새롭게 하라는 뜻입니다. '지난 일을 거울삼아 오늘 새롭게 내일을 희망차게' 열어가기 위해서는 소중히 지켜야 할 것도 있겠지만 과감히 바꿔야 할 것들이 있습니다. 종교가 사회의 당면 과제를 주도적으로 해결하지 못하거나 적합성을 잃어버리면 쇠퇴의 길을 걸을 수밖에 없습니다. 따라서 종교 안에는 헌신과 희생 그리고 봉사가 깃들여 있어야 합니다. 자신의 마음을 다스려 이기심을 극복하고 이웃을 사랑하며 사랑을 실천해야합니다. 하나님을 경배하고 진리를 추구하기에 그에 따른 말과 행동은 당연합니다.

그러나 언제부터인가 기독교는 사회적인 공신력을 잃어가고 침체 국면에서 벗어나지 못하고 있습니다. 더욱이 다음 세대의 교육, 사회적 기여 등에서 우려되는 요소들이 눈에 띕니다. 실천이 따르지 않는 말씀만으로는 이 시대를 사는 일반인들에게 어떠한 감명도 줄 수 없습니다. 기독교는 2000여년이 넘는 오랜 세월 역사를 주도했다고 해도 지나친 말이 아닐 정도로 영향력을 행사해왔고, 우리 사회를 구성하는 핵심에 기독교의 영향력을 그 어느 종교에 뒤지지 않습니다. 그러나 모든 것이 개방되고 사회공공성을 중요하게 여기는 냉엄한 현실 앞에서도 비민주적이고 폐쇄적인 기독교 논리는 사회적인 공감을 얻지 못합니다. 이러한 현실을 외면한 채 그저 기존의 논리만을 강조하고 막연한 희망을 제시한다면 기독교는 외부적인 괴리뿐만이 아니라 내부적인 호응마저 잃어버리게 될 수 있습니다.

오늘의 문제를 타개해나가고, 시대적 문제를 해결하기 위해서 치열하게 노력할 때 내부적인 호응과 사회와 소통하는 종교로 새로워질 수 있습니다. 끊임없이 세상은 변화를 거듭하고 있습니다. 이에 따라 본질적인 진리는 양보하거나 훼손할 수 없지만 사회의 변화에 맞춰 우리의 조직과 의식과 실천은 변해야합니다. 사회에 만연한 무절제한 소비풍토와 이기적인 욕망들은 개인과 사회 나아가 생태계를 병들게 합니다. 이를 해결하기 위해서 기독교 신앙인들은 저마다의 삶의 자리에서 올곧은 사랑과 정의를 실천할 수 있는 힘을 길러야 합니다.

작은 일에 일희일비하지 말고 긴 호흡으로 미래를 앞당겨 바라보는 혜안과 시대변화를 통찰하며 다음 세대 양성이 적극적으로 이루어져야 합니다. 내실 다지기에 충실하되 외적 성장에 지나치게 조급해서는 안 됩니다. 여기에는 우리 교회 남의 교회가 따로 없고, 우리 교단과 남의 교단이 따로 없습니다. 목사와 신자가 따로 없습니다. 모두가 합력할 때 이 일은 가능합니다.

대개 오늘보다 내일을 위해, 지금보다 더 발전하려고 계획을 세웁니다. 계획의 성공유무는 목표에 대한 간절함과 실천력을 담아낼 구성원의 열정과 화합입니다. 화려한 성과나 실적을 내는 데 중점을 두는 것보다는, 서로를 존중하는 겸손의 마음을 늘 되새겨야 합니다. 조금 더디 가더라도, 조금 덜 발전하더라도 가능한 한 소외되는 사람이 없도록 한 사람의 생각과 느낌과 의견에 모두가 귀 기울이는 열린 마음과 너그러운 마음으로 서로를 섬겨야 합니다. 또한 네 손은 내가 잡고 내 손을 네가 잡고 손잡고 '더불어 함께' 할 때만이 우리는 새로운 공동체로 거듭날 수가 있습니다.

미래사회를 준비하는
기독교 세계관

──────────────────────── 다가오는 미래사회를 예측하기란 매우 어렵습니다. 어려운 정도가 아니라 아무도 모른다는 편이 더 솔직한 표현일 것입니다. 예측이 불가능한 미래를 담론하기란 쉽지 않지만 대체적인 방향을 가늠하기는 어느 정도 가능하지 않을까 싶습니다. 이런 해답의 단초를 생각해보고자합니다. 제가 목사이고 하니 미래사회에 대한 정치, 경제, 사회, 문화에 대한 전망을 대외, 대내적인 부분까지 들여다본 뒤 종교의 영역까지 그 범위를 확대해보고자 합니다. 불교, 기독교, 이슬람교, 유교 등 세계적인 종교들은 세력 확장(성장)에서 정치의 힘을 활용했습니다. 정치의 우산 아래에서 막대한 권력을 행사하고 세력을 키워 왔습니다. 제가 고등학교 다닐 때, 세계사에서 인상 깊게 배운 내용 중 하나가 '카노사(카노사르)의 굴욕'이라는 것이 있었습니다. 이 사건은 1077년 1월경, 신성로마제국의 황제 하인리히 4세가 자신을 파문한 교황 그레고리오 7세를 만나기 위해 이탈리아 북부의 카노사 성으로 가서 관용을 구한 사건을 말합니다. 교회의 성직자 임명권인 서임권을 둘러싸고 분쟁하던 신성 로마 제국 황제와 교황의 대립의 정점에

있었던 사건으로 이후 기독교에 세속 권력이 굴복한 대표적인 사건으로 지칭됩니다.

개혁적인 교황 그레고리오 7세는 재임 초기부터 강력한 교회 개혁과 쇄신운동을 펼쳤는데 당시 세속의 군주가 관습적으로 가지고 있던 성직자 임명권, 즉 서임권을 다시 교회로 가져오려고 시도하였습니다. 당시 신성 로마 제국의 황제였던 하인리히 4세는 이에 반발하였고 교황은 그를 파문하고 황제를 도와주는 귀족이나 사제도 파문한다고 으름장을 놓았습니다. 하인리히는 계속 저항하고자 했으나 이미 몇몇 독일 귀족들은 그에게서 등을 돌렸고 새로운 황제를 추대할 움직임이 있었습니다. 이미 반란이 일어나고 있었기 때문에 하인리히는 어쩔 수 없이 교황과 화해할 수밖에 없었습니다.

1076년 겨울 교황 그레고리오 7세는 하인리히가 이탈리아로 오고 있다는 소식을 들었습니다. 그는 황제가 자신을 몰아내려고 오는 것으로 알고 두려워했는데 이때 카노사 성의 백작부인 마틸데는 교황을 자신의 성으로 초청하여 하인리히의 공격에 대비한 피난처로 삼게 하고 자신의 성채에서 머물게 했습니다. 마틸데는 서임권 분쟁 때 열렬히 교황을 지지한 교황의 절친한 동맹자였습니다.

한편 하인리히 4세는 독일에서 자신의 입지가 점점 줄어들고 반란의 기미가 보이자 교황을 만나기 위해 이탈리아로 떠난 것이었습니다. 그는 쥐라 산맥을 넘자 황제가 아니라 자비를 구하는 고해자의 모습을 하고 카노사를 향해 갔습니다. 수도사들이 입는 거친 옷과 신발을 신지 않은 맨발로 1077년 1월 25일 교황이 머물고 있는 카노사 성문 앞에 도착했습니다.

교황은 하인리히를 성 안으로 들어오지 못하게 했습니다. 하인리히는 계속 성문 앞에서 고해복을 입고 금식을 하며 교황의 허가를 기다렸습니다. 교황은 하인리히를 용서하기 싫었지만 당시 성에 있던 마틸데와 클뤼니 수도원의 대수도원장 후고도 교황에게 선처를 호소하였습니다. 결국 3일 후 1월 28일 교황은 황제를 성 안으로 들어오게 허락했습니다. 일설에 의하면 황제 하인리히는 무릎을 꿇고 교황에게 빌었다고 전해지기도 합니다. 그 날 밤 마틸데와 하인리히는 교황이 집전하는 미사에 참석함으로써 하인리히에 대한 교황의 파문은 종결되었습니다. 파문이 취소되자 하인리히는 즉시 자신의 제국으로 돌아왔으며 교황은 계속 성에서 마틸데와 머물면서 토스카나 지방을 몇 달 동안 여행했습니다.

이 사건으로 세속의 권력에 대해 교황권력이 항구적인 승리를 거둔 것은 아니지만, 역사적으로 '카노사'라는 이름은 세속적 권력의 기독교에 대한 굴복을 상징적으로 의미하게 되었습니다. 나중에 독일에서 프로이센의 오토 폰 비스마르크가 독일의 로마 가톨릭교회 세력에 대항해 이른바 '문화투쟁Kulturkampf'을 벌일 때 "우리는 카노사로 가지 않습니다. 몸도 마음도!"라고 연설했는데 이 말은 바로 이 카노사의 굴욕 사건을 빗대어 말한 것입니다. 즉, 독일은 로마 교황청 등 외세에 굴복하지 않고 문화적·종교적으로 독자적인 길을 갈 것이라는 천명이었습니다. 오늘날, '카노사'라는 말은 일종의 굴복, 복종, 항복을 나타낸다. '카노사로 가다'라는 표현은 하기는 싫지만 억지로 굴복해야 하는 상황을 나타내는 말로 자주 쓰입니다.

이처럼 황제를 굴복시킨 교황의 권한과 권위는 근대국가가 등장하면서 종교가 변두리로 밀려나면서 그 힘을 잃었습니다. 정치가 사회의 모든 의제議題*를 독점하는 상태가 됨에 따라 종교적 의제는 사람들의 의사결정이나 중요도에서 뒤로 밀려났습니다. 이때 등장한 것이 정치와 종

* 의제를 흔히 아젠다Agenda라고들 합니다. 이 말은 원래 Agendum 의사일정 안건의 하나, 예정표의 한 항목에서유래한 말입니다. Agenda라는 단어를 보통 단수

교의 분리 주장으로 종교가 뒤로 밀려나야한다는 주장입니다.

더욱이 세속화의 물결이 거세지면서 종교의 시대는 더욱 밀려났습니다. 그러다가 20세기 후반 미국에서 종교가 정치를 등에 업고 부활하였습니다. 부시라고 하는 근본주의 기독교 정치인이 종교의 부활을 자극해 사적 영역에 있던 감정들을 공적 영역으로 끌어들여 쟁점화했습니다. 이 때문에 갑자기 종교적 열정이 사회를 휩쓸기 시작했습니다.

세계 갈등과 종교 갈등은 현재 아프리카, 유럽, 중동, 아시아 지역에서 이슬람과 기독교가 만나는 모든 곳에서 현재적, 혹은 잠재적 종교 갈등이 진행되고 있습니다. 정치 경제적 요인이 종교적 이념과 결합하면서 해결할 수 없는 갈등 양상으로 전개되고 있습니다.

오늘날 불교의 선전이 눈에 띕니다. 불교적 가치관이나 수행들에 대한 배타적 적대감이 없는 까닭에 불교적 수련 기술이 미국에 정착하면서 심리치료의 핵심 기술로 자리 잡았습니다. 심리치료의 제1물결인 정신분석치료, 제2물결인 행동수정치료를 넘어 제3물결인 인지행동치료에 불교의 마음챙김 명상법이 인기를 끌고 있습니다. 불교적 마음챙김 명상법은 현재 경험을 있는 그대로, 무판단적으로 알아차리고, 수용하며, 흘려보내는 것을 의미합니다.

서구 전통 사상은 실체 중심의 철학으로 무언가 영속하는 존재에 대한 갈망을 가지고 있습니다. 그러나 불교의 연기론이나 삼법인, 열반 등을 통해 새로운 세계에 대한 비전을 접촉하면서 마음의 자유를 찾는 이들이 불교에 열광하고 있습니다. 이는 우리나라에서도 최근 여러 불교 사찰에서 시행하는 템플 스테이Temple stay가 있습니다. 템플 스테이는

취급하는 경우가 많이 있습니다. Agenda의 뜻으로는 예정표, 안건, 의사 일정, 의제란 뜻이 있고 이외에 비망록, 메모장이라는 뜻도 있습니다. 아젠다란 말이 많이 쓰는 이유는 미디어의 역할 때문입니다.

전국의 유명 전통사찰에서 제공하는 프로그램입니다. 2001년도에 본격적으로 시작된 일종의 사찰체험관광프로그램으로 단순히 하루 혹은 이틀 사찰에 머무르면서 산사의 생활을 체험할 수 있도록 하는 것에서 시작되어, 현재는 보다 구체적인 일정과 프로그램에 따라 운영되고 있습니다. 내용은 사찰안내 등 입재식이라 부르는 오리엔테이션으로 시작하여, 발우공양, 예불, 참선, 포행(산책) 등으로 구성됩니다. 유려한 자연경관과 전통문화의 숨결이 고스란히 간직된 산사의 템플스테이프로그램은 2002년 월드컵을 거치면서 체계화 되었으며, 2009년 11월에는 OECD의 '관광 산업에 미치는 문화의 영향 연구 보고서'에서는 우리나라의 가장 성공적인 문화관광 상품으로 선정되기도 하였습니다. 또한 불교의 명상법도 호응을 얻고 원불교의 마음공부도 호감을 갖고 있습니다. 기독교는 오랜 영성의 깊이를 지닌 종교적 토대를 갖고 있습니다. 이를 보다 체계화, 현실화해나가는 노력이 필요합니다. 미래사회는 지성을 넘어 감성을 넘어 영성의 시대라고들 말합니다. 기독교가 말하는 영성은 지성과 감성이 어우러지고 인간의 근본을 물음에서 시작합니다.

오늘날 개체 중심의 세계관, 그 결과로 이기적이고 파괴적인 세계관이 많은 문제를 파생시키고 있습니다. 개인주의 사회로 흘러가면서 인간성 문제가 심각하게 도전을 받고 있습니다. 인간 사회 질서의 핵심은 도덕이고, 도덕의 핵심은 상호성reciprocity입니다. 즉 상호 이익, 이타심입니다. 무한 이기주의의 합리화가 전개되면서 인류가 고통을 받고, 이를 해결하려는 몸부림이 가속화될 것입니다.

현대사회는 이러한 파편화되고 지나친 개인주의 성향에 공동체주의와 상생과 은혜恩惠를 중시하는 세계관을 요청하고 있습니다. 최근 불교와 원불교 등이 이러한 현대사회의 문제를 해결하는 대안으로 등장하고 있습니다. 종교성, 영성의 시대가 미래사회를 특징지을 것입니다. 기독교는 이러한 세계관을 담지한 세계종교입니다. 그동안 기독교가 세속을 끌어안는 종교로서 장점도 있었지만 단점도 분명히 있었습니다. 세속에 있으나 이를 넘어서는 높은 차원의 세계관을 제시하고 실현해나가야 합니다. 기독교인 각자의 위치에 대한 소박한 자각과 아울러 공동체의 빛과 소금이 되는 자세로 겸손히 사랑을 실천하는 사람이 되어야합니다.

소통과
나눔의 리더십

최근 한 설문조사에 따르면 일반 시민들은 성탄절 하면 크리스마스 캐롤이나 산타클로스를 가장 많이 떠올리는 것으로 조사됐습니다. 정작 성탄절의 주인공인 예수 그리스도는 뒤로 밀려난 지 오래입니다. 지난 2014년 이순신 장군을 다룬 영화 〈명량〉이 공전의 히트를 한 것은 국민들이 그만큼 참된 지도자에 대한 갈증이 크다는 것을 보여줍니다. 낮고 낮은 곳에서 남은 사람들과 함께하며 하나님의 나라를 이룩한 예수의 삶과 리더십은 오늘을 사는 모든 이에게 커다란 울림이 될 것입니다. 그의 리더십을 살펴보고자 합니다.

소통의 리더십입니다. 예수는 소통의 달인이었습니다. 그는 당시 가장 무시당했던 죄인들과 어울리며 소외된 사람들을 격려하였습니다. 그러나 상류층에게도 문을 닫지 않았습니다. 아리마대 요셉 등 부자들과도 교류했습니다. 로마 군인에게 십자가의 고난을 당하였지만 로마 군인과도 소통하였고, 율법학자들과 대립각을 세웠지만 니고데모와 같은 율법학자와 만나고 그에게 진리의 교훈을 주었습니다. 특히 예수의 소통이 감동으로 다가오는 장면은 친구 나사로의 무덤 앞에서 눈물을 흘린 장면입니다. 요한복음 11장 35절입니다.

　　예수께서는 눈물을 흘리셨습니다.

　예수는 곧 나사로를 다시 살리실 상황임에도 나사로의 죽음으로 우는 사람들을 보고 함께 울었습니다. 이 눈물은 인위적인 눈물이 아니었습니다. 눈물 흘리는 사람들을 진심으로 불쌍히 여기는 예수의 진심이었습니다.

　오늘 우리 사회는 수많은 갈등으로 쪼개지고 있습니다. 남북, 남남, 동서, 진보와 보수, 여야, 신구 세대, 종교간 갈등 등 수많은 대립 속에서 수많은 사고와 사건이 닥칠 때에 우리나라는 소통의 길에서 방황하다가 여러 차례 침몰될 위기를 겪었습니다. 모든 담을 헐어버리고 길을 낸 예수가 보여준 소통의 리더십을 배워야할 때입니다.

　고독한 리더십입니다. 예수는 고독한 지도자였습니다. 그는 소통의 달인이었지만 소통이 자칫 인기에 영합하는 태도로 타락할 위기 때마다 단호하게 고독한 리더십을 택하였습니다. 그는 '성전 정화 사건'을 통해서 보듯이 과격할 정도로 본질은 결코 양보하지 않았습니다. 안식일 논쟁 등을 통해 율법의 참된 뜻을 해석하면서 율법주의자들의 완악한 태도를 고쳐주었지만, 자칫 이를 잘못 받아들이는 율법 폐기주의자들에겐 단호하게 "내가 율법이나 예언자들의 말씀을 없애러 왔다고 생각하지 말라. 없애러 온 것이 아니라 완전하게 하러 온 것이다."(마태복음 5장 17절)는 말로 양 극단을 경계하였습니다. 어느 쪽의 눈치도 구애받지 않고 진리를 선포하시는 리더십은 자연히 고독할 수밖에 없었습니다.

　예수의 말과 삶에 감동한 많은 사람들이 예수를 왕으로 추대하려고 하자 급히 그곳을 떠났고, 돌에 맞을 봉변에 처하기도 하였습니다. 예수의 가장 강력한 지지자인 제자 베드로의 메시야 고백에 극찬하였지만 곧 잘못된 반응을 보이자 당장 면전에서 강력하게 질책하기도 하였습니다. 심지어는 가족들에게조차 "예수께서 사람들에게 여전히 말씀하고 계실 때 예수의 어머니와 형제들이 예수께 말하려고 밖에 서 있었습니다. 어떤 사람이 예수께 말했습니다. 마태복음 12장 46-48절입니다.

> 보십시오. 선생님의 어머니와 형제들이 선생님께 드릴 말씀이 있다며 밖에 서 있습니다. 예수께서 그에게 대답하셨습니다. "누가 내 어머니이고 내 형제들이냐?"

늘 가족들 문제로 잡음이 끊이지 않는 정치인들, 또 최근 지도자들이 그동안 인기와 소신 사이에서 방황하는 모습은 늘 반복되어 왔습니다. 이 모든 것이 국정 혼란의 한 이유가 된 것을 고려한다면 지조 있는 예수의 고독한 리더십이 얼마나 지도자에게 필요한 덕목인가를 알 수 있습니다.

성실의 리더십입니다. 예수는 근면의 리더였습니다. 요한복음 5장 17절입니다.

> 내 아버지께서 이제까지 일하시니 나도 일한다.

이러한 고백처럼 그는 온 갈릴리를 두루 다니며 회당에서 가르치고 복음을 전파하고 병자들을 치유해주었습니다. 밤늦도록 일하고도 새벽 미명에 하나님과 기도로 교제하는 시간을 놓치지 않았습니다. 예수가 얼마나 성실하게 일하였으며 시간 관리를 잘하였는지는 불과 3년의 짧은 기간 동안 세상을 변화시킬 모든 것을 해낸 것을 통해 입증됩니다.

무엇보다 바쁜 삶 가운데에서도 제자들을 양육하는 일에 소홀히 하지 않았습니다. 예수가 보여준 성실의 리더십은 '나 아니면 안 된다'는 독선이나 불안에 매인 리더십이 아니었습니다. 정성을 다해 양육한 제자들에게 기꺼이 역할을 맡기고 나눠주는 '위임의 리더십'을 보여주었습니다. 제자들은 여러 차례 예수의 기대에 미치지 못한 모습을 보여주었지만 끝까지 그들을 신뢰하였습니다.

예수의 부활 후에 또 다시 디베랴 바닷가에서 방황하는 제자들을 찾아가 따뜻한 불에 떡과 고기를 구워주면서 다시 일의 자리로 제자들을 인도하는 모습은 놀랍습니다. 오늘날 일하기보다는 여가를 즐기는 문화가 지배적인 시대에 이런 예수의 성실의 리더십은 다시 본받아야할 덕목입니다.

섬김의 리더십입니다. 예수가 보여준 리더십의 절정은 역시 섬김의 리더십이었습니다. 마태복음 20장 28절입니다.

> 인자가 온 것은 섬김을 받으려 함이 아니라 도리어 섬기려 하고 자기 목숨을 많은 사람의 대속물로 주려 함이니라.

예수는 십자가의 고난을 참고 죽기까지 복종하는 섬김을 보여주었습니다. 긴 부연설명이 필요 없는 예수의 리더십입니다. 빌립보서 2장 5-11절입니다.

> 여러분 안에 이 마음을 품으십시오. 이것은 그리스도 예수 안에 있던 마음이기도 합니다. 그분은 본래 하나님의 본체셨으나 하나님과 동등 됨을 기득권으로 여기지 않으시고 오히려 자신을 비워 종의 형체를 가져 사람의 모양이 되셨습니다. 그리고 그분은 자신을 낮춰 죽기까지 순종하

셨으니, 곧 십자가에 달려 죽으신 것입니다. 그러므로 하나님께서는 그를 지극히 높여 모든 이름 위에 뛰어난 이름을 주셨습니다. 이는 하늘과 땅과 땅 아래 있는 모든 사람들이 예수의 이름 앞에 무릎을 꿇게 하시고 모든 입으로 예수 그리스도를 주라 시인하게 하셔서 하나님 아버지께 영광을 돌리게 하시려는 것입니다.

'그리스도 찬가'는 그 섬김의 리더십의 핵심이 '자기 낮춤' 곧 겸손임을 잘 알 수 있습니다. 예수는 "하나님의 본체시나 하나님과 동등 됨을" 취하지 않고 "자기를 비워 종의 형체"를 가져 성육신을 이루었습니다. 심심치 않게 사회적 문제가 되는 사회지도층의 부적절한 처신에서 우리는 다시 한 번 겸손의 가치가 리더에게 얼마나 중요한지 절감하곤 합니다.

모범의 리더십입니다. 예수의 '섬김의 리더십'이 더욱 빛을 발하는 이유는 솔선수범의 태도가 그 기반에 있기 때문입니다. 예수는 세상에 섬기러 왔다는 목적에서 한 번도 벗어난 일이 없었습니다. 제자들에게 섬김을 가르치면서 먼저 섬김의 도를 보여주었습니다. 제자들에게 청빈의 도를 가르쳐주면서 한 말입니다. 마태복음 8장 20절입니다.

여우도 굴이 있고 공중의 새도 거처가 있으되 인자는 머리 둘 곳이 없다.

제자들을 위로하면서 먼저 고난을 당하고 그 길을 갔습니다. 요한복음 15장 18절입니다.

세상이 너희를 미워하면 너희보다 먼저 나를 미워한 줄을 알라고 용서하라.

이처럼 가르치고 스스로 용서의 본을 보였고, 기도하라고 가르치고 스스로 기도의 모범을 보였으며, 죽기까지 사랑하라고 가르치며 스스로 십자가에서 그 가르침을 지켰습니다. 인터넷과 SNS 시대에 쏟아지는 말에 비해 행함은 빈곤하며, 화려한 약속은 많지만 담백한 실천이 없는 시대에, 예수가 보여준 모범의 리더십은 그래서 오늘날 우리에게 더욱 절실해 보입니다. 예수의 리더십은 능동적이며 역동적인 지도력이었습니다. 예수는 당대 제사장이나 랍비들과는 달리 제자들과 함께 생활하면서 모든 것을 보여주고 따라오도록 지도하였습니다. 예수는 은둔하거나 격리된 채로 신비적이고 비밀스럽게 고상한 것을 추구하는 지도자가 아니라 지극히 일상적인 생활을 함께 하면서도 하나님의 뜻을 알게 하는 지도력을 발휘했습니다.

새로운 시대,
새로운 교회의 모습

—————————————————— 미래 교회를 특징하는 전문
가들의 예측들은 다양합니다. 성장이 멈춘 한계점을 지나 이제 쇠퇴기에
접어들었다는 분석이 지배적인 가운데, 미래학자들은 2028년경에 한국
교회의 헌금은 반토막이 나고, 2050년경이 되면 교회학교가 5~10% 미
만으로 줄어들 가능성이 상당히 크다고 전망하기도 하였습니다. 이를
근거로 교회에서 교회학교가 사라질 것이라고 예측하는 목사들도 상당
합니다.

밝지만은 않은 한국 교회의 미래, 어떤 예측이 가능할까요? 그리고
어떤 대안들을 제시하고 준비할 수 있을까요? 변화의 폭과 너비를 예측
할 수 없는 상황에서 과거의 패턴을 토대로 대응한다면 큰 낭패를 볼
수 있습니다. 무엇보다도 예측과 판단을 통한 미래 교회 준비에 철저해
야 할 것입니다.

최근 몇 몇 교회에서 교회당의 건물 중심의 사고방식을 벗어나는 모
습들을 보여주고 있습니다. 예배를 비롯한 여러 신앙의 프로그램들이
현재는 건물을 중심으로 운영되지만 사람 중심, 관계 중심의 교회로 변

화되고 있습니다. 공공시설과 카페, 영화관, 체육관, 학교 등 사람들이 모일 수 있는 다양한 공간이 활용됩니다. 제도적이고 폐쇄적인 이미지의 건물 중심 교회론이 무너지면서 확장되고 개방적인 형태의 관계망 중심의 교회론이 형성되고 있습니다. 한 가지 주목해 볼 것은 인터넷을 비롯한 팟캐스트를 중심으로 영상 예배가 급격히 확산되고 있지만, 오히려 영상 예배의 영향력이 감소할 것으로 예상한 것도 주목할 만한 일입니다.

인간관계의 개인화와 파편화가 진행되는 상황에서 교회는 사람들의 관계와 만남을 추구하는 장으로 나아갈 수도 있습니다. 젊은 층을 중심으로 이루어지고 있는 출석률 감소는 보수적 성향으로의 변화를 불러올 것으로 예측해 볼 수 있습니다. 교회 안에서도 젊은 층의 감소로 교인들의 고령화가 진행되면서 변화보다는 안정을 추구하는 보수적 성향으로 변화될 가능성도 높습니다. 다원주의와 세속 문화의 공격에 대해 관용적인 태도를 유지하기보다는 보수적 신앙에 더욱 집중할 수도 있습니다. 이에 따라 교회 조직과 스탭들에 많은 변화가 일어날 것으로 예상됩니다. 교회학교의 중요성이 높아지면서 전문화된 담당자들이 충원될 것이며, 다양한 문화와 인종 안에서 그들을 잘 이끌어줄 리더들로 교회가 채워질 것입니다. 더 나아가 동일한 공간에서 공동체를 유지하는 것에서 네트워크 중심으로 관계망이 새롭게 정립되면서 수직 구조의 교회 시스템은 사라질 것입니다.

이런 예측들이 가능한 가운데, 미래 교회를 준비하는 사람들에게 어떤 대안들을 고민하면서 준비를 서둘러야 할까요? 점차 현실로 나타나고 있는 주일 예배 출석수 감소 현상은 교인들을 일상과 일터의 예배자로 세워가는 대안에 대한 논의를 요청하고 있습니다. 왜냐하면 신앙과 삶의 분리가 아닌 일치를 이루어 가도록 교육하고, 진짜 기독교인을 키우는 것이 중요하기 때문입니다. 변화는 안정에서 오지 않으며, 관료적이고 보수적인 틀에서 다음 세대는 자라지 않습니다.

노년 세대를 위한 담당자의 증가는 한국 교회가 서둘러야 할 과제중 하나입니다. 이와 함께 청년과 다음 세대를 위한 일 또한 재정과 인력을 확보하고 지원해야 하며, 가정을 돕는 일의 증가 현상은 교회교육과의 연계를 통해 가정과 교회를 세우는 지속적인 프로그램으로 자리 잡도록 해야 합니다.

교회 건물을 주일에만 사용하는 구조가 아니라 주중에도 활용될 수 있게 하는 구조를 고민해야합니다. 교회 건물에 대한 개념 자체가 바뀌는 미래 교회의 흐름에 부응하기 위해서는 구약의 성전 시스템과 방식이 아닌 신약의 회당 시스템에 대해 고민하고 연구하고 활용해야 합니다. 건물이 아닌 사람 중심, 관계 중심으로 인식을 변화시킬 필요가 있습니다. 그동안 한국 교회에 뿌리내린 공부 중심의 제자훈련은 참여와 나눔, 경험이 가미된 새로운 형태의 제자훈련으로 이동할 것입니다. 한국 교회가 그동안 너무 학교식 공부를 제자훈련으로 생각하고 공부하는 데 집중했습니다. 삶이 변화되는 가르침을 위해, 앞으로의 제자훈련과 성경공부는 경험과 참여를 통한 변화에 초점을 두어야 합니다.

미래 교회는 풀타임 전담자들이 줄어들고 일과 사역을 병행하거나 무급의 평신도 담당자들이 증가할 것으로 전망됩니다. 이것이 가능하기 위해서는 건강한 동역同役 관계를 형성하면서 만인 제사장직의 회복이 필요합니다.

힐링의 시대에 따른
기독교윤리

────────────────── 최근 여기저기에서 정신적으로 아픈 사람들이 많다보니 유행처럼 이야기되는 말이 '힐링healing'입니다. '마음을 위안하며 치유하는 것'이라는 의미의 힐링이 우리 사회를 뒤덮고 있습니다. 10년 전만 해도 '참살이well being'라는 말이 하나의 화두처럼 등장하더니 이제는 너도 나도 '힐링'에 몰두해 있는 추세입니다. 우리 사회 곳곳에서 '힐링'은 키워드로 등장합니다. 음악으로 마음의 평안과 안정을 찾는데 도움이 되는 힐링 음악을 비롯하여 힐링 광고, 힐링 뮤지컬, 힐링 음식, 힐링 여행 등 '힐링'은 마케팅에서도 중요주제가 되었습니다. 출판계에서도 높은 판매고를 올린 도서들이 힐링을 주제로 한 것들이었습니다. 이처럼 우리 사회는 힐링 푸드로 하루를 시작하고 힐링 음악을 들으며 출근하고 사무실에선 휴식 시간에 힐링 명상을 하고 주말에는 힐링 명소를 찾아 길을 떠나고, 은행에 갈 때도 힐링 금융 상품을 이용하는 모양새입니다. 왜 이토록 우리 사회는 힐링에 야단법석일까요?

끝 모르게 지속되는 듯 보이는 불황의 위기감과 고용 불안, 빈익빈 부익부로 대표되는 극심한 양극화, 그리고 '하우스 푸어', '웨딩 푸어' 등의 신조어를 만들며 증가하는 채무자들, 치솟는 자살률 등 현 한국사회의 표면은 극단으로만 걸어가는 것처럼 보인다. 지난 2014년 국민건강보험공단 건강보험 진료비 분석 결과에서 20대 남성 가운데 스트레스성 질환으로 진료를 받은 환자가 최근 5년 동안 1,500여 명 늘어났다고 합니다. 2007년 5,034명이었던 스트레스성 질환자가 2014년에는 6,562명으로 증가했습니다.

특히 20대 미취업 남성 환자의 경우에는 5년간 47.4%가 늘었습니다. 20대 청년들의 고질적인 취업난 스트레스를 반영하고 있는 결과일 것입니다. 또한 이 결과에서 2014년 스트레스 환자의 4분의 1은 40~50대 여성인 것으로 나타났습니다. 폐경 등으로 인한 신체적 요인과 함께 남편의 퇴직으로 인한 경제적 불안감 등이 질환의 배경이 됐다는 것입니다. 직장을 가지고 있는 이들은 그들대로 스트레스에 빠져 있습니다. 취업포털 C사가 최근 신입 및 경력 구직자 679명을 대상으로 한 설문에서 신입 93.6%, 경력 78%가 소위 '스펙'으로 인해 스트레스를 받고 있다고 했습니다.

이처럼 개인주의, 물질주의, 소비주의 등으로 피로 사회가 되어 있는 우리사회 현실에서, 미래를 예측할 수 없을 만큼 변화는 빠르게 진행되고 있는데, 이에 발맞추지 못해 사회나 공동체에서 도태되지 않을까 하는 불안감이 '힐링'을 불러온 것입니다. 거칠고 파편화된 사회를 살아가는 현대인들은 지칠 만큼 지쳐있습니다. 치열한 경쟁과 뜨거운 도심 속 열기 속에서 질주하다보면 어느새 마음은 상처나 있기 마련입니다. 요즘 상처받은 현대인들의 마음을 치유하는 힐링이 각광 받고 있습니다. 뮤지컬과 영화, 토크쇼 등에서는 서정적이고 감동적인 이야기, 진솔한 대화를 통해 관객들의 마음을 파고들어 상처를 어루만져 줍니다. 우리 사회가 '힐링'에 집착하는 현상은 포스트모던시대의 특징이기도 합니다. 현대화의 희생자가 오늘을 사는 사람들이라고 볼 때, 현대주의Modernism 과학화·산업화가 진행되는 과정에서 속도의 노예, 변화의 노예로 살며 인간 소외를 체험한 세대들의 삶에 대한 호소이자 자아를 잃어버린 현대인들의 자기 찾기 방식입니다. 트위터 등 SNS를 통해 끊임없이 메시지를 남기고 이에 대한 지인들의 반응 여부를 확인하는 과정들도 자신들의 존재감을 인정받고 싶어 하는, 힐링 추구의 한 방법입니다.

현대화가 주는 유토피아와 신드롬을 좇아서 살아왔지만 그것이 사막의 신기루 같은 존재였고, 그 과정에서 자신은 단지 노예였고 이용당하는 도구였다는 것을 발견합니다. 결국 오늘의 사람들이 '힐링'에 목말라하는 것은 그 같은 과정에서 남겨진 후유증을 앓고 있기 때문입니다. 이렇게 사람들이 '힐링'을 추구하면서 수요가 급증하다 보니 '힐링'이 남발되는 부작용도 생겨나는 게 현실입니다.

'힐링'이라는 무늬만 덧씌운 각양각색의 힐링 마케팅이 넘쳐나면서, 제대로 검증되지 않은 상품들이 어디에선가라도 위로받고자 하는 사람들을 오히려 스트레스 받게 만드는 결과를 초래하기도 합니다.

현재 우리 사회에 퍼져 있는 '힐링'의 정확한 의미나 개념은 사실 아직 뚜렷하게 규정되고 있지 못합니다. 서구에서는 질병 치유의 대체 요법 또는 영적·심리적 치료 요법 등을 지칭한다고 하는데, 국내에서 통용되는 의미는 아픈 마음의 상처를 낫게 하고 그래서 심신을 새롭게 회복하는 '치유'의 뜻으로 뭉뚱그려지는 듯합니다. 특히 한 방송 프로그램의 제목에 쓰이는 '힐링'이라는 단어는 이 같은 의미를 각인시킨 것으로 보입니다.

'힐링'에 목말라하는 현대인들의 모습은 교회적인 시각에서 볼 때 '포스트모더니즘 시대라는 특성에 따른, 새로운 교회의 몫과 역할'을 되새기게 하는 계기가 되고 있습니다. 교회 내 전문가들은 "삶에 지쳐 쉼을 원하는 이들에게 쉼터가 되어주는 교회의 몫이 필요하다"고 제안합니다. 이제 교회에서도 묵상과 명상의 방 등을 마련해서 정신적으로 방황하는 '나그네'들에게 쉼의 공간을 주어야 합니다. 그리고 그들의 이야기에 귀를 기울여주고 위로하고 격려하는 상담도 해주어야합니다.

'힐링'이 대세가 되는 현 시대의 흐름은 결국 포스트모더니즘 안에서 그 근본을 살펴볼 필요도 있습니다. 포스트모던 시대의 대표적인 현상 중 하나인 '인간(개인) 중심적 사고'의 특징이 힐링 열풍의 저변에 흐르고 있습니다. 포스트모던 시대의 인간 중심적 사고의 특성은 종교에 의해서 비롯된 기준에 대항, 개인의 의미를 강조하고 전체를 위해 희생과 봉사를 강조하는 전통적인 가치관을 거부하면서 종교나 신앙의 영역에서 말하는 '우리'라는 개념을 거부합니다. 즉 기존 종교에 대해서 거부감을 가지면서 신흥 종교 같은 무언가 새로운 것이나 인간적 도구를 찾습니다. 1999년 갤럽 조사에서, 66.6%에 이르는 응답자들이 종교를 믿는 이유를 "마음의 평화를 위해서"라고 답한 결과도 개인주의화된 포스트모던 시대 특성을 반영하고 있음을 알 수 있습니다. 마음의 평화를 얻는다면 교파, 교리, 진리에 상관없이 어느 종교든 상관없다는 인식을 대변하는 것으로 기독교의 많은 신자들이 명상, 좌선, 요가, 기수련 등에 관심을 가지는 것도 같은 맥락입니다.

여호와 라파! 이는 치료하시는 하나님을 부르는 히브리말입니다. 기독교가 가진 중요한 강점이요, 수행할 사역 중 하나가 바로 힐링입니다. 대중문화의 유행 코드로 자리 잡은 힐링에 기독교계도 주목해야합니다. 풍요속의 빈곤, 공동체성의 상실, 지나친 경쟁과 이기적인 사회에서 상처받고 고통 받는 이들을 위해 교회는 돈벌이 왜곡되거나 더 큰 정신적 혼란을 초래하는 가짜 힐링과는 다른, 참된 삶의 위로와 가치를 제공할 힐링의 담지체擔持體가 되어야 합니다. 자칫 물질문명의 발달에 비해 정신적으로는 피폐하고 혼란에 빠진 현대인들이 잘못된 힐링에 빠져드는 것을 막는 일이기도 합니다.

우리가 불량식품을 먹으면 몸에 좋지 않기에 경계하고 감시·감독하듯이 즉각적인 말초신경을 자극하는 퇴폐오락이나 도박산업 그리고 천박한 자본의 논리로 돈벌이 수단으로 여겨지는 가벼운 힐링과는 차원을 달리하는 기독교 힐링문화를 만들어나가야 합니다. 그렇지 않으면 현대인들은 그들의 정신적인 목마름의 갈증으로 성급하게 가짜 힐링 프로그램과 단체에 현혹되고 말 것입니다. 여기엔 기독교인들도 마찬가지입니다. 교회는 이 땅에 참된 힐링의 모형으로 너와 내가 하나 되는 사랑과 나눔과 평화가 어우러지는 곳으로 경쟁과 다툼과 이기심이 팽배한 동물의 왕국과도 같은 세속의 질서와는 다른 참된 쉼과 충전으로 행복한 공동체가 되도록 힘써야합니다. 이것이 교회의 존재 이유이기도 합니다.

가정의 회복을
요구하는 시대

—————————————— 현재 우리나라의 가정 해체
는 매우 심각한 지경입니다. 3세대가 함께 동고동락同苦同樂하던 대가족
시대에서 핵가족 시대를 지나, 4가구 중 1곳이 '1인 독거'이며 이중 미혼
이 46.2%라고 할 정도입니다. 국민 4명 중 1명만이 조부모를 가족으로
생각한다는 보도도 본 적이 있습니다. 가정 해체로 인한 심각한 사회적
인 병폐는 가정과 관련된 각종 통계에서 잘 드러납니다. 이혼율, 저출산
율, 자살률 이 세 가지 모두 인구대비 비율로 볼 때 세계 1위입니다.
여기에 성범죄율 2위, 낙태율 3위로 경제적인 의미로 선진국으로 인정받
는 OECD 국가 중에서 정신적인 성숙의 의미로 보면 꼴찌 수준입니다.
여기에 어린이와 청소년, 그리고 전체 국민의 행복지수도 거의 세계 꼴
찌 수준입니다. 우리나라의 미래가 암울하다는 증거입니다.

우리나라 가정의 해체는 서양의 문화와 미국의 교육제도를 비판 없이
받아들이면서 온 국민이 서구화되며 기하급수적으로 진행되었습니다.
자녀들에게 가정을 지키고 인성교육을 시키는데 필요한 전통적 가치인
가정의 가치, 효, 예 및 족보 등을 가르치지 않고 눈에 보이는 출세를

위한 서양식 지식교육과 실적위주의 교육에 전념했기 때문입니다. 이는 이른바 IQ 교육에만 열중한 결과입니다.

내면적인 정신세계의 뿌리인 우리나라의 전통문화 가치로 무장하고, 세계 경쟁력에 필요한 외면적인 서양 학문과 문물을 받아들여야 하는데 우리나라의 전통문화의 뿌리와 행동 방식까지 버리고 서양을 추종하듯 닮아가려 한 것이 잘못이었습니다. 그 결과 가정을 중시하던 우리가 가정의 중요성을 잊었고, 행복의 조건을 가정이 아닌 가정 밖에서 자기실현을 하는 것에서 찾게 되었습니다.

우리나라 가정은 1970년대 이전에는 3세대 동거시대로 가난하지만 화목한 가정의 모습이었습니다. 대가족을 이루며 한 집에서 살았던 시대에는 가족 문화에 대한 세대차이가 문제되지 않았습니다. 조부모에게 권위가 있었고, 가족 간에 질서와 사랑, 따뜻한 정이 있었습니다. 이에 따라 자라나는 세대의 인성도 양호하였습니다. 3세대가 함께 어울려 살면서 가족 간의 많은 추억을 간직했습니다. 3대가 동일한 시간에 식사를 함께 하고, 명절을 함께 지내고, 성묘를 갈 때나 벌초를 갈 때도 3세대가 함께 갔습니다. 손자녀들은 이런 3세대의 가족 틀에서 자연히 선조들의 전통적인 율례와 법도를 익히며 실천했습니다.

가문의 뿌리, 즉 역사가 실려 있는 족보를 귀하게 여기고 가문의 번성과 번영 그리고 영광을 추구했던 시대였습니다. 또 가족 중 한 사람이 잘 되면 모든 가족이 자기 일처럼 기뻐했고, 한 사람에게 슬픈 일이 있으면 온 가족이 자기 일처럼 슬퍼했습니다. 가족끼리 단결력이 강해 상부상조가 잘 되었습니다. 그래서 가족에 대한 가치관이나 삶의 문화에서 세대차이가 거의 없었습니다. 가정에서 대가족의 분위기는 마을로 이어져 마을 전체가 확대가족과 같은 분위기였고 명절이나 어르신의 생신에는 멀리 떨어져 사는 친인척들이 모여 오순도순 이야기꽃을 피웠습니다.

그러나 1970년대, 2세대 동거시대가 시작되면서 조부모가 실종되었습니다. 경제개발에 박차를 가하면서 정든 고향을 떠나 도시로 몰려들었습니다. 도시에 몰려든 젊은 세대들은 돈벌이에 바빠 조부모와 함께 살지 못했고 자녀 교육에 집중하지 못했습니다. 저임금 노동자로 살다보니 가정을 돌볼 경제적, 정신적 여유가 없었습니다. 여기에 가족 공동체를 이루는 데 필수적인 효를 등한시하고 개인주의와 이기주의를 부추기는 서양의 문화와 미국의 교육제도가 무비판적으로 유입되면서 전통적인 가정의 아름다운 가치가 부정되기도 하였습니다. 한국인을 한국인답게 만들기 위한 한국인의 인성교육에 필수적인 전통적인 문화가 구태의연한 허례허식으로, 전근대이고 비인간적인 가치로 여기고, 서양 문물은 모두 참신하고 좋은 것처럼 여기는 풍조가 일반적이었습니다.

이에 따라 한복을 멸시하고 국악을 멸시하고 한식을 홀대하였습니다. 영어를 배우며 한자와 우리말을 멀리하고 조부모의 이름이나 족보, 조상들의 고난의 역사는 소홀히 여겼습니다. 이러한 경향은 현대에 오면서 더욱 가속화 되었습니다, 이와 함께 오랜 세월 우리민족의 삶의 방식인 대가족 제도도 해체되었습니다.

물론 서양의 민주주의나 앞서가는 과학 문물들은 우리나라를 선진국으로 만드는 데 큰 기여를 했습니다. 그러나 우리의 고유한 미풍양속을 평가절하하고 우리 정신세계, 가정에 나쁜 영향을 준 것도 사실입니다.

더욱 심각해진 것은 1990년대에 들어서는 개인이기주의가 팽배하면서 저출산의 1세대 동거시대가 시작되면서 자녀가 사라지기 시작했고 2000년대 이후 1인 동거시대가 열리면서 부부가 실종되기까지 하였습니다. 이런 결과 지금 우리의 현실은 각종 범죄율과 자살률과 이혼율 증가에 저출산율 세계 최고 등 절망적인 통계들이 가정 해체의 결과로 쏟아졌습니다. 여기에 고령화 사회의 현실이 우리를 더욱 힘들게 하고 있습니다.

그러나 유대인의 가정은 우리나라와는 달리 오늘날까지도 건강성을 유지하고 있습니다. 유대인들은 조상과 부모가 원하는 교육과 수평문화 대신 수직적인 문화인 효와 예를 중시하는 교육으로 4천년 동안 대가족 제도를 유지하며 고출산, 이혼율이 거의 없는 나라로 손꼽히고 있습니다. 유대인 가정의 부모와 교사들의 권위는 인정되고 자녀들이 깊은 생각과 바른 행동을 하는 것으로 드러나고 있습니다. 유대인의 인성교육은 가정에서부터 유치원, 초등학교, 중고등학교까지 계속됩니다. 어릴 때부터 자신의 가정에서 배운 전통을 반복해서 가르침으로써 가정교육과 연계성을 지닙니다. 이는 주입식 인성교육이 아닌 가정의 전통적인 교육형태를 학교에서도 실현하는 형태입니다.

유대인 자녀의 인성은 99% 가정에서 형성됩니다. 세대 차이를 막기 위해 가정에서 3세대가 함께 모이는 절기를 최대한 이용합니다. 유대인은 절기가 매우 많습니다. 매주 하루씩 모이는 안식일, 일주일 동안 모이는 유월절, 초막절, 하누카, 부림절과 10일간 모이는 신년절기 등이 있습니다. 유대인은 학교가 교육을 결정하는 곳이 아니라 가정이 교육의 시작이요, 결정체임을 분명히 합니다. 가정에서 화기애애한 절기와 식탁공동체는 자녀들에게 유대인의 율법과 전통과 역사를 전수하는 교육의 장소이자 방법입니다. 이 가정교육의 주재자는 조부모입니다. 유대인 가정과 교육이 모두가 옳고, 우리가 이를 그대로 받아들여야하는 것은 아닙니다만 전통을 중시하고 세대 간 통합을 중시하는 가정의 형태는 오늘 누리에게 시사示唆 하는 바가 큽니다.

이런 점에서 우리의 교회와 학교가 모임의 중심을 이루면서 가정이 등한시된 것에 대해서는 문제로 인식할 필요가 있습니다. 교육의 핵심도 교회와 학교가 아닌 가정이어야 합니다. 핵가족 시대요, 1인세대가족의 이 시대에 3세대통합의 대가족을 회복하기는 어려운 것이 사실입니다만 정기적으로라도 3세대 모임을 갖도록 하는 것은 어떨까 싶습니다. 이에 대한 모델과 방안과 사례를 교회에서 보여주는 것도 좋을 것 같습니다. 지금처럼 교회에서 세대를 분리시켜 예배드리는 것이 아니라 3세대가 함께 드리는 예배 형식을 이루는 것입니다. 특히 함께 거주하지 않는 가정이 많은 오늘날 교회 안에서 함께할 수 있는 자리를 마련하는 것입니다.

경제성장도 중요하지만 가정 해체를 막을 수 있는 근본적인 방법 연구가 더 시급합니다. 이를 적극 홍보하고 가르쳐 해체되고 있는 가정과 해체된 가정들이 회복할 수 있도록 도와야합니다. 가정해체 현상은 교육의 주체가 가정이냐, 다른 교육 기관이냐에 따라 다릅니다. 가정의 해체를 막기 위해서는 유대인처럼 가정이 자녀교육을 책임지게 하고, 학교는 유대인처럼 가정교육을 돕는 기관 정도여야 합니다. 이것은 교회의 신앙교육도 마찬가지입니다.

하나님이 원하시는 온전한 신앙적인 가정을 만들기 위해 한국식 기독교 문화를 새로 만들어야 합니다. 유대인처럼 3세대가 함께 할 수 있는 신년절기, 사순절, 부활절, 추수감사절, 성탄절 등의 절기를 온전히 지키는 방법을 연구하고 실천해야 합니다. 이외에도 인성교육적 입장에서 한국인의 정체성이 배어 있는 전통적인 설, 추석, 어버이날, 어린이날, 현충일, 3.1절, 광복절, 한글날 등의 절기들도 유용하게 활용할 수 있어야합니다. 이런 교육은 기독교 자녀들에게 한국인으로서 지녀야할 민족의식을 고취시키고 애국심을 갖게 합니다.

예수의 복음을 전하는 목적이 하나님의 영광을 위해서 하는 것이라면, 하나님께서 창조하신 가정에서 행복을 찾는 것도 하나님의 영광을 위해 반드시 해야 할 일입니다. 성경에 기초한 가정의 회복과 활성화는 우리 시대의 당면과제인 인성회복과 세대통합을 이루게 할 것입니다.

새신자에 주목하는
교회공동체

──────────────── '새로운 신자' 교회 목사들의
최대 관심사 중에 하나입니다. 교회에 따라 다르기는 하지만 매주 수
명에서 수십 명에 이르는 새로운 신자들이 각 교회를 찾는 것이 한국교
회의 현실입니다. 이를 위해 교회들은 '새신자부(반)'를 운영하는가 하
면, 새신자들을 정착시키기 위한 바나바, 알파코스 등의 프로그램까지
가동시키기도 합니다.

또 한 가지 중요한 관심사는 새신자들의 '정착률'입니다. 말 그대로
교회에 등록해 정착하는 것을 말합니다. 새신자들이 교회를 방문하고
등록한 이후 짧게는 3개월 내지 6개월 정도 계속해서 출석하면 이른바
'정착했다'고 보게 되는데, 각 교회들은 이 기간 동안 눈에 보이지 않는
경쟁까지 벌이기도 합니다.

그렇다면 어떻게 해야 새신자들의 정착률을 높일 수 있을까요? 무엇
보다 서둘러야 하는 것은 '빠른 심방'입니다. 심방이 늦어서는 안 됩니
다. 바쁜 현대인들에게 그것도 지극히 개인적이고 개인정보가 중요시되
고 사생활침해가 조심스러운 시대가 확산되면서 심방을 꺼리는 추세이

지만, 사실은 그 반대입니다. 현대인들은 고독합니다. 도시인들은 정에 굶주려 있습니다. 어색하고 낯선 분위기의 새신자들의 경우는 더욱 그렇습니다. 새신자들은 대부분 한 번 정도의 심방을 허락합니다. 일종의 신고식입니다.

새신자가 방문할 경우 가능하면 그 주간 안에 심방을 하는 게 좋습니다. 어느 교회는 새신자가 등록하면 주소를 확인한 후 곧바로 교구를 지정하고, 교구 담당 목사가 그 주간 안에 심방을 합니다. 심방을 할 때는 담당 교구장과 총무, 구역장 등 4~5명이 함께 방문을 하는데, 심방을 통해 불쾌감을 줄 정도의 소상한 파악은 지양하면서 가정의 형편과 상황, 신앙상태, 가족 관계 등을 파악합니다. 이후에는 새신자가 잘 정착할 수 있도록 멘토로서 바나바를 지정하고 연결하는 과정으로 이어갑니다. 바나바는 매주 새신자를 방문하고 전화하면서 안부를 묻고 주일 예배에 출석할 수 있도록 돕습니다.

빠른 심방의 중요성은 교회성장연구소가 조사한 결과에서도 나타납니다. 목사들 대부분이 "새신자들이 교회에 등록한 이후 일 주일 이내에 심방을 실시한다"고 응답했습니다. 이런 심방의 중요성은 개척 교회의 경우 교회 성장과 밀접한 관계가 있는 것으로도 확인됐습니다. '일 주일 안에 심방한다'고 응답한 교회들은 성장이 활발한 교회일수록 높았습니다. 91%의 비율이었습니다. '급격한 성장을 이룬 교회'가 38개(56%), '원만한 성장을 이룬 교회'가 24개(35%)였고, 반면 '성장하지 않고 정체된 교회'는 6개(9%) 정도의 교회만이 일주일 안에 새신자를 심방한다고 응답했습니다.

미국 남침례회신학대학교 교회성장학과 초대 학장이었던 톰 라이너 Thom S. Rainer 목사는 '교회 새신자 정착률을 높일 수 있는 5가지 단계'라는 글에서 새신자 정착률이 90%에 이르는 교회의 예를 들면서 "수행과 지속성이 중요하다"는 점을 강조했습니다.

첫째 단계는 '사명 연관시키기'입니다. 라이너 목사는 각 부서나 그룹에서 사명선언문을 채택할 것을 권고합니다. 사명선언문과 그룹에 참여하는 것의 중요성을 연관시키되, 사람과 관계를 맺는 것을 통해 교인이 소그룹이나 교회학교 부서 또는 그룹들에 소속되는 것의 중요성을 나타내도록 하라는 것입니다. 이후 새신자반에 소속된 새신자들을 소그룹 공동체의 중요성에 대해 나누며 소통하는 과정으로 인도하게 되는데, 가능하다면 새로운 그룹들을 소개하는 것이 좋습니다.

"새로운 그룹들은 교회를 처음 찾아온 사람들에게 매력적으로 다가오게 되는데, 기존에 형성돼 있는 관계 안으로 들어가려는 노력이 덜 요구되기 때문"이라고 라이너 목사는 말합니다. 가급적 새로운 소그룹에 소속되게 하라는 것입니다.

'리더'의 역할은 무엇보다 중요합니다. 새신자들을 이끌어 교회에 정착시키는 중차대한 책임 때문이기도 하지만, 이들에 대한 신앙 지도와 함께 꾸준한 관심과 애정을 쏟아야 하기 때문입니다. 대부분의 교회가 실시하는 것이 '바나바' 제도입니다. 바나바의 경우 신앙 경력이 오래된 집사 이상의 신자들로 구성하되 가능하다면 그보다는 권사 직분자들로 구성하는 것이 좋습니다. 어머니처럼 의지하기도 하고 신앙의 어머니의 역할 감당을 위해서도 효과적입니다. 3~6개월 정도 바나바 관계를 유지하는 경우가 많지만, 이 기간이 지난 뒤에도 꾸준한 관심을 기울이면서 만남을 갖고 관계를 유지하도록 합니다.

여기에 더해 새신자와의 정기적인 만남과 식사는 관계를 부드럽게 하고, 정착 확률을 더 높이는 방법 중 하나입니다. 이른바 '밥 한 번 먹자'는 것입니다. 식사를 함께 하는 문화는 동서양을 막론하고 친밀감에 대한 표현이며, 관계를 활성화하고 확장시켜 나가는 데 한몫을 합니다. 이

식사 모임은 '만남'이 필수적으로 동반될 수밖에 없어, 공동체 안에서 자연스럽게 교제를 나누고 신앙생활을 도울 수 있기 때문입니다.

라이너 목사 또한 "최소한 분기당 한 번은 교회 리더들이 새신자의 상황이나 상태를 살펴보게 하라"고 말하는데, "미국에서 새신자 정착률 90%를 자랑하는 한 교회에서는 교역자들이 그 역할을 했고, 어떤 교회의 지도자들은 한 달에 한 번 검토하기도 하고, 어떤 이들은 분기당 한 번 하기도 하는데, 이런 검토의 주된 목적 중 하나는 새신자의 그룹 내 활동 여부를 보기 위함"이라면서 꾸준한 관심이 필요함을 강조합니다.

또한 새신자의 정착률을 높이기 위해서는 새신자들의 대상과 유형에 따른 전략을 세워야 합니다. 새신자 정착은 결코 저절로 되는 일이 아닙니다. '왜 새신자들은 정착하지 않을까?' '새 가족은 이동할까?'에 대해 분석해봐야 합니다. 교회는 새신자 양육전문가 양성, 바나바사역, 체계적인 관리시스템 도입, 창의적인 교적관리, 현대감각에 맞는 인터넷관리, 새신자 환영식과 수료식, 축하파티 등 다양한 프로그램을 진행하고 있지만 새신자 정착률은 50%를 넘지 못합니다.

사실 갓난아이들 같이 순전하고 신령한 젖을 사모하는 새신자들은 전도보다 관리가 더 필요한 그룹입니다. 치밀한 계획과 구체적인 대안이 없이는 거의 불가능합니다. 아무리 열심히 전도하고 많은 사람이 등록하더라도 등록한 새신자가 정착하지 않으면 교회의 성장은 불가능합니다.

새신자들은 언제 어떻게 정착하는지, 독특한 신앙형태를 가지고 있는지 여부에 대한 구체적인 평가 자료를 확보해야 합니다. 예를 들어 이사를 통해서 등록했는지, 말할 수 없는 상처 때문인지, 교회 공동체에서 겪은 상처 때문인지를 분석하여 맞춤형 신앙교육으로 교회에 소속감을 높여한 합니다.

무엇보다도 새신자 정착을 위한 양육시스템을 구축해야 합니다. 구역에 배치해서 소속감을 형성합니다. 신자들 조직에 배치해서 동질감을 갖도록 합니다. 봉사사역에 배치해서 융화감을 갖도록 합니다. 교육단계에 필수코스를 통해 동기생을 만들어 줍니다. 취미모임에 동참케 합니다. 직능별 모임에 동참시키는 등 현대감각에 맞는 양육시스템을 구축해야 합니다.

이와 더불어 새신자의 신앙적 상태를 정확히 평가해야 합니다. 언제 처음 교회를 출석했는지, 누구에 의해 교회를 나오게 되었는지, 왜 중간에 교회 출석을 포기했는지, 교회출석을 할 때 가장 기억에 남는 것은 무엇인지, 교회출석 할 때 어떤 부서에서 봉사했는지, 예수의 대해 구원의 확신이 있었는지, 지금도 기억에 남는 목사나 선생은 있는지에 대한 평가 자료를 확보해야 합니다. 조심스럽지만 꼭 확보해야 합니다.

어느 교회든 목사들을 약 올리는 '빼질이 새신자'가 있습니다. 이들은 교회의 정책에 호감을 가지고 있지 않거나, 교제권역으로 들어가는 것을 꺼리고 있습니다. 목회 전문가들은 공동체에 소속되기를 꺼리는 '빼질이 새신자'들이 왜 그렇게 행동하는지를 알려고 애를 써야합니다. 그들의 성격 때문인지 아니면 또 다른 이유인지를 깊이 이해하려고 할 때 그들을 이해할 수 있는 보다 진전된 단계로 나갈 수 있습니다.

이런 단계에 접어들었다면 새신자의 장점에 대해 생각할 시간을 잠시 갖고, 새신자의 성격이나 인품의 긍정적인 측면들에 대해 생각해보는 것이 필요합니다. 또한 모든 새신자는 개인적으로 아픔을 가지고 있으며, 성경말씀교육으로 제대로 양육 받고 신앙의 성숙을 기대하고 있다는 사실을 잊지 말아야 합니다. 새신자의 양육 없이는 성숙한 헌신자는 절대로 없습니다.

잃어버린
죽음 찾기

━━━━━━━━━━━━━━━━ 죽음은 우리가 금기禁忌하는
주제입니다. 그것이 주는 부담도 있지만, 회피해 보고자 하는 주제이기
때문입니다. 김열규는 한국인들이 죽음에 대해서 '백치'라는 표현을 썼
습니다. 죽음에 대해서 알고 있으면서 짐짓 모르는 척 한다는 것입니다.
사람이 낳고 살다, 언젠가는 죽는다는 사실은 정해진 이치인데 이를 모
른 척하면서 죽음의 두려움을 외면한다는 것입니다. 그런데 그런다고
그 현실이 사라지지는 않는데 말입니다.

　현대사회가 되면서 사람들은 점점 죽음에서 멀어지고 있습니다. 죽지
않는다는 의미가 아니라 스스로가 죽음의 주체가 안 되고, 죽음을 우리
가운데서 멀리하고 있다는 것입니다. 죽는다는 것은 인간의 영역이 아니
라 신의 영역입니다. 사람이 언제 죽고, 어떻게 죽는지에 대해서는 인간
의 선택이 아니라 하나님이 그 뜻에 따라서 정해준다는 의미입니다. 인
간이 가장 겸허하게 되는 순간은 바로 죽음의 때입니다. 그 앞에 설 때
인간은 한 없이 나약해질 수밖에 없습니다. 이것이 바로 순리라고 할
수 있을 것입니다.

그런데 요즘은 이러한 순리가 깨어지고 있습니다. 사람이 죽음의 때와 방법을 정하려 하는 것입니다. 죽음을 맞이하는 것이 아니라 만들려는 것입니다. 임종 때가 되면 의사가 묻습니다. 어떤 방법들이 이제 남았는데 어찌하시겠느냐고. 그러면 가족들은 재정과 양심과 관계 사이에서 선택을 해야 합니다. 보통 자식의 도리라는 것과 재정, 그리고 남은 이들의 도리 사이에서 결정을 해야 하는 것입니다.

　마치 우리가 의술이 발달되면서 제왕절개수술을 통해 아이를 낳는 것과 같습니다. 처음에는 출산이 어려운 이들을 의술이 돕는 것이었는데 약삭빠른 사람들이 쉽게 아이 낳는 방법으로, 심지어는 좋은 날과 시간에 아이가 태어나도록 하기 위해서 이 방법을 사용하게 된 것입니다. 이로서 아이가 태어나는 것이 하나님의 일이 아니라 사람의 일이 되었습니다.

　이와 같이 죽음도 하나님의 순리 가운데 이루어져야 하는 것에서 인간의 선택 사항이 되고 말았습니다. 이로서 죽음은 우리 가운데 소외되었습니다. 죽는 것만 소외된 것은 아닙니다. 죽음 이후도 역시 우리에게서 소외되었습니다. 과거 '죽음 이후'인 장례는 가족과 마을, 그리고 교회의 일이었습니다. 장례의 모든 절차는 공동체의 일이었습니다. 과거 한 사람이 죽으면 가족뿐만 아니라 마을 공동체 전체가 함께 하는 장례 절차가 있었습니다. 몇 날, 며칠을 찾아오는 사람들을 대접하는 음식을 만드는 일은 보통이 아니었습니다. 특히 상여를 매고 나가는 것이나 꽃상여를 만드는 일까지 한 두 사람의 힘으로 이룰 수 없었습니다. 그래서 장례는 가족과 마을의 큰 일이 되었습니다.

　그 후 그러한 일을 교회가 감당하게 되었습니다. 장례가 나면 교회가 나서서 그 모든 일정을 감당해 주었습니다. 특히 같은 구역의 사람들은 장례의 모든 절차 가운데 봉사로 섬겼습니다. 음식을 만들어 내고 손님을 대접하는 일까지도 교회가 하는 일이었습니다. 특히 목사는 그러한 일에 중심이었습니다. 예전에는 신학교에서 염하는 것도 가르쳐 주었다고 합니다. 목사가 하는 일 중에 장례 가운데 염을 하는 것도 있었습니다.

그런데 요즘은 장례가 집을 떠났습니다. 병원에 딸린 장례식장에서 치러집니다. 요즘은 이에 더해서 상조회가 나서서 모든 일을 감당해 줍니다. 돈을 내기만 하면 그들이 모든 봉사와 순서를 전문적으로 잘 해 줍니다. 이렇게 되니 장례는 가족과 마을, 심지어 교회마저 떠났습니다. 과거 장례 과정에 중심이었던 목사들마저도 장례의 절차에 출연자밖에 안 되는 처지가 되었습니다. 순서를 정해주는 이가 나서라고 할 때 나서서 장례예식과 위로예배를 진행하게 됩니다. 이로서 죽음 이후는 우리에게 소외되고 말았습니다.

죽음을 잃은 것은 우리에게 커다란 상실입니다. 죽음은 우리로 겸허하게 하고 삶을 좀 더 진지하게 맞이할 수 있도록 합니다. 죽음은 우리로 하나님 앞에 서도록 하며 인간의 연약함을 체험하도록 합니다. 그런데 그 죽음을 잃어버리고 이 요란한 세상에서 널뛰듯 우리의 영혼은 뿌리를 찾지 못하고 있습니다. 죽음을 돌려놓아야 합니다. 죽음이 우리의 것이 되고, 나의 것이 될 때 이 세상은 좀 더 진지하고, 좀 더 바를 수 있게 됩니다. 그리고 그것이 우리로 하나님 앞에 두렵고 떨리는 자세로 서도록 하는 길이 될 것입니다.

인성교육 요청의
시대에 따른
기독교의 자세

─────────────────── 우리나라는 지금 '사람됨'이
란 과연 무엇인지에 대한 근원적인 질문을 물어야 할 것 같습니다. 좀처
럼 개선되지 않고 있는 청소년들의 집단 따돌림과 폭력들이 군부대에서
도 고스란히 재현되고 있으며, 여기에 어른들의 성적 일탈을 모방하는
도를 넘어선 패륜적 행위까지 불거져 나오고 있는 것이 현실입니다.

최근 국민의 과반수가 교육개혁의 핵심 과제로 '인성교육'을 꼽을 정
도로 인성교육에 대한 사회적인 관심은 증가했습니다. 한국교육개발원
교육여론조사의 '현재보다 더 중시해야 할 교육 내용'으로 인성교육이
차지한 순위 변화 추이(2006, 2008, 2010~2014) 및 '대학입학전형 중요
반영 항목' 변화 추이(2011~2014)를 살펴본 결과, 인성교육의 중요성에
대한 인식은 초·중학교에서 고등학교까지로 확대되었으며, 더 나아가
대학 입시에서도 '인성 및 사회봉사'가 가장 중요한 항목으로 반영되어
야 한다는 인식의 변화가 있었음을 보여줍니다.

이제 인성은 사람의 가치와 역량을 드높이는 실력의 영역으로 인식되
는 것 같습니다. 교회도 진로진학직업교육을 할 수 있습니다. 교회학교

에서 창의적 인재 교육을 할 수도 있습니다. 우리나라 아동의 성性 조숙화가 가속화 되고 있는 것을 감안하여 현대 가정의 골칫거리인 성교육을 교회에서 적극적으로 시행하는 것도 좋은 방안일 것입니다. 만일 교회가 할 수 없다면 청소년 성교육 전문가를 초대하여 할 수도 있습니다. 청소년 단체에서 하는 성교육 프로그램에 위탁교육을 시킬 수도 있습니다. 그러나 무엇보다 중요한 것은 청소년들에게 기독교세계관으로 자신이 누구인가를 분명히 알게 하는 자신과의 만남과 공동체의식을 심어주는 것입니다.

기독교는 이미 오고 있는 하나님 나라를 실현하는 과정에 모든 연령층의 교인들에게 신앙교육과 인성교육을 해온지 오래되었습니다. 기독교만큼 자기 교회의 회원을 잘 교육하는 종교도 드물 것입니다. 그만큼 기독교의 강점은 교회에서 교육을 중시한다는 것입니다. 그러나 최근 이른바 십대들의 반란과 청년들이 교회를 등한시여기는 풍조 때문에 교회의 미래는 밝지 못합니다. 이에 따라 기독교계에서는 미래를 준비하기 위해서는 청소년과 청년들에게 아낌없는 관심을 쏟아야한다는 목소리가 높습니다. 최근 여러 종교와 시민단체와 대학들이 국가인정 민간자격으로 '인성교육지도사' 과정을 이수케 해서 학교나 기관에서 인성교육을 담당하게 합니다. 이처럼 기독교에서도 인성교육지도사 자격 취득을 개설하거나 독려하여 기독교 사학은 물론 일반학교에서도 봉사할 수 있도록 준비시키는 것도 하나의 방안입니다.

우리나라 기독교는 이 땅에 전래되고 뿌리내린 지 130여년이 지나는 동안 수많은 기독교학교들을 설립하였고, 기독교시민단체를 만들어 사회교육을 해왔습니다. 교회에서도 주말과 주일에 다양한 성경을 중심으로 하는 공부를 해왔습니다. 그야말로 기독교는 그 어느 종교보다도 교육을 중시하는 종교입니다. 이제 인성이 중요시되는 이 시대에 맞게 기독교계와 교회는 지금까지의 교육역량을 바탕으로 인성교육을 실시하고 인성으로 삶으로 구현되는 세상을 만들어 가는데 이바지해야할 것입니다.

군 선교의 중요성과
군 생활의 자세

—————————————————————— 제가 어렸을 때는 해마다 10
월 1일 국군의 날을 맞이하면, 서울 여의도광장에서 국군장병들의 늠름
한 모습들을 선보였습니다. 육해공군이 저마다의 특성에 맞게 일사불란
하게 하나 되어 펼치는 모습에 이 다음에 커서 멋진 국군 장병이 되고
싶다는 생각들을 하였고 북한의 침략을 대비한 국방력에 대한 믿음이
굳건했습니다. 그러나 최근 연이어 터지는 군대 내 장병들의 자살과 폭
행과 성범죄는 제가 갖고 있던 국군에 자랑스러움과 믿음에 회의감을
불러일으켰습니다.

   얼마 전 육군 28사단에서 벌어진 윤 모 일병 집단 폭행 사망사건을
계기로 군대 내 엽기적인 가혹행위들이 속속 드러나고 있습니다. 음성적
으로 자행돼 온 인권 침해 실태는 실로 충격적입니다. 윤 일병 구타사망
사건이 일어난 원인에 대해 군 안팎에서 여러 분석이 나오고 있지만 한
마디로 요약하면 군 기강이 무너졌기 때문이라는 지적이 많습니다. '군
인은 어떤 경우에도 구타, 폭언, 가혹행위 등 사적 제재를 행해서는 안
된다'는 군인 복무규율을 휴지조각으로 만들어 버렸기 때문입니다.

원인이 이렇다면 처방도 군 기강과 규율을 바로 세우는데 우선 초점이 맞춰져야 할 것입니다. 즉 안보 차원에서 마련해야 한다는 말입니다. 그러나 지금 군 안팎에서 논의 대상이 되고 있는 대책 중엔 엉뚱한 방향도 눈에 띄고 있습니다. 병사에게 휴대전화 소지를 허용하는 문제 등이 그것입니다. 사병들이 보복을 두려워해 군 내에서 문제를 제기하지 못하는 것을 휴대전화로 부모에게 알릴 수 있게 하자는 취지로 이해됩니다. 그러나 보안-통제 시스템 개발에 많은 예산이 필요한 데다 휴대전화 중독문화가 군에까지 이어질 경우, 군 기강은 크게 흔들릴 수밖에 없을 것입니다.

내무반 내에 사적 가혹행위가 발붙일 수 없도록 모든 지혜를 짜내되, 전쟁을 막고 전쟁에서 이기며 나라를 든든히 지키기 위해 군이 존재하는 본분을 잊어선 안 될 것입니다. 그런데 현역 복무 부적합 판정을 받고 조기 전역하는 군인이 매년 4천 명 정도라니 걱정이 아닐 수 없습니다. 군 생활에 적응하지 못하는 사람이 늘면서 군병원의 정신과 진료 건수도 2013년 현재 38,381건으로 최근 5년 새 최고치를 기록했다고 합니다. 하지만 군대 내에서 정신과 치료를 할 수 있는 군의관은 턱없이 부족하다고 합니다.

따라서 군대에서 정신적인 어려움을 겪는 병사들을 치료할 수 있는 여건을 빨리 마련해야 할 것입니다. 이런 때 군목과 군종 등 군 사역자들의 역할이 그 어느 때보다 더 중요하다는 생각을 갖게 됩니다. 군 선교사역자들의 전문화를 지원하고, 입대 전 청소년을 위한 교육차원의 프로그램 시행 등 인성교육도 필요한 때입니다.

윤 모 일병 폭행사망사건 이후 군대 내 폭력 사고 근절의 대안을 찾기 위한 사회 전반의 관심이 높습니다. 이런 가운데 기독 장병의 영적인 통로로써만이 아니라 병영문화 전반의 악습을 뿌리 뽑을 수 있는 역할로 군종장교 및 군종의 확충과 더불어 군 선교의 중요성을 강조하는 캠페인이 강조되고 있습니다. 사건이후 장병들에 대한 휴대폰 지급이나 상담 확대 등의 목소리가 나오고 있지만 여전히 전시 행정에 불과합니다. 보다 근본적인 처방이 필요합니다. 저출산과 복무기간 단축으로 입대 대상 장병의 수는 감소하고 있는데 입대 정원을 채우려다 보니 과거 같으면 보충역으로 빠졌을 자원이 현역으로 입대하고 있습니다. 관심 사병이 늘고 있는 상황 속에서 이미 입대한 군인들의 인성을 함양시킬 방안이 필요합니다. 이를 위한 대안으로 군종 장교 확충이 하나의 방안입니다. 현재 사회 일각에서 병영문화 개선 방안으로 제안한 민간인 상담관 도입과 관련해서는 군종장교들은 말씀과 기도로 장병들의 영적인 문제까지 해결할 수 있을 뿐만 아니라 민간인 상담관과 달리 장병들과 함께 뛰며 생활 속에서 고민을 들어줄 수 있어 보다 효과적입니다. 상담관 도입 비용으로 군종 성직자를 더 늘리는 것이 낫습니다.

또한 장병들의 심리적 안정을 위해 시행되는 군종 성직자가 제 역할을 감당하기 위해서 군종병의 확대도 대안으로 제시됩니다. 윤 모 일병의 부대는 군종장교가 파견되지 않은 사각지대였다고 합니다. 현재 국군의 경우 연대급까지만 군종장교가 배치되어 있습니다. 미군의 경우처럼 대대급까지 군종장교를 파송한다면 장병들에 대한 지속적인 돌봄이 가능해 사고를 미연에 방지할 수 있을 것입니다.

그러나 입대 장병의 감소 추세 속에서 군종장교의 수를 늘리는 일이 현실적으로 쉽지 않을 것이라는 전망도 있습니다. 전방지역에서 군 선교에 헌신하고 있는 한 민간사역자는 현실적인 차원에서 군종 목사를 늘리기 보다는 군종 인력을 재배치하고 민간 사역자들과 협력을 도모하는 것이 효과적이라며 민간 군선교사역의 활성화를 강조했습니다. 병영 현장에서 장병들과 가장 가까이 이야기 할 수 있는 것은 장병이며, 군종

장교의 손길이 미치지 못하는 지역에서 민간 사역자들의 역할이 더욱 강화된다면 더 많은 기독 장병들을 병영문화 개선의 밀알로 양육해 나갈 수 있을 것입니다.

성경에 나오는 착한 사마리아인처럼 어려움에 처한 동료를 외면하지 않고 군대 내 빛과 소금의 역할을 감당하는 신앙인들의 역할도 중요합니다. 알려지지 않은 윤 일병이 많습니다. 예수의 사랑을 통해 더 이상의 피해자도 가해자도 발생하지 않고, 선한 사마리아인 같은 장병들이 많이 나오도록 한국교회는 군 입대 예정자들에 대한 교육에 관심을 가져야합니다.

윤 일병 사건으로 우리나라는 군대 내 폭력을 바라보는 시선의 변화가 생겨났습니다. 이전까지만 해도 20-30대 남성들 사이에선 "군대이기 때문에 어쩔 수 없다"며 "외부에 알려봐야 더 악화될 뿐이다"는 의견이 많았습니다. 그러나 윤 일병을 주동해서 괴롭혔던 이 모 병장 역시 선임병들의 괴롭힘에 시달리다 부대를 옮겨야 했다는 사실이 알려지면서 대물림되고 있는 군대 내 악습들을 이제야말로 끊어내야 한다는 여론이 형성됐습니다.

군대 내 대형사건 · 사고는 항상 반복돼 왔습니다. 2008년 철원 GP에선 이등병이 내무반에서 수류탄을 터뜨렸고, 2011년엔 해안초소에서 근무하던 해병대 병사가 총기를 난사했습니다. 국방부는 '병영문화 쇄신'을 외쳤지만 나아진 건 없었습니다. 모두 군대 내 악습과 그들의 근본적 원인인 '인성'이 문제가 됐습니다.

군대의 종교 활동은 선교의 황금어장이라고 표현하고 있을 정도로 중요한 부분으로 여겨집니다. 그러나 군대 내 악습과 올바르지 않은 군 장병들의 '인성'을 바로잡아 주는데 큰 몫을 담당할 군 선교의 중요성과 필요성에 비해 행정적, 재정적지원이 부족한 게 현실입니다. 우선 훈련

소에 입교하는 젊은이들을 체계적으로 관리해야 종교를 찾는 젊은이들을 지속적으로 이끌고 갈 수 있을 것입니다. 또한 전국 군 부대로 흩어져서 근무하게 되는 입교 군인들에 대한 지속적인 관심을 위해 군 부대 인근 교회의 적극적인 교화 방안이 마련돼야 합니다.

특히 군 선교는 재정이 뒷받침되지 않으면 현실적으로 많은 어려움과 한계에 봉착하기 때문에 재정적인 문제는 확실한 재원을 마련해야 합니다. 이를 위해서는 기독교 교단의 아낌없는 지원과 개별 교회의 지속적인 관심·후원이 필요할 것입니다. 제 2의 윤 일병이 생기지 않도록, 군 장병들이 하나님의 진리를 깨달아 사랑받기 위해 태어난 소중한 사람이고 하나님의 특별한 사명자들이라는 자긍심을 가질 수 있도록, 우리 모두가 군 선교 활동에 더욱 관심을 갖고 마음을 모아야 할 때입니다.

대학에서 쉽게 찾아 볼 수 있는 모습은 학기가 시작되었는데 수많은 남학생들이 종적을 감춥니다. 대한민국 성인 평균남성이라면 모두 다녀와야 하는 '군대' 때문입니다. 스펙을 중시하는 사회에서 21개월이라는 시간은 너무도 긴 세월입니다. 졸업이 늦어지고 제대 후 사회로 복귀해도 짧은 시간 사이 많은 것이 변해있기 때문에 적응하지 못하는 경우도 있습니다. 그래서인지 최근 조기입대를 신청하는 사람들이 더욱 늘어나고 있는 추세입니다. 군대를 가야하는 입대 예정자, 현역, 예비역을 가리지 않고 하는 말이 있습니다.

"인생의 황금시기인 청춘의 21개월을 군대에서 허비해야 한다니 너무 시간이 아깝다."

피할 수 없는 현실, 어차피 수행할 군 복무 시간을 보람되게 보낼 방법은 없을까요? 입대 신청을 하면 수개월 내로 입영통지서가 집으로 배달됩니다. 입대 후 5주간의 신병교육 이 끝나면 자대배치를 받게 되고 남은 군 생활이 시작됩니다. 군대란 일정한 규율과 질서를 가지고 조직된 군인의 집단을 말하며, 우리나라는 크게 육군, 공군, 해군으로 나뉩니다. 육군은 세부적으로 특전 사령부, 유도탄 사령부, 항공작전사령부, 수도방위사령부, 군수사령부, 교육사령부 등이 있으며 각 군단과 보병사단 등 편제부대가 있습니다. 해군은 작전 사령부, 함대사령부, 군 특전여단, 해난구조대, 병대로 구성되고 공군은 2개의전투사령부와 방공포병사령부, 군수사령부, 교육사령부, 방공관제단으로 구성됩니다. 군 생활 중 어떠한 것을 얻어갈 수 있을까요? '쿨 앤 조이'의 설문조사에 따르면 '군대에서 무엇을 얻어오셨나요?'라는 질문에 '없다'가 22.05%, '경험'이 20.47%, '자격'이 14.59%, '사람'이 7.52% 순으로 높았고 이외에도 '건강', '재능', '기술', '상처', '취미'가 뒤를 이었습니다.

군생활의 무의미함을 극복하기 위해 남성들은 운전병, 어학병, 행정병, 번역병과 같이 실무적인 기술을 익힐 수 있는 보직을 선호합니다. 이외의 보직을 받는 병사들은 상대적으로 무료한 시간을 보낼 수밖에 없습니다. 시간이 가기만을 기다리는 병사들이 많습니다. 하지만 조금만 관심을 갖는다면 이 시간들을 유용하게 보낼 수 있는 방법도 있습니다.

지난 2010년 경기도와 3군사령부와 경기도내 대학이 함께 '행복학습 병영 만들기' 업무협약을 체결했습니다. '행복학습 병영 만들기'란 군대에서 온라인으로 강의를 듣거나 군 자체 병과교육을 이수했을 경우 이를 학점으로 인정해주는 제도입니다.

이처럼 군대에서 학점을 취득할 수 있는 방법은 다양합니다. 입대 전 재학하고 있는 대학의 인터넷 원격강좌 수강을 통해 한 학기당 최고 3학점을 취득할 수 있습니다. 2014년 현재는 전국 346개 대학 중 78개 대학만 가능합니다.

또한 군 병과학교의 교육훈련 과정 이수를 통해 학점을 취득할 수 있는 방법이 있습니다. 교육부가 승인한 각 군의 병과학교는 22개 학교, 87개의 과정이 있으며 4~5주의 특기병 교육훈련 과정을 이수하면 2~3학점을 인정받을 수 있습니다. 마지막으로 독학사 제도를 활용한 '학점 및 학위 취득방안제도'가 있습니다. 독학사는 고등학교 졸업 이상의 학력을 가진 사람이 국가평생교육진흥원 독학사제도에서 실시하는 단계별 시험평가에 합격하면 일정한 학점 취득이 인정되는 제도입니다. 최종단계 시험을 합격하면 교육부가 인정하는 학사학위를 취득할 수 있습니다.

군 복무 기간 동안 학점취득 외에도 자기계발 시간도 가질 수 있습니다. '취침이후 학습보장 제도'를 통해 정규 훈련 및 교육 이외 여가시간 동안 개인 학습, 자격증 취득 등 본인만의 시간을 활용할 수 있습니다.

2013년 육군 수도군단 사병 48명 전원이 검정고시에 합격한 사례가 있었습니다. 수도군단은 고등학교 정규 과정을 마치지 못하고 입대한 사병들을 위해 병영학교를 운영, 지난해 4월에 1기 졸업생 35명이, 9월에 2기 졸업생 13명이 검정고시에 합격했습니다. 일과가 끝난 오후 6시부터 하루 4시간씩 수업을 진행하고 개별 면담을 통해 모의시험이 있는 날은 근무를 조정해 주는 등 학업에 전념할 수 있도록 지원했습니다. 이처럼 군대에서 '고시'를 공부하게 되면 다양한 지원을 받을 수 있는 경우도 있습니다.

'국방부 병영문학상', '육군3사관학교 충성대 문학상'과 같은 문학관련 공모전에서 최우수상을 수상하는 병사들은 한국문인협회에 등단할 수 있고 국방부장관상을 수상할 수 있습니다. 이외에도 '국방TV창작공모전', '나라사랑 UCC공모전'과 같은 UCC공모전, '호국미술대전', '국방창조경제 아이디어 챌린지'와 같은 경제·미술공모전에도 도전할 수 있습니다.

군복무 기간 동안 활동할 수 있는 대외활동도 있습니다. 군은 현재 '장병 기자단'을 통해 직·간접적 취재를 통해 국방부 대표 홈페이지 및 블로그를 운영하고 있습니다. 장병들은 기자, 작가활동을 경험할 수 있습니다. 이외에도 군대 창작 뮤지컬의 배우 및 스텝을 모집하며 인권서포터즈를 운영합니다. 군에서는 자격증취득도 지원합니다. '정보기기운용기능사', '정보처리기능사', '인터넷정보관리사 2급', '네트워크관리사 2급', '문서실무사 1급', '워드프로세서 1급', '컴퓨터활용능력 1급' 등 자격증 취득반을 운영해 군대복무기간동안 사회 진출 전 다양한 자격증을 취득하도록 지원합니다.

이런 자격증 외에도 보직을 통해 자격증을 취득하는 경우도 있습니다. 육군의 경우 기술행정병병은 244개 군사특기, 유급지원병은 70개 군사특기, 중졸특기병은 21개 군사특기, 개별모집특기병은 38개 군사특기, 어학병은 8개의 군사특기가 존재합니다.

군에는 많게는 400개 이상의 군사특기가 존재하는 것으로 알려져 있습니다. 나의 적성, 특기에 맞춰 지원하면 자격증을 수료할 수도 있습니다. 예를 들어 취사병의 경우 군 자체에서 단체로 조리사 자격기능 시험에 응시합니다. 외부 단체가 평가를 시행하며 자격증을 취득한 경우 전역 후 민간 자격증으로 변환할 수 있습니다. 또 정비병의 경우 군복무기간 동안 정비기술을 습득, 민간 자격증을 취득할 수 있습니다.

군 생활은 대한민국 남성이라면 필수적으로 해야 하는 의무입니다. 많은 장병들은 21개월이라는 시간이 사회와 단절되어 청춘의 낭비라고 생각합니다. 하지만 군 생활은 개인의 관심과 노력에 따라 21개월의 시간이 달라집니다. 일단 군 생활을 피하지 말고 더욱 열심히 하는 것이 가장 좋은 방법입니다. 시간을 효율적으로 활용 하고 싶다면 확실한 어필을 통해 자신의 적성, 전공에 맞는 보직을 맡아 군복무기간을 더욱 가치 있게 만들어 나가야 합니다.

얼마 전 포털사이트 '귀족알바'가 예비역 365명을 대상으로 한 '밀리터리 스펙' 설문조사에 따르면 최고의 밀리터리 스펙 1위에 '투철한 협동정신'(16.6%)이 꼽혔습니다. 이어 '인내심'이 15.6%로 2위를 차지했습니다. 군대에서도 실제 취업 준비를 했는지를 묻는 질문에는 전체의 14%가 '취업 준비를 했다'고 응답했고, 그 내용은 '취업을 위한 자격증 공부'(37.9%), '어학 공부'(33.3%), '독서'(22.7%) 등의 순이었습니다.

군대를 통해 색다른 경험을 한 사람도 많습니다. 복무기간동안 다양한 경험을 하는 경우도 많이 있습니다.

21개월간 대한민국의 모든 남성이 다녀오는 의무인 군대입니다. 즐거운 친구, 사랑하는 가족과 헤어지고 국방의 의무를 지킨다는 것에 많은 장병들의 마음이 편치 않습니다. 하지만 조금만 관심을 갖는다면 21개월의 시간을 더욱 효율적으로 보낼 수 있습니다. 시험을 준비하고, 학점을 이수하고, 자격증을 취득할 수 있으며 개인의 전공, 적성에 맞는 보직을 수행할 수 있습니다. 군 생활이 모든 것과 단절되고 차단됐다는 생각보다는 긍정적인 마음으로 21개월의 시간을 가장 소중하고 보람찬 시간으로 만들어 나갈 수 있습니다.

사회와 소통하며
화합하는 교회

1884년, 이 땅에 복음이 전해진 이후 놀라운 부흥과 함께 120년이 되었습니다. 이를 증명하듯 현재 대한민국 인구 4800만 명 중, 약 1/5 이 기독교인입니다. 그러나 이 땅에 교회가 세워진 이후 복음 선교와 구제, 자선을 제일 많이 실천했음에도 일반적으로 사람들은 어느 순간부터 한국교회를 향해 질타와 곱지 않은 시선으로 바라보고 있습니다. 또한 이른바 이단과 사이비는 이를 놓치지 않고 득세하고 있습니다.

당당히 만방에 전해져야 할 기독교가 부끄럽고 주눅 들고 있습니다. 왜 이럴까요? 대부분의 교회들은 교회내적인 역량 강화에 집중합니다. 교회당은 커지고 교인은 늘었고 교회의 헌금액은 늘었습니다. 이것이 이웃과 함께하거나 지역 사회에 이바지하지 못하고 교회 안에서만 그치게 되니 사회에서 교회를 바라보는 시선이 곱지 않게 된 것입니다. 혹자는 교회 헌금으로 교회 내적인 일에 집중함이 무엇이 잘못이냐고 복지는 국가가 할 일이지 교회가 할 일이 아니라고 말할지는 모르겠습니다. 그러나 이것은 분명 비성경적인 자세입니다. 우리 기독교는 하나님 섬김에 못지않게 이웃 사랑이 당연시됩니다. 예수는 "하나님을 사랑하고, 네 이웃을 네 자신과 같이 사랑하라"고 말하였습니다. 그러나 우리는 하나님과 이웃을 사랑하기보다 나 자신을 더 사랑하고 있습니다. 교회가 사회와 단절된 채로 나간다면 교회는 스스로 고립을 면치 못하게 되고 전도의 문도 막혀버리고 말 것입니다.

요즘 소통이라는 말이 유행입니다. 소통은 개인 대 개인만이 아닙니다. 교회도 사회와 소통하는 자세여야 합니다. 교회가 사회를 섬기고 화합을 이룰 때 교회는 교회다워집니다. 이런 의미에서 '화합'의 의미를 되새겨 보고자합니다.

'화합'이란 '서로 간의 마음이나 뜻을 모아 화목하게 어울림'이라는 뜻으로서 낱글자를 풀이하면, 화和는 禾(쌀 화)에 口(입구)를 합친 글자로, 쌀禾농사가 잘되어 풍부하게 먹게口되니 모두가 화목해 진다는 데서 '화하다'의 뜻이 된 글자입니다. 다시 말해서 '서로 뜻이 맞아 좋은 상태, 화하다, 서로 응하다, 합치다'의 의미를 갖습니다. 합合은 '합하다, 여럿이 모여 하나가 된다, 만나다, 맞다, 틀리거나 어긋남이 없다'라는 뜻입니다. 모든 일이 잘되어 한자리에 서로서로 모여 풍부하게 먹고 만족하여 같은 마음이 된 것이 '화합'입니다. 이는 사도행전 2장에 나오는 기독교초기교회의 모습과 같습니다. 성경에서 신앙과 사회가 '화합'을 이룬 사건이 있습니다. 바로 '부림절'입니다.

페르시아 제국 아하수에로 황제의 총리대신 하만이 유대인 모르드게가 자기를 경멸하고 경의를 표시하지 않는데 분노하여, 페르시아 치하에 살고 있는 유대인들을 반역으로 몰아 학살해야 한다고 황제를 설득했습니다. 황제의 동의를 받아 학살 날짜를 정한 때에, 마침 유대인 출신 황후 에스더가 이 소식을 접하고는 동족들에게 같이 기도해줄 것을 간청하고 금식한 후, 황제의 부름을 받지 않고 들어가면 목숨을 잃을 수도 있음에도 황제 앞에 나가 하만이 참석하도록 잔치를 열어 달라고 간청했습니다. 이 잔치 자리에서 에스더는 유대인들을 위해 탄원하면서 '교활한 하만'이 자기 동족을 전멸시킬 음모를 꾸미고 있다고 고발했습니다. 이렇게 하여 유대민족을 위기에서 벗어나고 음해한 하만일당은 제거되었습니다. 이를 기념한 날이 '부림절'입니다.

민족이 멸망당할 위기에서 황후 에스더와 더불어 민족이 서로서로 '화합'하여 위기를 극복한 것입니다. 지금도 유대인들은 부림절에 금식을 한 후, 선물을 교환하고 가난한 사람들에게 자선을 베풀며 즐긴다고 합니다. '화합'은 '만족과 소통'을 뛰어넘어 위기를 극복하는 열쇠가 되며, 남을 돌아보고 돌봐줄 수 있는 좋은 기회입니다.

기독교 초기 교회 이름을 교회가 속한 지역의 이름이었습니다. 지금도 한국교회의 많은 교회의 이름이 지명으로 하기도 합니다. 이는 이웃 종교들도 마찬가지입니다. 오늘 우리 사회는 부익부 빈익빈 현상이 공고화되면서 중산층이 무너지고 사회 곳곳에서 빈곤층이 늘어만 가고 있습니다. 또한 각종 사회문제로 국가가 해결하기에는 역부족입니다. 이에 따라 비정부 민간단체의 설립과 운영이 생겨났고 활성화되었지만 많이 부족합니다. 이런 점에서 지역 교회는 지역의 민간단체로서 시민운동의 역할을 할 수 있습니다. 교인들이 곧 지역민이고 지역민이 곧 교인입니다. 교회가 지역사회와 소통하면서 화합을 이루어가는 것이야말로 성경적인 교회의 모습일 것입니다.

우리의 사명은 이웃과 함께, 이웃을 섬기는 것입니다. 이러한 사명에 집중하게 되면 교회는 이전에 사용한 적이 없는 미개발된 영적인 열정과 열심을 갖게 되기도 합니다. 우리 사회의 가난하고 병들고 소외된 이웃들은 하나님이 우리에게 맡기신 사명입니다. 기독교인에게 나눔과 섬김, 희생과 봉사의 삶은 당연한 삶입니다. 교회는 우리가 사는 세상을 바꾸는 생명력을 가지고 있습니다. 그러므로 교회는 스스로 하나님이 원하시는 모습으로 계속 바뀌면서 생명력을 활성화시켜 가야 합니다. 교회가 생명력을 잃어버릴 때 세상을 바꿀 수도 없고 영혼을 치유할 수도 없게 됩니다.

우리 사회에는 절대적 빈곤층이 많습니다. 우리 모두에게 가슴 아픈 현실입니다. 나눌 수 있는 마음이 많다는 것은 진정한 부자의 조건입니다. 어려운 이웃에게 작게나마 따뜻함을 전달할 수 있는 예수의 마음으로 주는 이도 행복하고, 받는 이도 웃음 지을 수 있는 세상을 만들어가는데, 우리 모두가 함께하기를 바랍니다.

교회는 무엇을 해야 하는 것일까요? 축 늘어진 시계추처럼 교회만 왔다 갔다 하고 있는 사람들 때문에 교회가 절망적으로 망가져 가고 있습니다. 하나님은 세상으로 나아가라고 교회를 만드신 것이지, 그냥 가만히 앉아서 도움이 필요한 이웃들이 찾아오기를 기다리라고 교회를 세운 것이 아닙니다. 섬김을 받으려고가 아니라 섬기려고 이 땅에 온 예수의 진솔한 삶을 본받아 발견하기 힘든, 인적이 드문 곳에서 배고픔과 추위를 피하고 있는 사회적 약자들을 찾아가는 우리의 발걸음이기를 바랍니다.

기독교는
배타적 종교가
아니랍니다

전 세계적으로 종교를 가장한 폭력이 심각합니다. 이슬람의 IS가 인류와 서방세계를 대상으로 한 테러라든가 유적을 훼손하는 일로 지구촌을 공포와 우려로 몰아넣더니 최근에는 우리나라에서 60대 남성이 성당에 들어가 성모마리아상을 부수고 사찰에 들어가 불상을 훼손한 사건이 발생했습니다. 보도에 따르면 그 사람은 자신이 기독교인이라면서 절과 성당은 미신이고 우상이기에 불 질러야 한다고 주장했다고 합니다.

종교가 인류의 삶속에 지속되면서 그에 따른 부작용도 만연하고 있습니다. 예수의 가르침은 어떠한 경우든 절대 폭력은 없습니다. 도리어 타도의 대상인 원수까지도 사랑하라 합니다. 그러한 가르침을 잊거나 왜곡해서는 안 됩니다. 싸움과 다툼을 멀리하고 사랑과 화해와 화합의 삶이 예수 가르침의 가장 큰 핵심입니다. 오죽하면 기독교를 두고 한마디로 표현하면 '사랑의 종교'라고 할지요. 그만큼 기독교는 사랑이 최고의 가치이며 가장 큰 교리입니다.

그러나 지금의 기독교는 이런 색깔을 잊고 배타적이며 독선적이라는 비아냥거림을 듣고 있습니다. 타종교에 대해 지극히 배타적이며 독선적 우월감에 빠져 타종교를 비난하고 심지어는 타종교에 대한 만행을 저지르는 물리적인 폭력을 행사하기도 합니다. 그러나 이것은 기독교 정신이 결코 아닙니다. 기독교의 가르침은 타자에 대한 사랑을 통해 존경심과 섬김을 실천하고 함께 어우러지는 것이 기본입니다.

나와 다르다고 해서 타인을 무시하고 저주하며 폭력적 사고를 갖는다면 이는 기독교의 가르침에 거스르는 일입니다. 우리는 가끔 보도를 통해 모 불교사찰에서 성탄절을 맞아 축하 플랜카드를 걸고 이웃종교를 향해 너그러움을 과시하는 경우를 종종 보게 됩니다.

그들은 비록 자신들과 다른 신을 섬기는 이른바 맞수 종교에 대해 결코 폄하거나 적대감을 갖지 않습니다. 그러나 기독교는 어떠할까요? 불상을 부수고 마리아상을 훼손하며 단군상의 목을 잘라버리는 게 기독인들의 모습입니다. 섬기는 신이 다르고 교리는 비록 다르나 그들도 우리와 같은 이웃입니다. 하나님의 창조세계에서 하나님이 지은바 되는 같은 피조물로서 때에 따라서는 구원의 대상이 되기도 합니다. 그런 대상을 두고 종교가 다르다는 이유로 배척의 대상으로 삼고 타도의 대상으로 삼는 건 옳지 못합니다. 같은 이웃이며 언젠가 우리가 구원의 복음을 전할 대상으로 봐야 하지 않겠는지요.

외국의 경우 역사를 보면 종교전쟁이 끊임없이 많았으며 지금도 종교적 시비로 인한 분쟁과 다툼이 끊이질 않습니다. 그러나 우리나라의 경우 종교로 인한 다툼이 비교적 적은 편에 속합니다. 그러나 안심해서는 안 됩니다. 언제든 종교로 인한 다툼이 발생할 소지가 없진 않습니다. 우리는 사마리아와 땅 끝까지 가서 복음을 전할 선교적 과제를 안고 있습니다. 기독교의 이미지가 배타적이며 독선적으로 비쳐서는 안 됩니다. 타종교에 대해 너그러우며 사랑과 포용의 정신이 필요합니다.

비록 신은 다르고 교리는 다르더라도 타종교인에 대해 이해하고 존중하는 배려의 자세가 필요합니다. 불상의 훼손과 마리아상의 파괴는 비단 소수의 미치광이의 광기로 치부해서는 안 됩니다. 기독교의 가르침이 그 만큼 잘못 흐르고 있다는 사실을 알아야 합니다. 타인에 대한 존중과 사랑을 가르치지 못한 기독인 모두의 책임일수도 있습니다. '나 외에는 다른 신을 네게 두지마라'는 구원의 주체가 유일하신 하나님과 예수에 있다는 의미이지 타종교에 대해 배척을 강요하는 의미가 결코 아닙니다.

그럼에도 타종교인에 대한 이해와 포용의 정신을 포기하고 거부한다면 복음 선교의 대상마저 포기하는 것과 다름없습니다. 예수는 아흔 아홉 마리의 양보다 길 잃은 한 마리의 양을 더 소중히 생각하셨습니다. 따라서 타종교인을 무조건 배척의 대상으로 삼지 말고 그들을 이해하고 존중하며 언젠가는 복음을 전할 수 있는 대상으로 여기는 지혜가 필요합니다. 그에 앞서 불상을 부수고 마리아상을 훼손하는 극단적인 행동은 기독교 전체를 욕보이는 행동이며 독선적이고 이기적인 종교로 밖에 만들지 못한다는 사실입니다. 예수의 가장 큰 가르침은 '사랑'이라는 것을 잊지 않기를 바랍니다.

지은이 **한승진**

성공회대 신학과, 상명대 국어교육과, 한국방송대 국어국문학과 · 교육과 · 가정학과 · 청소년교육과를 졸업했다. 학점은행제로 사회복지학, 아동학, 청소년학, 심리학으로 학위를 취득했다. 한신대 신학대학원 기독교윤리학(신학석사), 고려대 교육대학원 도덕윤리교육(교육학석사), 중부대 원격대학원 교육상담심리(교육학석사) · 중부대 인문산업대학원 교육학(교육학석사), 공주대 특수교육대학원 중등특수교육(교육학석사), 공주대 대학원 윤리교육학과(교육학박사)에서 인문학적 소양을 쌓았다. 성공회대 신학과 학과 수석 졸, 고려대 교육대학원 우수논문상과 성적우수상 수상, 중부대 원격대학원 성적최우수상, 공주대 대학원 윤리교육학과 박사과정에서 5학기만에 선수과목 포함 전과목 만점과 박사논문으로 졸업하였다. 평생학습자로 학점은행제 상담학 학사과정과 방송대 문화교양학과 재학생으로 평생학습자이기도하다.

공주대 종교 · 철학 1급정교사 연수강사와 한국교육과정평가원 개정교육과정 '종교학' 연구심의위원을 거쳐, 교육부주관 고등학교 교과서 『종교학』 공동집필하였다. 익산 황등중학교에서 학교목사와 선생 그리고 황등교회 유아유치부 목사이면서, (사)익산기윤실 이사와 (사)효세계화운동본부 이사와 인성상담교육협회 실행위원과 전북교육청 다문화교육진흥위원회 위원으로 활동하면서, 한국종교학회 종교교육분야 논문심사위원과 서강대 생명문화연구소 기독교윤리와 윤리교육 논문심사위원과 『투데이안』 객원논설위원과 『전북기독신문』 논설위원이기도 하다. 기독교계와 일반신문에 칼럼을 연재하고, 매주 목요일 대전극동방송

익산본부에서 『청소년바른지도법』을 방송하고 있다.

　월간 『창조문예』 신인작품상 수필로 등단하였고, 제45회와 제46회 한민족통일문예제전에서 전북도지사상(차관급)과 제8회 이 준 열사 추모 글쓰기 주한네덜란트대사상(장관급), 제8회 효사랑글짓기 특별상, 제12회 장애인과 함께하는 문예글짓기 한국장애인유권자연맹 이사장상(대상)을 수상하기도 하였다.

　저서로는 『쉽게 읽는 기독교윤리』, 『함께 읽는 기독교윤리』, 『현실사회윤리학의 토대 놓기』, 『우리가 잊지 말아야할 것들』, 『종교, 그 언저리에서 길을 묻다』, 『함께 피는 들꽃처럼』, 『여럿이 함께』외 다수가 있다. 역서로는 『예수님이라면 어떻게 하실까』가 있다.

소통 길잡이 esea-@hanmail.net